KB041007

태어나지 않는 것이 낫다

존재하게 되는 것의 해악

태어나지 않는 것이 낫다

존재하게 되는 것의 해악

David Benatar 지음

이한 옮김

서광사

이 책은 David Benatar의 *BETTER NEVER TO HAVE BEEN: THE HARM OF COMING INTO EXISTENCE, FIRST EDITION*(Oxford University Press, 2006)을 완역한 것이다.

태어나지 않는 것이 낫다
존재하게 되는 것의 해악

데이비드 베너타 지음
이한 옮김

펴낸이 | 이숙
펴낸곳 | 도서출판 서광사
출판등록일 | 1977. 6. 30.
출판등록번호 | 제 406-2006-000010호

(10881) 경기도 파주시 회동길 77-12 (문발동)
대표전화 (031) 955-4331   팩시밀리 (031) 955-4336
E-mail : phil6161@chol.com
http://www.seokwangsa.co.kr | http://www.seokwangsa.kr

제1판 제1쇄 펴낸날 ― 2019년 3월 30일
제1판 제6쇄 펴낸날 ― 2023년 3월 20일

ISBN 978-89-306-2564-7   93190

태어나지 않는 것이 낫다

"대부분의 사람들은 그들이 존재하게 됨으로써 이득*을 얻었다고 생각하거나 적어도 해를 입지는 않았다고 생각한다. 그리하여 그들이—애초에 아이를 가져야 하는지 생각해 보지 않고 아이를 갖는 게 아니라—다른 이들을 존재케 해야 하는지를 숙고하더라도, 그들은 그렇게 탄생시키는 아이들에게 아무런 해를 가하는 것이 아니라고 전제한다. 『태어나지 않는 것이 낫다』는 이 가정에 도전한다. 데이비드 베너타(David Benatar)는 존재하게 되는 것(coming into existence)이 항상 심각한 해악(serious harm)이라고 논한다. 비록 사람의 삶에 있는 좋은 것들이 그런 것들이 없을 경우보다는 삶이 더 잘 진행되게 하기는 하지만, 만일 아예 존재하지 않았다면 그러한 좋은 것들이 없다고 해서 박탈을 겪을 수 없다. 존재한 적이 없는 사람은 박탈을 겪을 수 없다. 반면 존재하게 됨으로써 사람은 존재하지 않았다면 입지 않았을 상당히 심각한 해를 입는다. 적절한 심리학 문헌을 인용하며,

---

* 역자 주: 여기서 이득(benefit)은 그 사건이 발생한 것이 수지맞는 일이라는 것을 의미한다.

저자는 왜 사람들이 삶의 질을 과대평가하는지, 그리고 왜 자신들이 존재하게 됨으로써 심각한 해를 입는다는 주장에 저항하는지를 설명하는, 인간 심리에 관하여 문헌들에서 확립이 잘된 몇 가지 특성을 보여준다. 그리고 나서 저자는 '출생에 반대하는'(anti-natal) 견해─아이를 갖는 것은 항상 그르다는 견해─를 찬성하여 논한다. 그리고 그는 출생에 반대하는 견해를 태아의 도덕적 지위에 관한 통상의 친선택(pro-choice) 견해와 결합하면 (임신의 이른 단계에서는) 낙태에 관한 '친죽음'(pro-death) 견해가 나온다는 점을 보여준다. 또한 반출생주의(反出生主義; anti-natalism)는 인류가 멸종하게 되는 것이 더 낫다는 결론을 함의한다. 비록 많은 이들에게는 반직관적으로 보이겠지만, 그 함의는, 특히 그것이 인구에 관한 도덕 이론의 많은 난문제(conundrums)를 푼다는 점을 보임으로써 옹호된다."

　(데이비드 베너타는 케이프타운대학교 철학과 교수이다.) (David Beantar, 〈Better Never to Have Been: The Harm of Coming into Existence〉, Oxford University Press, 2006의 소개 글)

비록 그들이 나를 존재케 하였지만, 나의 부모님께.

그리고 그들 각자의 존재가 비록 자신에게는 해가 되지만,
나머지 우리들에게는 큰 이득이 되는, 나의 형제들에게.

서문

우리 각자는 존재하게 됨으로써 해를 입었다. 그 해는 사소한 것이 아니다. 왜냐하면 가장 좋은 삶의 질조차도 매우 나쁘기—대부분의 사람들이 인식하는 정도보다 훨씬 나쁘기—때문이다. 비록 우리의 존재를 막는 것은 명백히 이미 늦어 버렸지만, 미래의 가능한 사람들의 존재를 막는 것은 아직 늦지 않았다. 새로운 사람들을 창조하는 것은 그래서 도덕적으로 문제가 있다. 이 책에서 나는 이러한 주장들을 찬성하여 논하겠다. 그리고 왜 그러한 주장들에 대한 통상의 반응—분개는 아닐지라도 쉽사리 믿지 않는 반응—이 결함 있는 것인지를 살펴볼 것이다.

내가 옹호할 견해에 대한 극심한 저항을 고려할 때, 나는 이 책이나 이 책의 논증이 아이 갖기에 무슨 충격을 미칠 것이라고는 전혀 기대하지 않는다. 출산(procreation)*은 억제되지 않은 채 계속되어, 어마어마한 양의 해악을 계속 초래할 것이다. 그래서 나는 이 책을, 그것

---

* 역자 주: 여기서 출산은 분만을 가리키는 좁은 뜻이 아니라 생물 유기체가 자신의 종에 속하는 다른 유기체를 낳는 과정 내지 활동을 널리 가리키는 뜻으로 쓰인 용어로, 부모 모두에게 귀속되는 행위인 아이 낳기를 뜻한다.

이 존재하게 될 사람들의 수에 (많은) 차이를 가져올 것이라는 환상을 가지고서 쓴 것이 아니라, 그것이 받아들여지건 아니건 간에 말할 필요가 있는 것은 말해야 한다는 생각에서 쓴 것이다.

많은 독자들은 내 논증을 기각하고 싶어 할 것이며 또 지나치게 성급하게 기각해 버릴 것이다. 인기 없는 견해를 거부할 때는 자신의 반응의 힘에 대하여 과도하게 확신을 갖기가 아주 쉽다. 이는 부분적으로는 자신이 정통 교설(orthodoxy)을 옹호하고 있을 때에는 자신의 견해를 정당화할 필요성을 덜 느끼기 때문이다. 또한 부분적으로는 이 정통 교설을 비판하는 이들이 무척 드물어 그 비판자들의 반론을 예상하기 더 어렵기 때문이다.

내가 이 책에서 개진한 논증은 이전 판본에 대한 여러 비판적인 대답을 한 결과로 개선된 것이다. 학술지《아메리칸 필로소피컬 쿼털리》(*American Philosophica Quartely*)의 익명의 심사자들은 가치 있는 도전을 제기하여 내가 최초의 판본을 개선할 수밖에 없도록 하였다. 그 학술지에 게재한 논문 두 편이 이 책 2장의 기반을 제공하였다. 이렇게 이전 자료를 사용할 수 있게 허락해 준 데 크게 감사드린다. 그 논문들은 크게 다듬어지고 발전되었다. 이는 부분적으로는 내가 몇 해 동안, 그리고 특히 이 책을 쓰는 와중에 받았던 많은 논평의 결과이다. 이 책의 네 장(章)을 쓸 동안인 2004년에 안식 학기를 준 케이프타운 대학에도 감사한다. 나는 여러 토론회에서 이 책의 여러 장에 쓴 글을 가지고 발표했다. 이 토론회에는 남아프리카의 케이프타운대학 철학과, 그레이엄스타운의 로드대학교, 오스트레일리아 시드니의 생물윤리 7차 세계회의, 그리고 미국에서 있었던 조지아 주립대학의 진 비어 블루멘펠드센터, 미네소타대학의 생물윤리센터, 그리고 버밍햄에 있는 앨라배마대학의 철학과에서 열린 토론회가 포함된다. 그때 이뤄진 활력 있는 토론에 대해 고맙게 생각한다. 유익한 논평과 제안을 해준 데 대하여 나는 누구보다도 앤디 올트먼(Andy Altman), 댄 브록(Dan Brock), 벵트 브륄드(Bengt Brülde), 닉 포티온(Nick Fotion), 스테픈 내선손(Sephen Nathanson), 마르티 펄머터(Marty Perlmutter), 로버트 시걸(Robert Segall), 데이비드 웨버먼(David Weberman), 베른하르트 바이스(Bernhard Weiss), 그리고 키트 웰먼(Kit Wellman)에게 감사하고 싶다.

나는 옥스퍼드대학 출판부의 두 심사자인 데이비드 와서먼(David Wasserman)과 데이비드 부닌(David Boonin)에게 가장 큰 감사를 드리고 싶다. 그들은 출간된 연구의 비판적인 독자들이 가질 수 있는 종류의 반응을 예상하는 데 도움이 되었던 광범위한 논평을 남겨 주었다. 나는 초고를 수정하면서 이러한 반응들을 제기하고 답하려고 하였다. 설사 그들이 내 답변에 납득하지 않는다고 할지라도, 이 책은 그들의 반론을 검토했기 때문에 훨씬 더 나아졌다고 확신한다. 그러나 개선의 여지는 항상 있다는 것도 아주 잘 알고 있다. 다만 개선이 필요한 점을 나중이 아니라 (또는 결코 모르는 것이 아니라) 지금 내가 알고 있기를 바랄 뿐이다.

마지막으로 나는 부모님과 형제들이 하고 존재하는 모든 것에 대해 감사하고 싶다. 이 책을 그들에게 바친다.

데이비드 베나타
케이프타운
2005년 12월 8일

1

서론

> 삶은 너무나 끔찍해서 아예 태어나지 않았다면 더 나았을 것이다. 누가 그렇게 운이 좋은가? 십만 명 중에서 한 명도 찾을 수 없다!
>
> 유대인 속담

이 책의 중심 생각은 존재하게 되는 것이 항상 심각한 해악이라는 것이다. 그 생각은 상세히 옹호될 것이다. 그러나 기본적인 통찰은 꽤 단순하다: 비록 사람의 삶에 있는 좋은 것들이, 그런 것들이 없을 경우보다는 삶이 더 잘 진행되게 하기는 하지만, 아예 존재하지 않았다면 그러한 좋은 것들이 없다고 해서 박탈을 겪을 수 없다. 존재한 적이 없는 사람은 박탈을 겪을 수 없다. 그러나 사람은 존재하게 됨으로써 존재하지 않았다면 입지 않았을 상당히 심각한 해악을 입는다.

그 기본적인 통찰이 상당히 단순하다고 말한다고 해서 우리가 그 통찰이나 그 통찰에서 연역할 수 있는 것에 다툼이 없으리라는 말은 아니다. 나는 적절한 지점에서 예상되는 모든 반론을 살펴볼 것이며,

그 반론들이 실패한다고 논할 것이다. 이 모든 것의 함의는 존재하게
되는 것은 순 이득이 되기는커녕 항상 순 해악이 된다는 것이다. 대부
분의 사람들은 낙천주의로 향하게 하는 강력한 생물학적인 성향의 영
향 하에 놓여, 이 결론을 참을 수 없는 것으로 여긴다. 그들은 우리가
새로운 사람을 창조하지 말아야 한다는 추가적인 함의에는 그보다 더
분개한다.

아기를 가짐으로써 새로운 사람들을 창조하는 것은 인간 삶의 너무
나 거대한 부분을 차지하고 있어서, 정당화를 요구한다는 생각조차
거의 하지 않는다. 실제로 대부분의 사람들은 아기를 만들어야 하는
지 만들지 않아야 하는지 여부에 관하여 생각조차 하지 않는다. 그냥
만든다. 다시 말해서 출산은 보통 섹스하다 보니 나온 결과이지 사람
을 존재케 하려는 결정의 결과가 아니다. 정말 아이를 갖기로 결정하
는 이들은 여러 이유에서 그런 결정을 할지 모르나, 그런 이유들 가운
데 잠재적 아이의 이익은 들어갈 수 없다. 결코 아이를 위해 아이를
가질 수 없다. 여기까지는 이 책에서 내가 논하는 강한 견해—사람들
을 존재케 함으로써 이득을 주지 않을 뿐만 아니라 항상 그들에게 해
를 입힌다는 견해—를 거부하는 사람들까지도 포함해서 모든 사람에
게 명백할 수밖에 없다.

나의 논증은 인간에게만 적용되는 것이 아니라 유정적인(sen-
tient)* 다른 모든 존재에게도 적용된다. 그러한 존재들은 그저 존재
하는 것이 아니다. 그 존재들은 존재한다는 것을 느끼는 방식으로 존
재한다. 다른 말로 하면 그들은 그저 객체(objects)에 그치는 것이 아
니라 또한 주체(subjects)이기도 하다. 비록 감각 지각(sentience)이

* 역자 주: 감각을 느낄 수 있는.

진화의 발달에서 늦게 일어난 현상이며, 감각 무지각(insentience)보다 더 복잡한 상태이기는 하지만, 그것이 더 나은 존재 상태라는 것은 전혀 분명하지 않다. 이는 감각을 느낄 수 있는 존재가 큰 비용을 치르고서 나타나기 때문이다. 경험할 수 있기 위해서 유정적 존재는 불쾌(unpleasantness)를 느낄 수 있고 또 느낀다.

비록 존재하게 되는 것이 모든 유정적 존재에 해를 입힌다고 나는 생각하고 때로는 모든 유정적 존재에 관하여 이야기하겠지만, 초점은 인간에게 놓일 것이다. 이렇게 초점을 좁히는 데는 그저 편의상이 아닌 몇 가지 이유가 있다. 첫째 이유는 사람들은 그 결론이 자신에게 적용되었을 때 받아들이기 가장 힘들어한다는 것이다. 모든 유정적 삶이 아니라 인간에게 초점을 맞추는 것은 그 결론이 인간에게 적용되는 논거를 강화한다. 둘째 이유는 한 가지 예외적인 경우를 제외하면, 그 논증은 인간에게 적용되었을 때 가장 실천적인 중요성을 가진다는 것이다. 왜냐하면 우리는 아이를 낳는 것을 그만둠으로써 그 논증의 결론을 따를 수 있기 때문이다. 그 하나의 예외란 인간이 동물을 번식시키는 경우이다.[1] 이 동물 번식도 우리가 그만둘 수 있다. 인간

---

1 나는 이것을 예외로 다룬다. 왜냐하면 인간은 유정적 동물의 모든 종 중에서 낮은 비율만을 번식시키기 때문이다. 비록 이것이 예외 사안이기는 하지만, 인간이 음식을 비롯한 상품을 위해 번식시키는 동물에게 가하는 해악의 양을 고려할 때 커다란 중요성을 가지며, 따라서 지금 간략히 논의할 가치가 있다. 고기를 먹는 것을 방어하는 특별히 형편없는 논증 중 하나는 인간이 동물을 먹지 않는다면 그 동물은 애초에 존재하지 않았을 것이라는 주장이다. 즉 그 경우 인간은 실제로 지금 번식시키는 것과 같은 수로는 그 동물을 번식시키지 않았으리라는 것이다. 그 주장은 비록 이 동물이 죽임을 당하지만 그들이 치르는 이 손실은 그들이 존재하게 되었다는 이득에 의해 능가된다고 하는 것이다. 이것은 많은 이유에서 형편없는 논증이다. 그 이유 중 일부는 로버트 노직(Robert Nozick)이 개괄했다. 그의 *Anarchy, State and Utopia* (Oxford: Blackwell, 1974) pp. 38-9)를 보라. 첫째, 이 동물 중 많은 수의 삶은 너무나 나빠

에게 초점을 맞추는 세 번째 이유는 아이를 낳는 것을 그만두지 않는 사람들이 대체로 가장 염려하는 존재인 자녀들에게 고통을 야기한다는 것이다. 이 사실은 이 쟁점을 그렇지 않았을 때보다 더 강렬한 것으로 만든다.

누가 그렇게 운이 좋은가?

내가 이 책에서 옹호하는 견해의 한 판본은 어떤 유머 주제이기도 하다:

삶은 너무나 끔찍해서 아예 태어나지 않았다면 더 나았을 것이다. 누가 그렇게 운이 좋은가? 십만 명 중에서 한 명도 찾을 수 없다![2]

서, 설사 내 논증을 거부한다고 해도, 그 동물은 존재하게 됨으로써 해를 입었다고 여전히 생각해야만 한다. 둘째, 이 논증을 개진하는 이들은 오직 먹히기 위해 생산된 인간 아기에게도 마찬가지로 적용할 수 있다는 점을 보지 못한다. 여기서 우리는 식량이 되기 위해 죽임을 당하려는 목적으로 존재케 되는 것이 아무런 이득도 아니라는 점을 명확히 이해한다. 그 논증이 조금이라도 힘이 있다고 생각하는 것은 동물을 죽이는 것이 용인된다고 생각하는 탓일 뿐이다. 사실 그것은 식량을 위해 동물을 죽이는 것이 용인된다는 (잘못된) 견해에 아무것도 더해 주지 않는다. 마지막으로 동물들이 오로지 죽임을 당하기 위해 존재하게 되어 이득을 본다는 논증은 내가 2장과 3장에서 발전시킬 논증을 무시한다. 즉 존재하게 되는 것이 그 자체로 존재한 후에 동물들이 얼마나 많이 괴로움을 겪는지와는 꽤 독립적으로, 항상 심각한 해악이라는 논증을 무시하는 것이다.

2 철학 문헌에서는 이 유대인의 재담은 로버트 노직과 버나드 윌리엄스가 인용한 바 있다. Robert Nozick (*Anarchy, State and Utopia*, 337 n. 8), 그리고 Bernard Williams ('The Makropulos Case: Reflections on the Tedium of Immortality' in *Problems of the Self* (Cambridge: Cambridge University Press, 1973) p. 87).

지그문트 프로이트(Sigmund Freud)는 이 재담(才談)을 '난센스적인
농담'(nonsensical joke)[3]*이라고 썼다. 이것은 내 견해 역시 이 재담
과 마찬가지로 터무니없는 것이 아닌가 하는 질문을 불러일으킨다.
존재하게 되는 것은 해악이며 그래서 아예 태어나지 않는 것이 낫다
고 말하는 것은 그저 쓸데없는 소리에 불과한가? 많은 사람들이 그렇
다고 생각한다. 2장 논증 중 많은 부분이 그들의 생각이 잘못되었다
는 것을 보여줄 것이다. 그러나 우선 얼마간의 논의 토대에서 혼동을
제거해야 할 필요가 있다.

프로이트 박사는 "태어나지 않은 사람은 보통의 사람이 전혀 아니
며, 그를 위해서는 좋은 것도 최선의 것도 없다"고 말한다.[4] 여기서 프
로이트 박사는 '비동일성' 문제('non-identity' problem)의 한 측면
을 미리 생각해 본 것이다. 이 문제는 내가 2장에서 길게 논의할 것이
다. 몇몇 현대 철학자들은 그들이 태어나지 않음으로 인해 더 낫게 될

---

3 Freud, Sigmund, *The Standard Edition of the Complete Psychological Works of Sigmund Freud*, vii, trans. James Strachey (London: The Hogarth Press, 1960) p. 57.
* 역자 주: 자세히 뜯어 보면 의미가 통하지 않는 부조리한 농담.
4 Ibid. 비록 이것이 프로이트 박사가 그 재담에 갖는 가장 깊은 우려이기는 하지만
그는 다른 우려도 갖고 있다. 그러나 이 우려는 그 재담의 그가 표현한 판본에서 발생
하는 것이다. 프로이트의 판본은 특히 허튼소리처럼 들린다. 그는 말한다: "태어난 적
이 없는 것은 죽음을 면할 수 없는 인간에게 가장 좋을 것이다." "그러나", 하고 『나는
잎』(*Fligende Blätter*)에 실린 철학적 논평은 덧붙인다. "이것은 십만 명 중 한 명에게
간신히 발생한다." (Ibid.) 태어난 적이 없기가 "십만 명 중 한 명에게 간신히(*scarcely*) 발생한다"는 이 윤색은 그 농담에 엉뚱함(incongruity)을 더한다. 태어난 적이 없
는 것은 십만 명 중 한 명에게 발생하지 않으며, 십만 명 중 한 명에게 간신히 발생하
지도 않는다. (제임스 스트레이치(James Strachey)는 『나는 잎』을 "잘 알려진 매주의
유머"로 묘사한다. 나는 『나는 잎』이 유대인 재담에 의지했는지 아니면 『나는 잎』이야
말로 여기서 이야기한 유대인 유머 원천이었는지, 아니면 이 둘 다 어떤 다른 원천에
의지했는지 사소하지만 흥미로운 역사적 질문은 다른 이들이 해결할 몫으로 남겨 두
고자 한다.)

수 있다는 점을 부인할 때 유사한 반론을 제기한다. 존재한 적이 없는 사람(never-existent)은 이득을 얻을 수 없으니 더 낫게 될 수도 없다는 것이다.

나는 존재한 적이 없는 사람이 문자 그대로 더 나아진다고는 주장하지 않는다. 대신 나는 존재하게 되는 것이 존재하게 된 사람들을 위해 항상 나쁘다고 논할 것이다. 다른 말로 하면 비록 우리가 존재한 적이 없는 사람에 관하여 존재하지 않은 것이 그들을 위해서 좋다고 말할 수 없을지라도, 존재하는 사람들에 관해서는 존재하게 된 것이 그들에게 나쁘다고 말할 수 있다. 여기에는 아무런 부조리(absurdity)도 없다. 적어도 나는 그렇게 논할 것이다.

존재하게 되는 것이 해악일 수 있다는 점을 일단 인정하게 되면, 존재한 적이 없는 것에 관하여 '더 낫다'고 느슨하게 이야기하는 것이 더 간편할 수 있다. 이것은 존재한 적이 없는 사람들을 위해 비존재가 더 낫다고 말하는 것도 아니고, 존재한 적이 없는 사람들이 이득을 본다고 말하는 것도 아니다. '존재한 적이 없는 사람들'에 관하여 이야기하는 것에도 무엇인가 이상한 점이 있다는 것은 인정한다. 왜냐하면 그것은 분명히 지시할 대상이 없는 용어이기 때문이다. 존재한 적이 없는 사람들은 명백히 존재하지 않는다. 그러나 그것은 우리가 이치에 닿게 이해할 수 있는 편리한 용어이다. 그 용어에 의해 우리는 결코 실재의 사람이 된 적이 없는 가능한 사람들을 의미한다.

이를 염두에 두고 그 농담을 다시 살펴보자. 그 농담은 두 주장을 하는 것으로 여길 수 있다: (1) 태어나지 않는 것이 낫다. 그리고 (2) 어느 누구도 태어나지 않을 만큼 충분히 운이 좋지는 않다. 우리는 태어나지 않는 것이 낫다고 말할 수 있는 (느슨한) 의미가 있음을 이제 이해할 수 있다. 그것은 존재하게 되는 것이 항상 해악이라는 점을 말하는 간접적인 방식이다. 그리고 어느 누구도 아예 존재하지 않게 될 정도로 운이 좋지 않다고 주장하는 것에는 난센스적인 점이란 아무것도 없다. 설사 존재하게 되지 않을 만큼 **실제로** 충분히 운이 좋은 어떤 사람들이 있다고 주장하는 것은 (유쾌한) 난센스가 되었을 것이지만 말이다.

어쨌거나 존재하게 되는 것이 항상 해악이라는 견해에 관한 농담을 만들어 낼 수 있다는 사실은 그 견해 자체가 웃어넘길 수 있는 난센스라는 점을 보여주지 않는다. 우리는 어리석음을 비웃기도 하지만, 또한 매우 진지한 문제에도 웃음을 터뜨리기도 한다. 존재하게 되는 것의 해악에 관한 농담은 진지한 문제에 속한다고 나는 본다.[5] 내가 개진하는 논증이 그저 철학적 게임이나 농담으로 치부되지 않도록, 나는 내 논증을 전적으로 진지하게 개진하며 그 결론을 믿는다는 점을 강조해야만 하겠다.

나는 이 문제들에 관하여 진지하다. 왜냐하면 여기에 걸려 있는 문제가 바로 어마어마한 양의 해악이 존재할 것인가 부재할 것인가이기 때문이다. 나는 3장에서 모든 삶이 아주 많은 나쁨(bad)을 담고 있다는 점을 보여줄 것이다. 사람들이 보통 생각하는 것보다 훨씬 더 많이 말이다. 미래의 가능한 사람이 이 해를 입지 않도록 보장하는 유일한 방법은 가능한 사람이 결코 실제 사람이 되지 않도록 하는 것이다. 이 해악은 아주 쉽게 피할 수 있을 뿐만 아니라 애초에 그 해악

---

5 그와 같은 다른 농담도 있다. 예를 들어 삶이란 섹스로 전염되는 불치병이라는 농담이 있다(인공 생식의 경우에 삶은 섹스로 전염되는 것은 아니지만, 여전히 불치병이기는 하다). 다른 이들은 우리가 춥고, 헐벗고, 굶주리며, 축축하게 태어나서는 계속 처지가 나빠진다고 농을 하기도 한다(비록 신생아들은 이 사실을 인식하고서 우는 것은 아니지만, 그들의 울음은 나의 견해에서는 역설적으로 적합하다).

자체가 전적으로 무의미한 것이다(적어도 우리가 오직 잠재적 사람의 이익만을 고려하고, 그 사람이 존재하게 되는 것에 다른 사람들이 갖는 이익은 고려하지 않는 경우에는 말이다). 내가 2장에서 보여줄 바와 같이 삶의 긍정적 특성은 존재하는 사람들에게는 좋기는 하지만, 그것에 동반되는 부정적인 특성을 정당화할 수는 없다. 긍정적 특성의 부재는 존재한 적이 없는 이에게는 박탈되지 않았을 것이다.

선한 사람들이 자신의 아이들이 고통을 겪지 않게 하려고 노력을 많이 하면서도, 아이들의 모든 고통을 예방하는 하나의 (그리고 유일한) 보장된 방법은 아이들을 애초에 존재하게끔 하지 않는 것이라는 점을 알아채는 이들이 그토록 적다는 점은 매우 별난 일이다.[6] 사람들이 이 점을 알아채지 못하고, 또는 설사 그것을 알아챈다고 하더라도 그 깨달음을 따라 행위를 하지 않는 많은 이유가 있다. 그러나 내가 보일 바와 같이 잠재적 아이들의 이익은 그 이유에 들어갈 수 없다.

아이의 창조에 의해 생성되는 해악이 보통 그 아이에게 한정되는 것도 아니다. 그 아이는 곧 스스로 출산하려는 동기를 느끼게 되며, 또 아이를 만든다. 그 아이는 다시 또 동일한 욕구를 발달시킨다. 그래서 출산하는 한 쌍은 누구라도 그들을 고통의 세대에 걸친 빙산의 꼭대기를 차지하는 것으로 여길 수 있다.[7] 그들은 자신의 삶에서 나쁨

---

6 립카 와인버그(Rivka Weinberg)는 "지독하게 아픈 아이를 위해 어마어마한 희생을 기꺼이 하고자 하는 많은 부모는 이 지독하게 아픈 아이를 애초에 창조하지 않는 것이야말로 그들이 해야 했던 가장 중요한 희생이라는 점을 아마도 한 번도 고려해 본 적이 없을 것이다"라고 말할 때 비슷한 논지를 짚는다('Procreative Justice: A Contractualist Account', *Public Affairs Quarterly*, 16/4 (2002) p. 406). 그녀의 논지는 내 논지보다는 더 제한적이다. 왜냐하면 그녀는 그것을 지독하게 아픈 아이에게만 적용하는 반면 나는 그것을 모든 아이에게 적용하기 때문이다.

7 빙산 이미지는 케이프타운대학의 유전학자인 라지 라메사르(Raj Ramesar)에 빚

을 경험한다. 통상적인 사건의 경로를 따라 그들은 자녀들의 나쁨, 그리고 어쩌면 손자들 삶의 나쁨 일부만을 경험할 것이다(왜냐하면 이 자손은 보통 그들의 존속(尊屬)보다 오래 살아남으므로). 그러나 현재 세대의 표면 아래에는 점점 더 증가하여 커지는 수의 후손과 그들의 불운이 있다. 각 커플이 아이 셋을 낳는다고 가정해 보자. 그 기원이 되는 한 쌍의 누적된 후손은 10세대를 거치면 88,572명에 달한다. 이는 무의미하고, 피할 수 있었던 많은 고통을 만들어 내는 것이 된다. 확실히 그것을 위한 모든 책임이 최초의 커플에 있는 것은 아니다. 왜냐하면 각 새 세대가 후손을 계속해서 이어나갈 것인가 여부의 선택에 직면하기 때문이다. 그럼에도 불구하고 원래의 커플은 뒤따르는 세대에 대하여 얼마간의 책임을 진다. 그들이 아이를 갖는 것을 그만두지 않는데, 그들의 후손이 그러리라고는 기대하기 매우 힘들다.

우리가 살펴보았듯이 비록 어느 누구도(nobody) 태어나지 않을 정도로 충분히 운이 좋지는 않지만, 모든 사람 각자는(everybody) 태어났을 정도로 충분히 불운하다. 그리고 내가 이제 설명할 바와 같이 그 불운은 특히 나쁜 운이다. 각자의 유전적 기원이 존재하게 된 것의 필요조건이라는 (그러나 충분 조건은 아니라는) 상당히 타당해 보이는 가정에서[8] 자신으로 발달한 수정란을 낳은 특정한 생식세포 이외의 다른 것에서 형성되었을 수는 없다. 이것은 다시금 자신이 실제 유전

지고 있다. 그는 그 이미지를 유전적 장애의 보유자와 그들의 (잠재적인 또는 실제의) 후손과의 관계를 나타내는 데 사용한다. 나는 그 이미지를 확장하여 유전적 장애뿐만 아니라 (유정적 종의 구성원인) 유전자를 가진 모든 존재에 적용했다.

8 데릭 파피트(Derek Parfit)는 이것을 '기원 견해'(Origin View)라고 한다. *Reasons and Persons* (Oxford: Clarendon Press, 1984) p. 352.

적 부모와 다른 유전적 부모는 결코 가질 수 없었으리라는 것을 함의
한다. 이로부터 어느 한 개인이 존재하게 될 가능성은 극도로 희박하
다는 결론이 나온다. 누구의 존재라도 그 사람의 부모가 존재하게 되
었으며 서로 만났다는 것에 의존할 뿐만 아니라[9] 그 부모가 그 사람을
임신한 바로 그 시점에 임신했다는 것에도 의존한다.[10] 실제로 잠깐의
시간 차이조차도 어느 특정한 정자가 임신의 요소가 되었는지에 차이
를 가져온다. 특정한 사람이 존재하게 되는 것이 가능성이 매우 낮은
일이라는 인식을, 존재하게 되는 것이 항상 심각한 해악이라는 인식과
결합하면, 존재하게 된 것은 진짜 운이 나쁜 일이라는 결론이 산출된
다. 해를 입는다는 것만으로도 충분히 나쁘다. 그렇게 해를 입을 가능
성이 아주 희박할 때 그 해를 입는다는 것은 더욱 나쁜 일이다.

그런데 이러한 판단에는 무엇인가 오도하는 것이 있다. 이는 다음
과 같은 이유 때문이다. 존재하게 될 수 있었고 그 확률을 평가할 수
있었던 엄청난 수의 가능한 사람들(possible people) 가운데서 그 확
률을 평가할 입장에 실제로 있는 사람 각자 모두는 불운한데 반해, 그
확률이 유리하게 전개된 사람들은 아무도 존재하지 않는다. 확률 평
가자는 100퍼센트 불운하고, 0퍼센트가 운이 좋다. 다시 말해서 사람
들이 출산을 한다는 점을 감안했을 때 누군가(somebody)는 해를 입
을 높은 확률이 있었던 것이고, 비록 특정한 어떤 사람(any person)
이 존재하게 될 확률은 작지만, 일단 존재하는 사람이라면 그가 누구

---

9 데릭 파피트는 "우리 중 얼마나 많은 수가 "설사 철도와 자동차가 발명되지 않
았더라도 여전히 나는 태어났을 것이다"고 진정으로 주장할 수 있는가?"라고 묻는다.
Reasons and Persons, p. 361.

10 얼마나 많은 수의 사람들이 정전이나 그들의 부모를 깨운 야밤의 소리, 또는 그
와 같이 욕구를 가지고 몸을 합칠 기회 때문에 임신되었는지를 생각해 보라.

든 해를 입었을 확률은 100퍼센트이다.

반출생주의와 친출생 편향

나는 존재하게 되는 것이 항상 심각한 해악이라는 견해가 갖는 함의 중 하나가 우리가 아이를 갖지 말아야 한다고 논할 것이다. 몇몇 반출생주의 입장은 아이에 대한 반감에 근거하거나[11] 아이를 갖고 기르지 않는다면 더 많은 자유와 자원을 누릴 성인의 이익에 근거하고 있다.[12] 나의 반출생주의 견해는 다르다. 그것은 아이에 대한 반감(dislike)에서 나오는 것이 아니라, 설사 그 아이들을 갖지 않은 것이 부모가 될 뻔했던 이들의 이익에 반한다고 하더라도 잠재적 아이 및 그들이 커서 될 어른의 고통을 피하고자 하는 배려에서 나온다.

반출생주의 견해는 그 원천을 어디에 두고 있건 간에, 극도로 강력한 친출생 편향에 부딪힌다. 이 편향은 인간(그리고 원시 동물)의 심리와 생리의 진화적 기원에 그 뿌리를 두고 있다. 친출생주의적 견해를 가지고 있는 이들은 그들의 유전자를 물려줄 가능성이 높다. 친출생 편향의 일부는 대부분의 사람들이 자신의 유전자를 물려주는 것이 좋은 것이기도 하거니와 자신이 우월하다는 징표라고 그냥 간단히 생각한다는 것이다. 그러나 상이한 도덕적 견해에서는 자기 자신의 생

---

11 W. C. 필드(Field)는 아이들을 좋아하지 않는다고 말했다 … 그들이 아주 잘 익혀지지 않은 한. (튀기는 경우만 좋아하는 것인가?) *Family Reunion* (London: J. M. Dent & Sons Ltd, 1951) pp. 5-7에 실린 오그던 내쉬(Ogden Nash)의 시 「누가 '아기'라고 말했나?」와 「내가 신발을 신는 동안에 내 신발을 밟고 서 있는 작은 소년에게」를 보라.

12 앤드루 해커(Andrew Hacker)는 이 논증 중 일부를 언급한다. 그의 서평, 'The Case Against Kids', *The New York Review of Books*, 47/19 (2000) pp. 12-18.

존이나 자신의 유전자 생존을 더 우월하다는 증거로 여기지 않을 수
도 있다.

친출생 편향은 많은 방식으로 드러난다. 예를 들어 (결혼해서건 아
니면 그냥 동거해서건) 아이를 낳아야 한다고 보며, 불임이 아니라면
아이를 낳지 않는 건 퇴행적이거나(backward) 아니면 이기적이라고
본다.[13] '퇴행적이라고' 보는 것은 개체발생론적 패러다임이나 개인
의 발달 패러다임을 활용한다. 즉 아이들은 아이들을 낳지 못하지만
어른들은 낳는다는 것이다. 그래서 (아직) 번식을 시작하지 않았다
면, 그 사람은 온전한 어른이 아니다. 그러나 이것이 적절한 패러다임
인지는 절대 명백하지 않다. 첫째로, 언제 아이를 갖지 않아야 할지를
알고 이 앎에 따라 자제력을 발휘하는 것은 성숙의 징표이지 미성숙
의 징표가 아니다. 아이들을 기를 준비가 되어 있지 않으면서도 아이
를 갖는 지나치게 많은 수의 (청소년기) 아이들이 있다. 둘째 역시 첫
째 논점과 관련되어 있다. 계통발생적인(phylogenetic) 관점에서 출
산하려는 충동은 극도로 원시적이다. 만일 '퇴행적인'이 '원시적인'
으로 이해된다면, 출산하는 것이 퇴행적이다. 그리고 합리적인 동기
를 가지고서 출산하지 않는 것은 진화적으로 더 최근 일이고 더 진보
된 일이다.

비록 출산하지 않는 것(non-procreation)이 때때로 내가 앞에서
지적했듯이 이기적인 관심 때문에 동기가 부여되기도 하지만, 꼭 그

---

13 때때로 그 추정은 "아직 아이를 갖지 않았니?"처럼 '아직'(yet)이라는 단어로
배신당한다. 비록 동성애자들이 아이를 갖건 갖지 않건 더 잔인한 맹비난의 피해자이
기는 하지만, 이 추정은 (남성이건 여성이건) 아이를 갖지 않는 동성애자에게까지 확
장되지는 않는다. 동성애자들은 퇴행적이거나 이기적이라고 여기기보다는 변태적이
거나 역겹다고 여긴다.

럴 필요는 없다. 존재하게 되는 해악을 가하는 것을 피하고자 출산을 삼가는 곳에서는 그들의 동기는 이타적인 것이지 이기적인 것이 아니다. 더군다나 아이를 갖고자 하는 이가 이타적인 동기라고 여기는 어떠한 것도, 이득을 보는 이로 아이들을 생각한다면 철저하게 오도된 것이고, 이득을 보는 이가 다른 사람이거나 국가라면 부적합한 것이다.

몇몇 공동체에서는 아이를 낳으라는, 때로는 심지어 최대한 많은 아이를 낳으라는, 동료의 압력을 비롯한 사회적 압력이 상당히 높다. 부모가 자신들이 낳는 많은 수의 아이들을 적절하게 보살필 능력이 없을 때조차도 그런 압력이 있다.[14]

압력이 항상 비공식적인 것도 아니다. 정부는 드물지 않게, 꼭 그런 경우에 한정되는 것은 아니지만 특히 출산율이 하락할 때 출산을 독려하기 위해서 개입한다. 이미 인구가 많은데도 그 인구의 대체율 이하로 출산율이 떨어졌다는 것을 우려하며 정부 개입이 이루어지기도 한다. 여기서 우려라는 건 노동 연령에 더 적은 수의 사람들이 있게 될 것이고 그러면 더 많아진 노인 인구를 먹여 살릴 납세자가 적어질 것이라는 우려다.[15] 예를 들어 일본에서는 아이 출생률이 1.33명으로 지속되면, 1.27억 명의 인구가 2050년에는 1.01억 명으로 2100년에는

---

14 Bayer, Lisa, ʻBe Fruitfula and Multiply: Criticism of the ultra-Orthodox fashion for large families is coming from inside the community', *Time*, 25 October 1999, p. 34.

15 나는 감소된 출생율 때문에 존재하는 사람들에게 생기는 비용을 7장에서 더 논의하겠다. 내가 지금 언급할 일본 사례에 한해 보면, 모든 사람들이 인구 감소가 일본 사회에 매우 부정적으로 충격을 줄 것으로 생각하는 것은 아니다. 예를 들어 ʻThe incredible shrinking country', The *Economist*, 13 November 2004, pp. 45-6을 보라.

6천4백만 명으로 줄 것이라는 우려가 있었다.[16] 일본 정부는 조처를
했다. 그들은 부부가 아이를 한 명 더 낳도록 설득한다는 목적을 가진
'플러스 원 정책'을 실시했으며, '저출산 반대 조치 증진' 본부를 설
립하여 그 정책을 조율하도록 했다. 그 정책의 제안 중 하나는 '싱글
남녀를 위한 공적 자금으로 지원되는 파티, 크루즈 선박, 하이킹 여
행'에 쓰일 31억 엔의 짝짓기 예산을 조성하는 것이었다.[17] 또한 '플
러스 원 정책'은 어린이들이 학교를 마치도록 학자금 대출에 자원을
투여하는 부분도 갖고 있었다. 싱가포르는 시민들에게 더 많은 아이
를 낳도록 설득하는 정책을 발전시켰다. 조직적 선전을 함과 아울러
그 정책은 셋째를 가지면 돈을 주는 인센티브, 유급 육아 휴가, 국가
가 재정을 지원하는 보육원을 도입하였다.[18] 그리고 오스트레일리아
는 5년에 걸쳐 133억 달러를 쓸 '패밀리 패키지'를 발표하였다. 그 나
라의 재무부 장관에 따르면 만일 "당신이 아이를 가질 수 있다면, 가
지는 게 좋다"고 한다. 그는 오스트레일리아인들에게 남편당 한 명의
아이와 아내당 한 명의 아이에 추가로 국가를 위해서도 한 명을 낳을
것을 촉구하였다.[19]

　전체주의 체제가 국민들로 하여금 군사적인 이유로, 즉 풍부한 수
의 새로운 군인 세대에 대한 욕구 때문에, 출산을 강압하거나 강제하
고, 그러지는 않는다고 하더라도 독려한다는 것은 잘 알려져 있다. 거

16　Watts, Jonathan, 'Japan opens dating agency to improve birth rate', *The Lancet*, 360 (2002) p. 1755.

17　Ibid.

18　Bowring, Philip, 'For Love of Country', *Time*, II September 2000, p. 58.

19　Reuters, 'Brace yerself Sheila, it's your patriotic duty to breed', *Cape Times*, Thursday, 13 May 2004, p. 1.

칠게 표현하자면 이는 총알받이(cannon fodder)를 위한 친출생주의이다. 민주주의, 특히 계속된 군사적 긴장에 연루되어 있지 않은 민주주의 체제는 그렇게 노골적이지는 않고 노골적일 필요도 없다. 그러나 그렇다고 해도 그들이 친출생주의를 취하지 않는다는 것을 의미하지는 않음을 우리는 살펴보았다.

민주주의가 출산율을 올리기 위해 공식적인 조처를 하지 않는 곳에서도 민주주의는 친출생주의를 향한 내재적인 편향이 있다는 점에 주목해야 한다. (일정한 자유주의적 제약 내에서라 할지라도) 다수가 지배한다는 점을 고려할 때, 민주주의 내의 인구 집단의 각 부문은 그들의 이익과 의제가 승리하거나 적어도 자신들의 몫을 유지하기 위해서는 추가로 후손을 낳을 인센티브가 주어져 있다. 더 나아가 민주주의에서는 재생산에 헌신하지 않는 사람들은 결코 장기적으로는 재생산에 헌신하고 있는 사람들을 압도할 수 없음을 주목하라.

더군다나 민주주의가 이민보다 번식을 선호하는 방법은 특이하다. 후손들은 자동으로 시민권을 갖지만, 잠재적인 이민자들은 그렇지 못하다. 두 대립하는 인종 문화 집단으로 구성된 양극화된 사회를 상상해 보라. 한 집단은 번식함으로써 그 규모를 불리고 다른 집단은 이민으로 그 규모를 불린다고 해보자. 누가 권력을 잡는가에 따라 이민으로 성장하는 집단은 성장이 막히거나 아니면 식민주의라고 비난을 받게 될 것이다.[20] 그러나 왜 민주주의가 한 토착 집단을 다른 토착 집단보다 한쪽은 번식하여 증가하고 다른 한쪽은 이민으로 증가한다는 이유만으로 편애해야만 하는가? 왜 번식은 무제한으로 허용하지만 이민은 축소되어야 하는가? 그 정치적 결과는 인구 집단이 늘어나는 두

---

20 이스라엘 내의 아랍-유대인 인구는 그 예가 되는 사례다.

방법에 모두 동등하게 민감한데도 말이다. 어떤 이들은 출산 자유권 (a right to procreative freedom)은 이민할 권리(a right to immigrate)보다 더 중요하다고 논함으로써 이 질문에 답하려고 할지도 모르겠다. 그것은 법이 실제로 작동하는 방식에 대한 정확한 묘사일 수는 있으나, 우리는 여전히 왜 법이 그래야만 하는가를 물을 수 있다. 사람을 창조할 누군가의 자유는 친구나 가족이 이민하도록 하게 할 다른 사람의 자유보다 더 불가침인가?

　친출생주의가 작동하는 또 다른 방식은 심지어 (단순히 정치적인 영역이 아니라) 도덕적인 영역에서도 번식자들은 아이를 가짐으로써 자신들의 가치를 높인다는 것이다. 부양가족이 있는 부모를 어떤 이유에선지 더 중요한 존재로 여긴다. 예를 들어 희소한 자원이 있고, 예를 들어 기증된 콩팥이 있고, 잠재적 수혜자가 두 명이 있는데, 그 중 한 명은 어린아이들의 부모이고 한 명은 그렇지 않다면, 모든 사정이 동일할 때, 그 부모가 수혜자로 낙점될 가능성이 높다. 부모를 죽게 내버려 두는 것은 자신이 구해졌으면 좋겠다는 그 사람의 선호를 좌절시키는 것일 뿐만 아니라, 그들의 부모가 구해졌으면 좋겠다는 그 또는 그녀의 아이들 선호 역시 좌절시킨다고 한다. 물론 부모의 죽음이 더 많은 사람에게 해를 입힌다는 것은 꽤나 타당하지만, 그럼에도 불구하고 부모를 편애하는 것에 반대하여 무엇인가 이야기할 것이 있다. 아이를 가짐으로써 자신의 가치를 높이는 것은 인질을 잡음으로써 자신의 가치를 높이는 것과 같을 수 있다. 우리는 그렇게 가치를 높이는 일이 불공정하며 그런 행위에 보상하지 않기로 결정할 수 있다. 그렇게 결정하면 아이들의 삶을 더 나쁘게 만들 수 있지만, 그러한 결과를 방지하는 비용이 아이를 갖지 않은 사람들의 어깨에 지워져야만 하는가?

앞에서 말한 어떤 것도 반출생 정책이 채택된 몇몇 사회가 있다는
점을 부인하지는 않는다. 가장 분명한 사례는 중국이다. 중국 정부는
부부당 한 자녀 정책을 도입하였다. 그러나 몇 가지 논점을 지적할 필
요가 있다. 첫째, 그러한 정책은 예외적이다. 둘째, 그 정책은 (그저
적당한 정도가 아니라) 엄청난 과잉인구에 대한 반응이다. 셋째, 그
정책이 애초에 요구되었던 이유가 정확히 대단히 강력한 친출생 편향
을 교정하는 것이기 때문이었다. 그러니 이러한 정책의 존재는 친출
생 편향의 존재에 대한 논박이 되지 못한다.

또한 나는 친출생주의에 대한 국가가 아닌 비판자들이 몇몇 있다는
점도 부인하지 않는다. 예를 들어 인생은 아이가 없을 때 더 낫거나
적어도 아이가 있을 때보다 못하지 않다고 논하는 이들이 있으며,[21]
불임인 사람이나[22] 선택에 의해서 '아이 없는' 삶을 사는 사람들[23]에
대한 차별에 반대하는 이들도 있다. 친출생주의에 대한 이러한 반대
는 반출생이라는 환영할 만한 같은 결론에 이르기는 하지만, 그중 대
부분은 현재 존재하는 사람들을 위한 배려에서 고취된 것이다. 우리
는 출산이 그로 인해 존재하게 되는 사람들에게 무엇을 가하는가에
기초한, 친출생주의에 대한 비판은 거의 듣지 못한다. 하나의 예외는
있다: 세상이 아이를 낳기에는 너무나 끔찍한 곳이라고 믿는 사람들

21 Missner, Marshall, 'Why Have Children?', *The International Journal of Applied Philosophy*, 3/4 (1987) pp. 1-13.

22 May, Elaine Tyler, 'Nonmothers as Bad Mothers: Infertility and the Maternal Instinct', in Ladd-Taylor, Molly, and Umansky, Lauri, *'Bad' Mothers: The Politics of Blame in Twentieth-Century America* (New York: NYU Press, 1998) pp. 198-219.

23 Burkett, Elinor, *The Baby Boon: How Family-Friendly America Cheats the Childless* (New York: The Free Press, 2000).

말이다. 그러한 사람들은 출산을 받아들일 수 있는 일이 되게 하기에
는 너무 나쁜 세상에 우연히 태어났다고 믿는다. 그 신념은 옳음에 틀
림없다. 다만 나는 그 논지를 개진하는 하나의 방식에만 의견을 달리
한다. 그들(대부분)과는 달리 나는 세상에 훨씬 더 적은 고통만 있다
고 하더라도 출산은 여전히 받아들일 수 없는 일로 남아 있으리라고
생각한다. 나의 견해에서는 존재하게 되어 얻는 이득이란 없으며 따
라서 존재하게 되는 것은 그 비용을 치를 가치가 있는 경우가 결코
없다는 것이다. 나는 그 견해가 받아들이기 어렵다는 것을 안다. 나
는 이 견해를 2장에서 얼마간 자세히 방어해 보겠다. 내가 생각하기
에는 나의 논증이 건전하지만, 나로서는 내가 틀리기를 바라지 않을
수 없다.

책의 개요

이 서론의 나머지 부분에서 나는 이 책의 나머지 부분의 개요를 제시
하고 독자들에게 얼마간의 지침을 주고자 한다.

2장과 3장이 이 책의 핵심을 구성한다. 2장에서 나는 존재하게 되
는 것은 항상 해악이라고 논할 것이다. 이 점을 논하기 위하여 나는
우선 존재하게 되는 것이 때때로 해악이라는 것을 보여줄 것이다. 이
주장은 보통 사람들이 기꺼이 받아들이기는 하지만 유명한 철학적 도
전으로부터 방어해야 할 주장이기도 하다. 존재하게 되는 것이 항상
해악이라는 논증을 다음과 같이 요약할 수 있겠다: 좋은 것과 나쁜 것
모두 존재하는 사람에게만 발생한다. 그러나 좋은 것과 나쁜 것 사이
에는 중대한 비대칭성(crucial asymmetry)이 존재한다. 나쁜 것, 이
를테면 고통과 같은 것의 부재는 설사 누구도 그 좋음을 향유하지 못

한다고 할지라도 좋음이다. 반면 좋은 것, 이를테면 쾌락과 같은 것의 부재는 그 좋음이 박탈당할 누군가가 있을 경우에만 나쁘다. 이 비대칭성의 함의는 아예 존재한 적이 없기 때문에 나쁨을 피하는 것이 존재하는 것에 대한 진정한 우위점(advantage)이 된다는 것이다. 반면 존재하지 않아서 일정한 좋음들을 누리지 못한다는 것은 아예 존재한 적이 없는 것의 진정한 열위점(disadvantage)이 아니라는 것이다.

3장에서 나는 심지어 가장 좋은 삶조차도 사람들이 생각하는 것보다 더 좋지 않을 뿐만 아니라 또한 아주 나쁘다고 논한다. 이 결론에 이르기 위해 나는 우선 삶의 질이란 그것의 좋음과 나쁨 사이의 격차가 아니라고 논할 것이다. 삶의 질을 결정하는 것은 훨씬 더 복잡한 문제다. 그러고 나서 나는 삶의 질에 관한 세 견해—쾌락주의 견해(hedonistic views), 욕구 충족 견해(desire-fulfilment views) 그리고 객관적 목록 견해(objective list view)—를 논하여 왜 삶이 이 견해들 중 무엇을 채택하더라도 나쁜지를 살피겠다. 3장에서 마지막으로, 우리가 살고 있는 괴로움(suffering)*의 세계를 묘사하고 이 괴로움은 새로운 사람들을 만드는 비용 중 하나라고 논할 것이다. 그러므로 3장의 그 논증은 2장의 논증에 의해 설득되지 않은 사람들에게도 존재하게 되는 것이 항상 (심각한) 해악이라는 주장을 받아들일 독립적인 근거를 제공한다.

4장에서 나는 출산해야 할 의무란 없을 뿐만 아니라 출산하지 않아야 할 (도덕적) 의무가 있다고 논할 것이다. 이것은 출산 자유권(right

---

* 역자 주: 감각적인 고통(pain)을 포함하지만 그에 한정되지 않는 인생의 나쁨과 비가치를 의미한다.

to procreative freedom)이라는 널리 인정된 권리와 충돌하는 것으로 보인다. 나는 이 권리와 그것의 가능한 토대를 검토하고는, 그것은 법적 권리(legal right)로 가장 잘 이해되는 것이지, 도덕적 권리로 이해될 수 없다고 논할 것이다. 그러므로 그런 권리가 있다는 것은 아이를 낳지 않아야 할 도덕적 의무와 꼭 필연적으로 충돌하는 것은 아니다. 그리고 나서 나는 장애(disability)와 불법행위로 인한 삶(wrongful life)의 문제를 살펴보겠다. 나는 여러 장애권 논증을 살펴보고, 나의 견해가 흥미롭게도 그 논증에 통상적인 반대자들에 대항하는 지지를 장애권 논증에 주면서도, 결국에는 장애권 논증 찬성자들과 그 반대자들의 견해 모두의 기반을 약화시킨다는 점을 보여줄 것이다. 그 다음으로 나는 아이들을 낳는 것이 그들을 단지 수단으로(as mere me-nas) 대우하는 것인지에 관한 논의를 결론짓기 전에 보조 생식술과 인공 생식술에 내 견해가 갖는 함의를 살펴보겠다.

5장에서 나는 태아의 도덕적 지위에 관한 전형적인 친선택 견해가 존재하게 되는 해악에 관한 나의 결론과 결합하여 낙태에 관한 '친죽음'(pro-death) 견해를 어떻게 낳는지를 살펴볼 것이다. 더 구체적으로 말하면 나는 만일 임신 초기 단계의 태아가 도덕적으로 유관한 의미에서 아직 존재하게 되지 않았다면, 그리고 존재하게 되는 것이 항상 해악이라면, 그 초기 단계에서 태아를 낙태하는 것이 더 낫다고 논할 것이다. 네 가지 종류의 이익을 구분하고는 이 넷 중 어느 것이 도덕적으로 유의미한지 물으면서, 나는 언제 의식이 시작되느냐는 질문을 논할 것이며, 그러고 나서 가장 흥미로운 도전인, 리처드 헤어(Richard Hare)와 돈 마퀴스(Don Marquis)의 도전에 반대하여 낙태에 관한 나의 그리고 친선택의 견해를 방어할 것이다.

6장은 두 연관된 질문 세트를 다룬다: 그 질문들이란 인구와 멸종

에 관한 질문이다. 인구 질문은 얼마나 많은 수의 사람들이 있어야 하
는지에 관한 질문이다. 멸종 질문은 미래의 인간 멸종을 유감스러워
해야 하는지 아닌지, 그리고 만일 인간 멸종이 나중에 오는 것보다 일
찍 오는 것이 더 나쁜지에 관한 질문이다. 인구 질문에 대한 나의 답
변은 이상적으로 세상에는 아무런 사람들도(더 이상 아무런 사람들
도) 없어야 한다는 것이다. 그러나 나는 단계적인 멸종을 허용할 수도
있는 논변을 살펴볼 것이다. 멸종 질문에 답하면서 나는 비록 멸종이
그 멸종 전에 살게 되는 사람들, 특히 멸종 바로 직전에 사는 사람들
에게는 나쁠 수 있지만, 인간 멸종 상태 그 자체는 나쁘지 않다고 주
장할 것이다. 나는 다른 사정이 모두 동일하다면, 인간 멸종이 나중에
일어나는 것보다 일찍 일어나는 것이 정말로 더 낫다고 논할 것이다.
일반적인 관심을 끄는 이러한 논증에 더하여, 또한 나는 내 견해가 인
구 규모에 관한 도덕적 이론화를 할 때 발생하는 잘 알려진 많은 문제
를 어떻게 해결할 수 있는지 살펴볼 것이다. 여기서 그 초점은 데릭
파피트의 책『이유들과 사람들』(Reasons and Persons)의 4부에 놓인
다. 그러면서 내 견해가 어떻게 '비동일성 문제'(non-identity prob-
lem)를 풀고, '터무니없는 결론'(absurd conclusion)과 '단순한 추가
문제'(mere addition problem)를 피하며 '비대칭성'을 설명할 수 있
는지를 살펴볼 것이다.

결론을 내리는 장에서 몇 가지 쟁점을 논의할 것이다. 내 결론의 그
럴 법해 보이지 않음이 내 논증에 불리하게 작용하는가 하는 질문을
살펴볼 것이며, 내가 틀렸음에 틀림없다고 하는 낙천주의적 주장(op-
timistic insistence)에 반대하여 논할 것이다. 또한 나의 논증이 많은
사람이 생각하는 것만큼 종교적 사유와 양립 불가능한 것은 아니라는
점을 입증할 것이다. 죽음과 자살에 관한 질문도 검토할 것이다. 더

구체적으로 나는 존재를 지속하는 것이 항상 죽음보다 더 나쁘다고
생각하지 않고서도, 존재하게 되는 것이 항상 해악이라고 생각할 수
있음을 논할 것이다. 그러므로 설사 존재하게 되는 것이 나쁘다고 할
지라도 죽음은 우리에게 나쁠 수 있다. 이에 따라 자살은 내 견해의
불가피한 함의가 아니라는 결론이 따라 나온다. 비록 몇몇 경우에서
는 자살이 하나의 가능한 반응일 수 있지만 말이다. 마지막으로, 그
결론은 비록 반출생 견해가 인류애적인 동기를 가진 것(philanthropi-
callyu motivated)이지만, 동일한 결론에 찬성하는 매우 강력한 염인
주의적 논증(misanthropic argument)도 있다는 점을 보여줄 것이다.

독자를 위한 지침

모든 독자가 책 전체를 읽고 싶어 하거나 읽을 시간이 있는 것은 아닐
것이다. 그래서 나는 우선순위에 관하여 얼마간의 조언을 제시하고자
한다. 가장 중요한 장은 2장(더 구체적으로는 '왜 존재하게 되는 것이
항상 해악인가'라는 제목이 붙은 절)과 3장이다. 결론을 내리는 장인
7장의 첫 절 역시 내 결론이 심각하게 반직관적이라는 이유에서 거부
되어야 한다고 생각하는 이들에게는 중요한 부분이다.

　4, 5, 6장은 모두 2장과 3장의 결론을 전제하고 있다. 그래서 그 앞
장들을 염두에 두고 있지 않고서는 유익하게 읽을 수 없다. 반면 5장
은 4장에 기대지 않으며, 6장은 4장의 결론을 전제하지 않는다(그러
나 5장의 결론은 전제한다). 장들의 논리적인 순서는 장의 순서와 대
략 일치한다. 2장은 '나쁜 뉴스'이며, 3장은 '더 나쁜 뉴스'이며, 4, 5
장의 하나 이상의 절, 그리고 6장은 (독자의 견해에 따라서는) '최악
의 뉴스'이다.

이 책의 많은 부분은 철학에 아무런 배경 지식을 가지고 있지 않은 지성적인 독자들이 쉽게 읽을 수 있게 되어 있다. 어쩔 수 없는 필요에 의해 다소 더 테크니컬한 몇몇 절도 있다. 이 절들의 모든 세부 사항을 파악하는 것은 더 어려울지 모르지만, 그 절들의 골자는 그럼에도 불구하고 명확하다. 그러나 더 테크니컬한 세부 사항에 관심이 덜한 독자들이 읽기를 생략할 수 있는 몇몇 절이 있기는 하다. 이 책 전반에 걸쳐 이따금 있는 문단이 그렇지만, 더 실질적인 내용을 담고 있는 절도 마찬가지다.

5장에서 '네 종류의 이익'에 관한 첫 여섯 문단이 그 장에서 결정적으로 중요하다. 그 분류가 도덕 철학 문헌에서 경쟁하는 분류에 어떤 식으로 연관되는지에 관심이 없는 독자들은 그 절의 나머지 부분은 건너뛰어도 좋다.

책의 가장 테크니컬한 부분은 6장에 있는 '인구에 관한 도덕 이론의 문제 풀기'라는 제목의 절이다. 그 절에서 나는 내 견해가 광범위한 철학 문헌에서 논의되어 온 미래 사람과 최적 인구 규모에 관한 문제를 푸는 것을 어떻게 돕는지를 보인다. 이 문헌에 대한 지식도 없고 관심도 없는 독자는 그 절을 건너뛸 수 있다. 그렇게 건너뛰면 6장의 멸종에 관한 내 논의의 많은 부분을 이해하는 것이 다소 더 어려워지기는 할 것이다. 또한 그 논의의 일부는 상당히 테크니컬하며 따라서 또한 읽기를 피할 수도 있다. 그렇게 건너뛰는 독자들은 내 견해가 일정한 조건하에서는 단계적인 멸종(phased extinction)을 허용할 수도 있다고 내가 논한다는 점만 알면 된다. 단계적 멸종이란 모든 아이 갖기의 즉각적 중지가 아니라 (오직) 몇 연속되는 각각의 세대에서 점점 더 적은 수의 아이들이 존재하게 됨을 의미한다.

2

왜 존재하게 되는 것은
항상 해악인가

태어나지 않는 것이 가장 좋다.

그러나 태어날 수밖에 없다면, 그다음으로 좋은 것은

우리가 나왔던 곳으로 재빨리 돌아가는 것이다.

젊은이가 그 모든 어리석음과 함께 세상을 떠날 때

누가 악 아래에서 비틀거리지 않는가? 누가 그 악에서 탈출하
는가?

소포클레스[1]

잠은 좋고, 죽음은 더 낫다; 그러나 물론,

제일 좋은 것은 아예 태어난 적이 없는 것이다.

하인리히 하이네[2]

---

1 Sophocles, *Oedipus at Colonus*, lines pp. 1224-31.
2 Hiene, Heinrich, *Morphine*, lines pp. 15-16.

존재하게 되는 것이 해악이 될 수 있는가?

존재하게 되는 것이 항상(always) 해악이라고 논하기 전에 존재하게
되는 것이 해악이 되는 경우가 한 번이라도(ever) 있을 수 있다는 점
을 먼저 보여야 한다. 어떤 사람들은 왜 이 점을 논증까지 해야 하는
지 의아해할 수 있다. 왜냐하면 상식은 삶이 너무나 나빠서 그런 삶을
살도록 존재하게 되는 것은 거의 확실히 해악이 될 수 있다고 말하기
때문이다. 그러나 이 견해는 심각한 도전을 받는다. 그 도전이란 바로
보통 '비동일성 문제'[3] 또는 '미래 개인들의 역설'(paradox of future
individuals)이라고 칭해진 것이다.[4]

　문제는 어떤 사람을 빈약한 질의 삶으로 존재케 하는 것의 유일
한 대안이 그 사람을 아예 존재케 하지 않는 것일 때 발생한다. 그
러한 경우에는 해롭다고 여기는 조건 없이는 그 동일한 사람을 존
재하게 하는 것이 불가능하다. 이런 상황은 예를 들어 부모가 되려
는 이들이 심각한 유전적 질환이 있어, 이런저런 이유로 그들의 후
손에게 그 유전자를 물려주게 될 때 발생할 수 있다. 선택지는 결함
있는 아이를 존재하게 하거나, 그 아이를 아예 존재케 하지 않는 것
뿐이다.[5] 다른 경우에는 결함 조건은 그 사람의 구성에 귀속되지 아니

3　Parfit, Derek, *Reasons and Persons*, p. 359.

4　Kavka, Gregory S., "The Paradox of Future Individuals' in *Philosophy and
Public Affairs*, 11/2 (1982) pp. 93-112.

5　유전 공학의 발전은 그 사람을 존재케 하고 나서 그 결함을 고치는 것을 가능케
함으로써 그런 선택에 직면하는 경우의 수를 줄일지도 모른다. 그러나 적어도 일부
장애를 제거하는 것은 유전 공학의 처치를 받는 존재의 동일성을 변경할지도 모른다.
그러한 경우 선택은 결함 있는 아이를 존재케 하는 것과, 건강하지만 그와는 다른 아
이를 존재케 하는 것 사이의 것이 될 것이다.

하고 그[6]의 환경에 귀속된다. 14세 소녀가 아기를 가지게 되었는데 그녀의 어린 나이 때문에 그 아이에게 적정한 기회를 주지 못하게 될 때가 바로 그러한 경우이다.[7] 만일 그녀가 더 나이가 들고 아이를 더 잘 보살펴 줄 때가 되어 임신한다면, 그 아이는 동일한 아이가 아닐 것이다(왜냐하면 실제 임신한 아기는 상이한 생식세포로부터 형성될 것이기 때문이다). 그러므로 14세 때 사회적인 여건이 좋지 않을 아이를 존재하게 하는 일에 대한 그녀의 대안은 그녀가 나중에 다른 아이를 갖느냐와 상관없이, 그 아이를 아예 존재하게 하지 않는 것이다.

존재하게 되는 것이 항상 해악이라는 주장이 (전부는 아니지만) 대부분의 사람들 직관에 반하지만 앞에서 언급한 경우에 존재하게 되는 것이 해악이라는 주장은 대중의 직관과 매우 많이 일치한다. 그렇지만 많은 법률가와 철학자들은 내가 설명할 이유에서 그 손상(impairment)*이 그들의 존재와 분리 불가능한 사람들이 장애를 가진 채 존재하게 됨으로써 해를 입게 된다는 주장에는 논리적 장애물이 있다고 한다.

살 가치가 있는 삶과 살 가치가 없는 삶

이 문제에 관한 문헌에 흔한 구분이 있다. 그 구분은 삶을 살 가치

---

6 이 대명사를 사용하는 것에 대한 옹호로는 Benatar, David, 'Sexist Language: Alternatives to the Alternatives', *Public Affairs Quarterly*, 19/1 (2005) pp. 1-9.

7 이 예는 데릭 파피트의 것이다. 그의 *Reasons and Persons*, p. 358을 보라.

* 역자 주: 장애는 사회 구성원으로서 전형적인 활동 수행에 장벽이 되는 것이다. 반면 손상은 생물학적으로 전형적인 신체 기능에 결함이 있는 것이다. 그래서 낮은 시력은 손상이지만, 안경을 쓰면 전형적 활동 수행에 장애가 되지는 않는다.

없는 것으로 만드는 손상과, 비록 심각하기는 하지만 삶을 살 가치가 없는 것으로 만들 정도로 나쁘지는 않은 손상 사이의 구분이다. 일부 사람들은 손상이 삶을 살 가치가 없게 만드는 경우에도 그 손상이 그러한 장애와 분리 불가능한 사람들이 존재하게 됨으로써 해를 입는다고는 주장할 수 없다는 강한 주장을 제기하였다. 이 주장을 뒷받침하면서 다음과 같은 종류의 논증을 개진한다:

1. 무엇인가가 누군가에게 해가 되려면, 그 무엇인가는 그 사람의 처지를 더 못하게(worse off) 만들어야 한다.[8]
2. 그 '더 못한' 관계(The 'worse off' relation)는 두 상태 사이의 관계다.
3. 따라서 누군가가 어떤 상태(존재 같은 상태)에서 처지가 더 못해지려면, 그 어떤 상태와 비교되는 대안이 되는 상태는 그 누군가가 덜 못하게 되는(또는 더 낫게 되는) 상태여야 한다.
4. 그러나 비존재(non-existence)는 어느 누구도 처할 수 있는 상태가 아니다(is not a state). 그러므로 그것은 존재와 비교할 수 없다.
5. 따라서 존재하게 되는 것은 아예 존재한 적이 없는 것보다 더 못

---

8 이 정식에서 나는 사람들을 보다 더 못하게 만들어야 한다는 것이 무엇인가의 쟁점은 얼버무리고 넘어간다. 이는 이 논증의 맥락에서는 우리가 "그가 처했던 상태보다 더 못하다"(worse off than he was)고 말하건 "그가 처했을 상태보다 더 못하다"(worse off than he would have been)고 말하건 아무런 차이를 낳지 않기 때문이다[역자 주: 왜냐하면 처했던 상태 역시 비존재이고 처했을 상태 역시 비존재이기 때문이다]. 이러한 견해 각각의 문제를 더 살펴보려면 Feinberg, Joel, 'Wrongful Life and the Counterfactual Element in Harming' in *Freedom and Fulfilment* (Princeton: Princeton University Press, 1992) pp. 3-36을 보라.

할 수 없다.

6. 그러므로 존재하게 되는 것은 해악일 수 없다.

이 논증에 대응하는 한 가지 방식은 무언가가 누군가에게 해가 되기 위해서는 그 사람의 처지를 (항상) 더 못하게 만들어야 한다는 첫 전제를 부인하는 것이다. 왜냐하면 무엇인가가 누군가에게 해가 되기 위해서 대안이 나쁘지 않았으리라는 조건하에서 그 무엇인가가 그 사람에게 나쁘다(bad)는 것[9]만으로 충분할 수 있기 때문이다.[10] 해악에 관한 이 견해에 의하면 존재하게 되는 것은 해악이 될 수 있다. 살 가치가 없는 삶을 살게 되는 경우는 나쁠 수밖에 없는데, 존재하게 되는 사람에게 이렇게 삶이 나쁘다면, (그 대안이 나쁘지 않았으리라는 점을 고려한다면) 그 사람이 존재하게 되는 것은 해악이다.

조엘 파인버그(Joel Feinberg)는 존재하게 되는 것이 결코 해악이 될 수 없다는 논증에 다른 대응을 제안한다. 해악이 누군가의 처지를

---

9 데릭 파피트는 누군가가 존재하도록 하는 것이 그 사람에게 이득을 줄 수도 있다는 논증에서, 그러나 '더 못한' 보다는 '더 나은'을 언급하면서 비슷한 움직임을 보인다(그건 제프 맥마핸Jeff McMahan이 그에게 제안한 것이다). 파피트 교수는 우리는 "누군가를 존재하도록 하는 것이 그 사람을 위해 더 나을(better) 수 없다는 점을 … 인정해야 할지도 모른다. 그러나 그것은 그 사람에게 좋을(good) 수 있다"(*Reasons and Persons*, p. 489)고 말한다.

10 대안이 나쁘지 않았으리라는 조건은 (해악에 관한 비교 견해[a comparative view of harm‒역자 주: 본문에서 논의하고 있는 해악이 되려면 그러지 않았으면 처했을 상태와 비교해서 더 못해야 한다는 견해]에 있어) 다음과 같은 사안에 의해 생기는 복잡함을 피한다: 당신은 불타는 차 안에 갇혀 있으며 내가 당신의 목숨을 구할 수 있는 유일한 방법은 당신의 손을 자르고 차 밖으로 끌어내는 것이다. 손이 없게 되는 것은 확실히 당신에게 나쁘지만, 다른 모든 사정이 동일하다면, 그럼에도 불구하고 나는 당신에게 이득을 준 것이다. 그리고 내가 당신에게 이득을 주었다면 (모든 것을 고려했을 때) 당신에게 해를 가하지 않은 것이다.

더 못하게 만드는 것임을 부인하는 대신, 그는 특정한 조건에서 처지
가 더 못한 것이 되기 위해서는 비교되는 대안 조건에서 그 사람이
존재해야만 한다는 가정을 논박한다.[11] 누군가가 존재하게 되지 않
았더라면 더 나았을 것이라고 말할 때 우리가 의미하는 바는 비존재
가 선호할 만했을 것이라는 뜻이 아니다. 파인버그 교수는 존재하기
를 그만두는 것(ceasing to exist)에 관한 판단과의 유비를 제안한다.
어떤 사람이 자기 삶이 너무 나빠서 죽는 것이 더 낫겠다고 주장할
때, 그는 말 그대로 그가 죽는다면 그가 더 나은 어떤 상태에서 존재
하게 될 것이라는 의미로 꼭 말하는 것은 아니다(비록 몇몇 사람들은
이런 것을 믿지만 말이다). 대신 그는 그의 조건에서 계속 살아가기
보다는 존재하지 않기를 선호한다는 것을 의미한다. 그는 자기 삶이
살 가치가 없다고 결정하였다. 즉 그것이 지속할 가치가 없다고 결
정하였다. 삶이 너무나 나빠서 존재하기를 중지하는 것이 선호할 만
하게 될 수 있듯이, 삶은 너무나 나빠서 아예 존재한 적이 없는 것이
더 선호할 만할 수 있다. 누군가의 존재를 그의 비존재와 비교하는
것은 그 사람이 처할 두 가능한 조건을 비교하는 것이 아니다. 그렇
기보다는 그의 존재를 그가 존재하지 않는 대안 사태와 비교하는 것
이다.

　손상이 비록 심각하기는 하지만 삶을 살 가치가 없게 만들 정도로
나쁘지는 않은 그러한 사안들은 손상이 너무 커서 삶을 살 가치가 없
게 만드는 사안보다 더 난해하다고 일반적으로 생각해 왔다. 전자의
경우는 정의상 살 가치가 있는 삶의 사안이며, 그러한 삶으로 존재하

11　Feinberg, Joel, `Wrongful Life and the Counterfactual Element in Harm-
ing`.

는 것보다 아예 존재한 적이 없는 것이 더 선호할 만하다고는 판단할 수 없다고들 이야기한다. 그러나 이 논증의 힘은 '살 가치가 있는 삶' (a life worth living)이라는 표현에 있는 중대한 애매함(ambiguity)에 기대고 있다. 이 애매함을 파헤쳐 보겠다.

시작할 가치가 있는 삶과 지속할 가치가 있는 삶

'살 가치가 있는 삶'이라는 표현은 '지속할 가치가 있는 삶'—이것을 현재 삶의 의미(the present-life sense)라고 하자—과 '시작할 가치가 있는 삶'—이것을 미래 삶의 의미(the future-life sense)라고 하자—어느 쪽을 의미하는지 애매하다.[12] '지속할 가치가 있는 삶'은 '지속할 가치가 없는 삶'처럼 이미 존재하는 사람에 관하여 내릴 수 있는 판단이다. '시작할 가치가 있는 삶'은 '시작할 가치가 없는 삶'처럼 잠재적이지만 존재하지 않는 이(a potential non-existent being)에 관하여 내릴 수 있는 판단이다. 그런데 문제는 여러 사람들이 현재 삶 의미를 취해서는 그걸 미래 삶 의미에 적용했다는 것이다.[13] 그런데 이 둘은 상당히 다르다. 그들이 삶을 살 가치가 없는 것으로

---

12 비슷한 애매함이 불법행위로 인한 삶의 논의에서 '최소한의 품위 있는 삶'(a minimally decent life)이라는 표현의 용법이다. 그 표현은 (현재 삶의 의미에서) '지속할 가치가 있을 정도로 충분히 품위 있는 삶'을 의미할 수도 있고 (미래 삶의 의미에서) '존재케 할 가치가 있을 정도로 충분히 품위 있는 삶'을 의미할 수도 있다.

13 예를 들어 Parfit, Derek, Reasons and Persons, pp. 358-9; Feinberg, Joel, 'Wrongful Life and the Counterfactual Element in Harming'. p. 26이 있다. 버나드 윌리엄스는 다음과 같이 말하면서 동일한 잘못을 범한다. "나는 자기 자신의 존재에 분개하는 사람이 존재한 적이 없기를 선호하는 것을 부인할 아무런 방도를 알지 못한다. 그리고 그 선호를 그 자신의 삶이 살 가치가 없다고 생각한다는 해석 이외에 달리 해석할 아무런 방법도 알지 못한다"('Resenting one's won existence' in Making Sense of Humanity (Cambridge: Cambridge University Press, 1995) p. 228).

만드는 손상과, 비록 심각하기는 하지만 삶을 살 가치가 없는 것으로 만들 정도로 나쁘지는 않은 손상 사이에 구분을 그었을 때, 그들은 현재 삶의 사안(present-life cases)에서 판단을 내리고 있다. 살 가치가 없는 삶은 지속할 가치가 있는 삶이 되지 않을 것이다. 이와 마찬가지로 살 가치가 있는 삶은 지속할 가치가 있는 삶이 될 것이다. 그러나 문제는 이 관념이 그러고는 미래 삶의 사안에 적용되어 버린다는 것이다.[14] 이런 방식으로 우리는 현재 삶의 사안에 관한 규준을 가지고서 미래 삶의 사안에 대한 판단을 내리게끔 되는 것이다.

그러나 상당히 서로 다른 규준이 두 종류의 사안에 적용된다. 손상이 너무 나빠서 삶을 지속할 가치가 없는 것으로 만든다는 판단은 손상이 아주 나빠서 삶을 시작할 가치가 없게 만든다는 판단보다 훨씬 더 높은 문턱(threshold) 수준에서 보통 내려진다. 다시 말해서 만일 삶을 지속할 가치가 없다면, 한층 더 강력한 이유로(a fortiori) 그 삶은 시작할 가치가 없다. 그러나 삶을 지속할 가치가 있다고 해서 그것이 시작할 가치가 있다거나, 만일 삶을 시작할 가치가 없다면 지속할 가치가 없는 것이라는 추론이 성립하지는 않는다. 예를 들어 대부분의 사람들이 팔다리가 없는 삶을 사는 것이 그 삶을 너무나 나쁘게 만들어서 인생을 끝내는 게 좋겠다고 생각하지 않지만, (그 동일한) 대부분의 사람들은 또한 팔다리가 없는 누군가를 존재하게 하지 않는

---

14   예를 들어 조엘 파인버그는 불법행위로 인한 삶의 맥락에서 다음과 같이 말한다: "비존재(non-existence)가 심각한 장애를 가진 삶보다 실제로 합리적으로 더 선호할 만한 경우가 있는가? 확실히 대부분의 괴로움 사안에서 우리는 죽음을 한층 더 나쁜 것으로 생각한다"('Wrongful Life and the Counterfactual Element in Harming', p. 17). 그 맥락에서 '비존재'는 존재한 적이 없기를 지칭한다(존재를 중단하기와 대조되는 의미에서 말이다). 그럼에도 파인버그는 손상된 삶을 죽음과 대조함으로써 그 질문에 답하고 있다.

것이 낫다고 생각한다. 삶을 시작하지 않는 결정보다 삶을 끝내는 결정은 더 강력한 정당화를 필요로 한다.[15]

우리는 이제 살 가치가 있는 삶을 시작하지 않는 것이 어떻게 선호할 만한 것이 되는지를 이해할 수 있게 되었다. 그러한 견해의 역설적인 겉모습은 '살 가치가 있는 삶'을 미래 삶의 의미에서 이해하는 것에 기대고 있다. 시작할 가치가 있는 삶을 시작하지 않는 것을 선호할 만하다고 주장하는 것은 명백히 이상하다. 그러나 미래 삶의 의미는 이 맥락에서 유관하지 않다. 왜냐하면 우리는 지속할 가치가 없는 삶과 대조를 살펴보고 있기 때문이다. 즉 그 삶이 지속할 가치가 있는지 아닌지를 살펴보고 있다. 지속할 가치가 있을 어떤 삶을 시작하지 않는 것이 선호할 만하다고 주장하는 것에는 아무런 역설적인 점이 없다.

이때까지 나의 논증은 미래 삶 사안과 현재 삶 사안에는 도덕적으로 중요한 구분이 있다고 하는 견해에 기대고 있다. 이 구분의 중요성을 감소시키려고 하고 그리하여 나의 논거를 약화하려고 하는 몇몇 노선의 논증이 있다.

첫째로, 데릭 파피트의 논증을 살펴보겠다. 그는 만일 내 삶이 시작된 직후에 (설사 어떤 심각하지만 재앙적이지는 않은 손상을 입는 대가를 치르고서라도) 구해진다면 나는 그로 인해 이득을 얻은 것이며, 그렇다면 나의 삶이 (그런 손상을 갖고) 시작됨으로써 내가 이득을 얻었다고 주장하는 것은 설득력이 없는 것이 아니라고 주장한다.[16] 이

---

15 더 사소한 사안에서도 같은 이치가 참이다. 예를 들어 영화관에서의 저녁을 생각해 보라. 영화가 너무 나빠서 그걸 보러 가지 않았던 것이 더 나았을 것이면서도, 영화가 끝나기 전에 자리를 뜨는 것이 나을 정도까지는 나쁘지 않을 수 있다.

16 삽입 어구로 제시된 부분을 빼면 이 논증은 'Whether Causing Somebody To

논증은 미래 삶과 현재 삶 사이의 구분의 중요성을 최소화하려고 한다. 이 견해에서는 삶을 구하는 과정에서 가한 손상이 삶을 존재케 하는 것과 분리 불가능한 동등한 손상에 도덕적으로 비견할 만하다고 생각하는 것이 비합당한 것은 아니게 된다.

이 논증에 대한 하나의 반론은 그 논증이 불안정한(shaky) 전제에 기대고 있다는 것이다. 그 전제란 사람은 자신의 삶이 시작된 직후에, 설사 그 삶을 구하는 것이 (비록 재앙적인 것은 아니지만) 심각한 결함(defect)을 앞으로 삶에 가져올지라도 구해지게 됨으로써 이득을 얻는다는 전제 말이다. 처음 보기에 이 전제는 확고하고 널리 받아들여지는 것처럼 보일지 모르지만, 조금만 뜯어보면 약점이 드러난다. 문제는 유관한 의미에서 존재하게 되는 설사 대략적일지라도 어떤 지점이 있다는 것이 그 논증에서 암묵적으로 가정되었다는 것이다. 즉 도덕적 고려 사항을 받을 이익을 보유한다는 의미에서 존재하게 되는 어떤 지점이 있다고 가정되었다는 것이다. 그러나 낙태에 관한 광범위한 문헌이 시사하듯이 도덕적으로 유관한 의미에서 존재하게 되는 것은 단일한 사건이라기보다는 매우 긴 기간에 걸친 과정(a very extended process)이다. 나는 한때 수정란(fertilized ovum)이었다. 거의 틀림없이 나의 수정(conception)[17]이 내가 엄밀하게 존재론적인

Exist Can Benefit This Person' in *Reasons and Persons*, appendix G, p. 489에서도 발견된다. 삽입 어구 부분을 포함하는 그 논증의 판본은 이 장의 초안이 되었던 글에 대한 데릭 파피트의 논평에서 제안되었다. 이 논평을 해준 것에 데릭 파피트에게 감사한다.

17 또는 일란성 쌍둥이 발생 가능성이 대체로 지난 약 14일 뒤가 된다. 접착 쌍둥이 현상을 고려하고 싶다면 존재의 불가역적인 개별성의 시작을 그보다 한층 더 뒤로 미뤄서 보아야 할 것이다. (이에 대해서 더 알고 싶다면 Singer, Peter; Kuhse, Helga; Buckle, Stephen; Dawson, Karen; and Kasimba, Pascal, eds., *Embryo Experi-*

의미에서 존재하게 된 시기였다. 그러나 이것이 또한 내가 도덕적으로 유관한 의미에서 존재하게 된 순간이었는지는 훨씬 덜 분명하다. 비록 대부분의 사람들은 내 다리를 자르는 대가를 치르고서 내 삶을 구하는 것이 나에게 순 이득을 줄 것이라는 점에 동의하기는 하지만, 그보다 훨씬 적은 수의 사람들만이 배아(conceptus)의 생명을, 그 배아의 다리를 없애고서 구하는 것이 순 이득이라고 생각할 것이다. 이 것이 바로 보통의 성인에게 다리를 절단하면서 생명을 구하는 것을 비난하는 사람보다 더욱 많은 사람들이 결함이 비재앙적인 경우에도 '치료상의' 낙태를 지지하는 이유이다. 일부 사람들은 심지어 갓 태어난 영아가 심각하지만 비재앙적인 장애가 있을 때 영아 살해나 적어도 수동적인 안락사를 지지한다. 비록 그들이 그러한 결함을 가진 유아가 아닌 어린이나 성인에게 비슷한 행동이 이익이 된다고는 판단하지 않을 것임에도 불구하고 말이다. (도덕적으로 유관한 의미에서) 존재하는 이들은 존재하는 것에 이익을 갖는다. 이 이익은 일단 완전히 발달하게 되면 보통 매우 강하며 그리하여 충돌이 있는 곳에서는 손상을 입지 않고자 하는 이익을 압도한다. 그러나 존재하는 것에 대한 이익이 없는 (또는 매우 약한) 경우에는 (결함 있는 사람들을 존재하게 함으로써) 손상을 야기하는 것은 존재하는 것에 관한 이익을 보호한다는 이유로 보증할 수 없다. 존재에 이익이 없는 (또는 매우 약한 이익만을 갖는) 존재의 집합 범위는 논쟁의 여지가 있는 문제이다 (그 집합은 배아, 분할 전의 수정란, 영아를 포함하는가?). 5장에서 나는 적어도 분할 전의 수정란, 배아*, 그리고 태아**는 임신의 꽤 늦

---

mentation (Cambridge: Cambridge University Press, 1990) pp. 57-9, pp. 66-8.)

* 　역자 주: 수정 후 9주 미만의 생체를 의미함.

** 역자 주: 배아와 구분되는 의미에서는 9주 이후의 모에 의존해 살아가는 생체.

은 단계에 이르기 전에는 도덕적으로 유관한 의미에서는 존재를 시작
하지 않았으며, 도덕적으로 유관한 의미에서 존재하게 되는 것은 점
진적인 과정이라고 논할 것이다.

이 반성은 ('존재하게 된다'의 도덕적으로 유관한 의미에서) '존재
하게 된 직후'와 같은 어떤 단계가 있다는 관념의 기반을 허문다. 만
일 우리가 (도덕적으로 유관한 의미에서) 존재하게 되는 것을 긴 기
간에 걸친 과정으로 본다면, 그 주체의 존재에 대한 이익이 발달할수
록 삶을 구하는 더 큰 희생을 허용할 가능성이 높다. 삶을 시작하는
것과 삶 시작 직후에 삶을 구하는 것 사이의 깔끔한 대조는 사라진다.
이에 따라 삶이 시작된 직후에 구하는 사안에서 삶을 시작하는 사안
으로 추론하는 것은 훨씬 덜 그럴 법하게 된다. 왜냐하면 그 두 사안
은 훨씬 더 멀리 떨어져 있는 것으로 이해되기 때문이다.

그런데 어떤 사람들은 존재하게 되는 것에 관한 점진주의적 견해가
미래 삶 사안과 현재 삶 사안 사이의 구분 기반을 약화시킨다고 생각
할지도 모르겠다. 그러나 이는 참이 아니다. 그 두 사안 사이의 구분
이 점진적이라는 점은 그 구분을 무효로 만들지 않는다. 내가 말한 것
어떤 것도, 두 종류의 사안을 연결하는 중간 지대의 가능성을 배제하
지 않는다. 내가 그러지 않듯이 미래 삶 사안과 현재 삶 사안을 분명
하게 연결 짓는 연속체의 점진성에 대한 도덕적 민감성을 거부하지
않는 한 그 구분의 도덕적 중요성은 훼손되지도 않는다.

현재 삶 사안과 미래 삶 사안 사이의 구분에 대한 다음 가능한 위협
은 조엘 파인버그가 개진한 노선의 추론에서 나온다. 파인버그는 내
가 앞서 지적했듯이 누군가는 존재하게 되지 않았다면 더 나았으리라
는 주장을 주체가 아예 존재한 적이 없다는 것이 더 선호할 만하다는
주장으로 이해한다. 이 주장은 그가 올바르게 말하듯이 어떠한 논리

적 난점을 겪지도 않는다. 그러나 파인버그는 여기서 더 나아가서 존재하게 되지 않는 것이 언제 선호할 만한가에 대한 해명을 전개한다.[18] 그 해명은 거의 대부분의 경우에서 아예 존재한 적이 없는 것은 선호할 만하다고 이야기되도록 한다. 그는 의사결정 능력이 있는 성인 또는 나이를 충분히 먹은 어린이가 내리는 자신들이 아예 존재한 적이 없었더라면 더 나았으리라는 판단을, 극도로 심한 손상을 지녀 스스로 판단을 내릴 수 없는 이들을 대신하여 그들의 대리인이 내리는 판단과 구분한다. 극도로 심한 손상을 가진 사람들의 경우에는 아예 존재한 적이 없다는 것이 더 선호할 만하다는 판단이 이성에 일관된다는 것(consistent with reason)만으로는 불충분하다고 그는 생각한다. 그런 판단은 이성에 의해 명해져야 (또는 요구되어야) 한다고 (dictated (or required) by reason) 한다. 파인버그는 이 요건이 아주 극소수의 장애 조건에만 충족된다고 한다. 즉 죽음이 더 선호할 만한 이들에게만 이 요건이 충족된다고 한다.[19] 의사결정 능력이 있는 주체가 그들이 아예 존재한 적이 없는 것이 선호할 만하다고 판단을 내리는 경우에는 그는 그 판단이 이성과 그저 일관되기만 하면 된다고 한다(즉 그것이 비합리적이지만 않으면 된다고 한다). 어떤 판단이 이성과 일관되라는 요구를 충족시키는 것이 훨씬 더 쉽기는 하지만, 사람들이 존재한 적이 없는 것을 선호하는 경우는—상당한 곤경을 겪는 사람들에게조차도—매우 드물다는 것이 인간 심리학의 사실이라고 한다. 그 결과 파인버그 교수의 견해에 의하면 삶을 끝내는 것이 나을 만큼 나쁘지는 않지만 그래도 심각한 장애를 갖고 존재하게 된

18 'Wrongful Life and the Counterfactual Element in Harming', pp. 20-3.

19 'Wrongful Life and the Counterfactual Element in Harming', p. 22.

대부분의 주체들은 해를 입었다고 말할 수 없다는 것이다. 존재하게
되지 않은 것이 선호할 만한 것이 되었을 경우에만 해를 입었다고
할 수 있으며, 그의 해석에 따른 이 요건은 오직 매우 드물게만 충족
된다.

이 해명이 현재 삶 사안과 미래 삶 사안 사이의 나의 구분과 충돌하
는 이유는 그 해명 안에 현재 삶 사안의 렌즈를 통해 미래 삶 사안에
대한 판단을 내려야 한다는 요건이 암묵적으로 들어 있기 때문이다.
그 요건은 삶이 너무 나빠 지속할 가치가 없거나―파인버그의 대리
인 결정의 규준―아니면 그 장애를 가지고 이미 존재하는 사람들이 아
예 존재한 적이 없는 것을 선호해야 한다는 것―그들 자신을 위해
(소급적으로!) 판단할 의사결정 능력을 그들의 장애가 손상시키지 않
은 사람들을 위한 그의 규준―이다.

그러나 파인버그 교수의 해명이 이미 존재하는 사람들의 관점을 채
택하도록 요구한다는 바로 그 점 때문에 그의 해명은 부적합하다. 삶
이 시작할 가치가 있는지 물을 때 우리는 그것이 지속할 가치가 있는
지 물어야 할 필요가 없다. 또한 우리는 미래 삶에 관한 판단을 내리
기 위해 이미 존재하는 사람들이 자신의 삶에 갖는 선호에 호소할 필
요도 없다. 내가 다음 장의 2절에서 보여줄 바와 같이 자기 자신의 삶
의 질에 대한 자기 평가는 신뢰할 수 없다.

존재하게 되지 않는 것이 선호할 만할 때가 언제인가에 대한 파인
버그 교수의 해명을 내가 거부하기는 하지만, 누군가를 존재하게 함
으로써 그 사람에게 해를 입힌다는 관념을, 존재하는 것 또는 아예
존재한 적이 없는 것의 더 선호될 만함(pereferability)에 의거하여 이
해하는 것에는 동의한다. 즉 어떤 사람의 존재가 아예 존재한 적이 없
는 것을 선호할 만한 것이라면, 존재하게 함으로써 그 사람에게 해를

입히는 것이다. 이와 마찬가지로 만일 어떤 사람의 존재가 아예 존재한 적이 없는 것보다 더 선호할 만한 것이라면, 그 사람은 존재하게 됨으로써 해를 입지 않은 것이다. 그렇다면 우리가 살펴보아야 할 질문은 '아예 존재한 적이 없는 것이 선호될 만한 경우는 언제인가?' 이다. 다르게 표현하자면 '존재하게 되는 것은 어떤 경우에 해가 되는가?' 이다. 또 달리 표현하자면 우리는 '존재한 적이 없는 것은 나쁘지 않은 반면 존재하게 되는 것이 나쁜 경우는 어떤 경우인가?' 라고 물을 수 있다. 그에 대한 답은 '항상' 이라고 나는 이제 논할 것이다.

왜 존재하게 되는 것은 항상 해악인가

미래의 가능한 사람들에 관한 문헌에는 흔한 가정이 있다. 즉 모든 사정이 동일하다면 그 삶이 종합적으로 좋은 것인 사람들을 존재하게 함으로써는 아무런 잘못(wrong)도 저지르지 않는다는 것이다. 이 가정은 다른 가정에 기댄다. 그 다른 가정이란 품위 있는 삶의 전망(decent life prospects)을 갖고서 존재하게 되는 것은 이득이라는 것이다 (비록 존재하게 되지 않는 것이 해악은 아닐지라도 말이다). 나는 이 저변에 깔린 가정이 오류라고 논할 것이다. 존재하게 되는 것은 이득이 아니라 항상 해악이다. 내가 존재하게 되는 것이 항상 해악이라고 말할 때 나는 그것이 필연적으로 해악이라는 뜻으로 말하는 것이 아니다. 분명하게 드러날 바와 같이 나의 논변은 삶이 나쁨은 전혀 없고 좋음만 담고 있는 그런 가상적인 사안에는 적용되지 않는다. 그러한 존재에 관해 나는 존재하게 되는 것이 해악도 아니고 이득도 아니며, 그렇게 존재하게 되는 것과 아예 그렇게 존재한 적이 없는 것 사이에는 무차별해야 한다고 말한다. 그러나 어떤 삶도 그런 가상적 삶과 같지 않다. 모든 삶은 얼마간의 나쁨을 담고 있다. 그렇게 얼마간의 나쁨을 담고 있는 삶으로 존재케 되는 것은 항상 해악이다. 많은 사람들은 이 매우 심란한 주장이 반직관적이라고 여길 것이며 그래서 그걸 기각하기를 바랄 것이다. 이 이유로 나는 그 주장을 옹호할 뿐만 아니라 왜 사람들이 그 주장에 저항감을 가지는지도 설명하려고 한다.

사실 나쁜 일은 우리 모두에게 일어난다. 어떤 삶도 곤경(hardship)이 없지는 않다. 가난한 삶을 사는 수많은 사람들, 그리고 그들 삶의 많은 부분을 어떤 장애를 갖고 사는 사람들을 생각해 보는 것은 쉬운 일이다. 우리 중 일부는 그런 운명을 피할 만큼 운이 좋지만, 그럼에도 불구하고 우리 대부분은 삶의 어떤 단계에서는 건강이 나빠서 고통을 겪는다. 고통은 흔히 극심하다. 설사 그 고통이 우리의 마지막 날에 겪는 것이라 할지라도 말이다. 일부 사람들은 긴 기간의 노쇠함을 겪도록 자연의 저주를 받는다. 우리 모두 죽음을 맞이한다.[20] 우리는 드물게만 새로 태어난 아이를 기다리고 있는 해악을 곰곰이 생각해 본다. 그 모든 고통, 실망, 불안, 슬픔 그리고 죽음에 관해서. 어떤 아이에 대해 우리는 이 해악들이 어떤 형태로 발생할지 얼마나 심각할지 예측할 수 없지만, 적어도 그 해악 중 일부는 발생하리라는 점을 확신할 수 있다.[21] 이 중 어떠한 것도 존재하지 않는 자에게는 닥치지 않는다. 오직 존재하는 자들만이 해를 입는다.

---

20   여기서 나는 죽음이 해악이라는 통상적인 견해를 취한다. 내가 7장에서 (매우 간략히) 살펴볼 이 견해에 대한 고대의 도전에 관하여는 풍부한 철학적 문헌이 있다. 죽음이 죽는 사람에게 해를 입히지 않는다고 생각하는 이들은 내 해악 목록에서 죽음은 빼도 될 것이다.

21   존재하게 된 뒤 곧바로 죽는 사람들만이 이 해악들 중 많은 부분을 겪지 않게 되나, 명백히 죽음은 면하지 못한다.

낙천주의자들은 내가 이야기 전체를 말하지 않았다고 재빨리 지적할 것이다. 존재하는 이들에게는 나쁜 일만 일어나는 것이 아니라 좋은 일도 일어난다는 것이다. 쾌락, 기쁨, 그리고 만족은 오직 존재하는 이들만이 가질 수 있다. 그리하여 이 낙천주의자들은 삶의 즐거움과 악의 비중을 서로 가늠해 보아야 한다고 말할 것이다. 즐거움이 악을 그 비중에서 능가하는 한, 삶은 살 가치가 있다고 한다. 그러한 삶을 살도록 존재하게 되는 것은 이 견해에 의하면 이득이다.

쾌락과 고통의 비대칭

그러나 이 결론은 도출되지 않는다. 이는 (고통과 같은) 해악과 (쾌락과 같은) 이득 사이에는 중대한 차이가 있기 때문이다. 이 차이는 존재는 비존재에 대하여 아무런 우위점을 갖지는 않지만 열위점은 분명히 갖는다는 결론을 수반한다.[22] 고통과 쾌락을 해악과 고통의 사례로 생각해 보자. 다음과 같이 말하는 것은 논란의 여지가 없다.

(1) 고통의 존재(presence)는 나쁘다. 그리고
(2) 쾌락의 존재는 좋다.

그러나 그러한 대칭적 평가(symmetrical evaluation)는 고통과 쾌

---

22 '비존재'라는 용어는 복합적으로 애매하다. 그 용어는 존재한 적이 없는 이들에게도 현재 존재하지 않는 이들에게도 적용할 수 있다. 후자는 아직 존재하지 않은 이들과 더 이상 존재하기를 중단한 이들로 나뉜다. 현재 맥락에서 나는 '비존재'(non-existence)를 존재한 적이 없는 이들을 지칭하는 데 사용한다. 조엘 파인버그는 아직 존재하지 않는 이들과 더 이상 존재하지 않는 이들이 해를 입을 수 있다고 논하였다. 나는 그 견해를 받아들인다. 내가 여기서 말하는 것들은 한 번도 존재한 적이 없는 이들에게만 적용된다.

락의 부재(absence)에는 적용되지 않는 것 같다. 왜냐하면 다음과 같은 것이 참으로 보이기 때문이다.

(3) 고통의 부재는 좋다. 설사 그 좋음이 어느 누구에 의해서도 향유되지 않는다고 하더라도.

반면

(4) 쾌락의 부재는 나쁘지 않다. 그 부재가 박탈이 되는 누군가가 존재하지 않는다면.

그 좋음이 어느 누구에 의해 향유되지도 않는다면, 어떻게 하여 고통의 부재가 좋을 수 있는지 의문이 생길 수 있다. 즉 부재하는 고통은 만일 그것이 좋음이 될 사람이 아무도 존재하지 않는다면, 어느 누구를 위해서도 좋을 수 없다는 이의를 제기할 수 있다. 그러나 이것은 (3)을 지나치게 빨리 기각하는 것이다.

(3)에서 내려진 판단은 실제로 존재하거나 실제로 존재하지 않을 수도 있는 **사람의 (잠재적인) 이익을 준거로 하여** 내려진 것이다. 이에 대해 (3)이란 이 사람이 존재한 적이 없는 시나리오 일부이기 때문에 (3)은 존재하는 사람에 관해서는 아무것도 말해 줄 수 없다는 반론을 제기할지도 모르겠다. 이 반론은 틀렸다. 왜냐하면 (3)은 실제로 존재하는 사람이 아예 존재한 적이 없는 가상적인 경우에 관하여 무엇인가를 말하기 때문이다. 존재하는 사람의 고통에 관해 (3)은 이 고통의 부재는 설사 지금 그 고통을 겪는 사람이 부재함에 의해서만 달성될 수 있다고 하더라도 좋았을 것이라고 말하고 있다. 즉 지금 존재하는 사람의 이익에 따라서 판단되었을 때, 그 고통의 부재는 설사 이 사람이 그 경우에는 존재한 적이 없을지라도 좋았을 것이라는 말이다. 다

2 왜 존재하게 되는 것은 항상 해악인가 59

음으로, 아예 존재한 적이 없는 사람의 부재한 고통에 관하여 (3)이
무엇을 말하는지를 살펴보라. 그 고통의 부재는 잠재적인 사람을 실
재하는 사람으로 만들지 않음으로써 확보된다. 주장 (3)은 그렇게 하
지 않았더라면 존재했을 그 사람의 이익에 따라 판단했을 때, 이 고통
의 부재가 좋다고 말한다. 우리는 그 사람이 어떤 사람이었을지는 알
지 못하지만, 그 사람이 누구였든 간에 그 사람의 고통의 회피는 그
사람의 잠재적인 이익에 따라 판단되었을 때 좋다고 여전히 말할 수
있다. 만일 부재하는 고통이 존재할 수도 있었지만 실제로는 존재하
지 않는 사람을 위하여 좋다는 말에 여하한 (명백히 느슨한) 의미라도
있으려면, 바로 이것이 그 의미다. 명백히 (3)은 부재한 고통이 좋게
되는 어떤 실재하는 사람(some actual person)이 있다는 터무니없는
문자 그대로의 주장을 수반하지 않는다.[23]

(3)과 (4) 사이의 비대칭성을 뒷받침하는 것으로, 그 비대칭이 상
당한 설명력(explanatory power)을 갖는다는 점을 보여줄 수 있다.
그 비대칭성은 적어도 꽤 그럴 법한 적어도 네 개의 다른 비대칭성을
설명한다. 회의론자들은 (3)과 (4) 사이의 비대칭성이 어디로 이르는
지를 알게 되었을 때에는 이 다른 비대칭성의 그럴 법함(the plausi-
bility)을 의문시하게 될지도 모르며 그 다른 네 비대칭성을 뒷받침하
는 것으로 (앞 비대칭성 외에) 무엇이 제시될 수 있을지 알고 싶어 할
지도 모르겠다. 내가 그러한 뒷받침을 제공한다면, 회의론자들은 또

---

23   쾌락의 부재에 관하여 대칭적 주장을 (논리적으로) 할 수 있다. 존재하거나 존
재하지 않는 어떤 사람의 (잠재적) 이익에 따라 판단했을 때, 쾌락의 이 부재는 나쁘
다. 그러나 (4)는 이 대칭적 주장이 비록 논리적으로는 가능하지만, 실제로는 거짓이
라고 말한다. 나는 (4)를 나중에 옹호할 것이다. 우선은 나의 목적은 (3)이 비정합적
이지 않다는 점을 보이는 것뿐이었다.

이 추가적인 뒷받침 고려 사항들을 옹호해 보라고 요구할 것이다. 모든 논증은 어떤 정당화의 끝(some justificatory end)을 가질 수밖에 없다. 나는 나의 결론을 거부하는 것이 자명하다고(axiomatic) 여기는 이들을 납득시키겠다고 희망할 수 없다. 내가 보일 수 있는 것은 어떤 꽤 그럴 법한 견해를 받아들이는 이들은 내 결론을 받아들이게끔 된다는 점이 전부다. 이 그럴 법한 견해는 내가 이제 개괄할 다른 네 개의 비대칭성을 포함한다.

첫째, (3)과 (4) 사이의 비대칭성은 고통을 겪을 사람들을 존재하게 만드는 일을 피할 의무는 있지만, 행복한 사람들을 존재하게 만들 의무는 없다는 견해를 가장 잘 설명해 준다. 다른 말로 하면 우리가 괴로움을 겪을 사람들(suffering people)을 존재하게 만들지 않을 의무가 있다고 생각하는 이유는 이 고통의 존재는 (그 고통을 겪는 이들에게) 나쁠 것이며, 그 고통의 부재는 (설사 그 고통의 부재를 향유할 사람이 아무도 없다고 하더라도) 좋다는 것이다. 이와 대조적으로 우리는 행복한 사람들을 존재하게 할 아무런 의무도 없다고 생각한다. 이는 그들의 쾌락은 그들을 위해 좋기는 하겠지만, 그 쾌락의 부재는 (쾌락이 박탈당하게 될 누군가가 아예 없을 것이라는 점을 고려한다면) 그들에게 나쁘지 않을 것이기 때문이다.

우리의 출산 의무에 관한 견해에 대한 대안적 설명이 있으며, 이 설명은 (3)과 (4) 사이의 비대칭성에 관한 나의 주장에 호소하지 않는다는 반론을 제기할 수도 있겠다. 우리가 고통을 겪는 사람들을 존재하게 하는 것을 피할 의무는 지지만, 행복한 사람들을 존재하게 할 의무는 지지 않는 이유는 해악을 피할 소극적 의무는 지지만 이에 대응하는 행복을 야기할 적극적 의무는 지지 않기 때문이라고 주장할 수 있다는 것이다. 그래서 우리의 출산 의무에 관한 판단은 다른 의무에

관한 판단과 마찬가지라는 것이다. 그런데 우리가 여하한 적극적 의
무도 갖지 않는다고 생각하는 이들에게는 이 설명이 내가 제시한 설
명에 대한 대안이 정말로 될 것이라는 점은 동의한다. 그러나 우리가
적극적 의무를 가지고 있다고 생각하는 이들 중에서도 오직 소수만이
행복한 사람들을 존재하게 할 의무가 이 적극적 의무 중에 속한다고
도 생각한다.

　적극적 의무를 받아들이는 사람들이 왜 통상 행복한 사람들을 존재
케 할 의무가 적극적 의무에 포함되지 않는다고 생각하는지에 관한
대안적 설명도 있다고 주장할지도 모른다. 우리의 적극적 의무는 많
은 양의 쾌락을 창출하는 것이 우리 쪽의 상당한 희생을 요구한다
면, 그런 창출의 의무를 포함하지 않는다고 흔히 생각한다는 것이
다. 아이를 갖는 일이 (적어도 임신한 여성에게는) 상당한 희생을 포
함한다는 점을 고려하면, 비대칭성이 아니라 바로 이 점이 왜 행복한
사람들을 존재케 할 의무가 없는지에 대한 최선의 설명이 되는 것이라
고 한다.

　그러나 이 대안적 설명의 문제는 희생이 없는 경우에는 우리가 행
복한 사람들을 존재케 할 의무를 지게 된다는 점을 함의한다.[24] 다시

24　또는 희생이 있는 경우에도 그 희생이 이 의무를 복멸하기에 충분히 큰 것으로
생각되지 않는다면, 행복한 사람들을 존재할 의무를 가지게 된다고 함의한다. 우리가
감수할 것이 요구되는 희생의 정도가 꽤 크다고 생각하는 사람들은 소수가 아니다.
예를 들어 Singer, Peter, *Practical Ethics* 2nd edn. (Cambridge : Cambridge Uni-
versity Press, 1993). 그런데 우리의 적극적 의무의 정도에 관한 비록 피터 싱어의 결
론이 래디컬하게 반직관적이기는 하지만, 그 반직관성은 그의 입장에 반대하는 논거
로서 충분한 것으로 보통 생각하지 않는다는 점을 주목하라. 그런데 흥미롭게도 내
결론을 내 논증에 대한 귀류법적 논박으로 다루려는 데는 주저함이 훨씬 덜하다. 나
는 이 부분을 7장에서 더 이야기하겠다.

말해서 만일 우리가 그런 행복한 사람들을 우리에게 큰 비용을 치르지 않고서도 창조할 수 있다면 그런 사람들을 창조하지 않는 것은 그른 일이 된다. 그러나 이것은 논의되고 있는 의무가 모든 것을 고려했을 때의 의무라는 점을 전제한다. 그러나 잠재적 사람들의 이익은 그들을 존재케 할 다른 고려 사항에 의해 복멸될 수 있는 잠정적 의무(defeasible duty)조차도 근거 짓지 못한다. 달리 표현하면 (모든 것을 고려한) 출산 의무의 비대칭성은 다른 비대칭성, 즉 출산의 도덕적 이유들(reasons)의 비대칭성에 의존한다. 이 비대칭성에 따르면 비록 잠재적 사람들의 이익[25]에 근거를 둔 불행한 사람들을 창조하는 것을 피해야 할 강한 도덕적 이유가 있기는 하지만, 행복한 사람들을 창조해야 할 (잠재적 사람들의 이익에 근거를 둔) 강한 도덕적 이유는 없다.[26] 비록 희생의 정도가 다른 적극적 의무에는 유관할 수 있겠으나, 행복한 사람들을 존재케 할 의무의 경우에는 쟁점과 무관하여 고려할 가치가 없다.

(3)과 (4)의 비대칭성에 관한 나의 주장을 뒷받침하는 둘째 근거가 있다. 가지게 될 아이가 그로 인해 이득을 본다는 것을 아이를 갖는 하나의 이유로 제시하는 것은 (비정합적이지는 않더라도) 이상하지

---

25 도덕적 이유(또는 의무)가 잠재적 사람의 이익에 근거해야 한다는 조건은 중요한 것이다. 우리가 행복한 사람들을 창조할 이유가 있다는 주장이 그럴 법하다고 여기는 사람들은 비개인적인 고려 사항—이를테면 세계에 더 많은 행복이 있음—에 의해 마음이 움직이는 경향이 있다. 그러나 이것은 잠재적 사람의 이익에 관한 고려 사항은 아니다.

26 제프 맥마핸은 "그의 삶이 많은 좋음을 담을 것이라는 이유만으로는 어떤 사람을 존재케 할 아무런 강한 도덕적 이유도 없다는 견해는 … 매우 직관적이며 논박하는 것이 아마도 불가능하다." *The Ethics of Killing: Problems at the Margins of Life* (New York: Oxford University Press, 2002) p. 300.

만,[27] 아이를 존재케 하는 것을 피하는 근거로 잠재적 아이의 이익을 인용하는 것은 이상하지 않다. 만일 아이를 갖는 일이 그 행위에 의해 아이에게 이득을 주려는 목적으로 이루어진다면, 적어도 많은 사람들에게는 더 많은 아이들을 가져야 할 더 큰 도덕적 이유가 있을 것이다. 이와는 달리 고통을 겪을 잠재적 아이의 후생에 관한 우리의 우려는 그 아이를 갖지 않기로 결정할 건전한 근거이다. 만일 부재하는 쾌락이 그것이 나쁘게 될 사람이 있느냐 없느냐와 상관없이 나쁜 것이라면, 아이들을 위해서 아이를 갖는 것은 기이하지 않을 것이다. 그리고 만일 부재하는 고통이 설사 그것이 누군가를 위해 좋은 것이 아닌 경우에서조차도 좋다는 것이 참이 아니라면, 우리는 고통을 겪는 아이를 존재케 하는 것을 피하는 것이 좋다고 말할 수 없게 된다.

셋째, (3)과 (4) 사이의 비대칭성 근거는 이와 연관된 비대칭성, 이번에는 우리의 회고적 판단에서의 비대칭성에서 끌어올 수 있다. 사람들을 존재케 하지 못한 것뿐만 아니라 존재케 한 것도 후회할 수 있다(regret).* 그러나 사람들을 존재케 한 일만이 그 존재가 우리의 결정에 달려 있었던 그 사람들을 위해서 후회될 수 있다. 이는 존재케 되지 않은 사람들이 누구인가로 확정되지 않았기 때문이 아니다. 그런 게 아니라 그들이 아예 존재한 적이 없기 때문이다. 이득이 수여되지 아니한 누구인지 확정되지 않은 존재하는 이들을 위해서는 후회할 수 있다. 그러나 존재한 적이 없어서 결코 경험하지 않을 선이 존재하지 않음으로써 박탈될 수 없는 누군가를 위해서는 후회할 수 없다. 아이를

---

27 다시 말해 아이를 위해서 아이를 가질 수 있다고 주장하는 것은 이상하다.

* 역자 주: 후회는 회고적 판단에서 어떤 사건이 발생하지 않았으면 하거나 그런 사건이 발생하게 한 행위를 하지 않았으면 하는 유감을 의미한다. 후회하는 사람이 사건에 연루된 정도가 덜한 문맥에서는 '유감스럽게 여김'으로 번역하기도 하였다.

갖지 않은 것을 비통해할 수 있다. 그러나 가질 수도 있었던 아이가
존재를 박탈당했기 때문에 비통해하는 것은 아니다. 아이를 갖지 않
은 것에 대한 회한은 우리를 위한 회한이다. 출산과 양육이라는 경험
을 하지 못했다는 비애인 것이다. 그러나 우리는 불행한 삶을 사는 아
이를 존재케 한 것을 실제로 후회하며, 설사 우리 자신을 위해서 후회
하는 면이 있는 경우에도 그 아이를 위해서 후회하는 것이다. 우리가
누군가를 존재하게 하지 못했다는 점을 한탄하지 않는 이유는 부재하
는 쾌락이 나쁘지 않기 때문이다.

　마지막으로, (3)과 (4) 사이의 비대칭성 근거는 (a) (멀리 있는) 괴
로움(suffering)과 (b) 지구나 우주의 사람이 거주하지 않는 부분에
관한 비대칭적 판단에서도 발견할 수 있다. 적어도 우리가 그들을 생
각할 때 우리는 올바르게도 그 삶이 괴로움으로 가득 찬 외국의 거주
자를 위해 슬퍼한다. 이에 반해 어떤 섬에 아무도 사는 이가 없다는
이야기를 들었을 때 우리는 이와 똑같이 만일 존재했더라면 그 섬에
거주했을 행복한 사람들을 위해 슬퍼하지는 않는다. 마찬가지로 어느
누구도 화성에 존재하지 않는 이들을 위해 그들이 향유할 수 없었던
삶에 관해 그런 잠재적인 존재를 위해 유감으로 생각하며 애석해하지
않는다.[28] 그렇지만 만일 화성에 유정적 삶이 있고 그 화성인들이 고

28　대부분의 사람들은 화성에서 부재하는 삶이 그 자체로 의미심장하다고 생각하
지 않는다. 일단 이 쟁점에 관하여 억지로 생각해 보면 일부 사람들은 화성에서 부재
하는 쾌락을 유감스럽게 생각한다고 주장할 것이다. 그들이 그렇게 주장하건 아니건
나는 존재했더라면 쾌락을 향유했을 (존재하지 않는) 화성인들을 위해 그 사태를 유
감스럽게 생각하는 것이 어떻게 가능한지 모르겠다. 그런데 화성에서 부재하는 쾌락
이 화성인들에게 유감스럽다고 느끼지 않는 것이 비대칭성을 뒷받침하게 되고, 그리
하여 존재하게 되는 것이 항상 해악이라는 결론을 뒷받침한다는 점을 깨닫고 난 이후
에, 부재하는 화성인들을 위해 유감을 느낀다고 말하기 시작하는 모습을 보이는 것은

통을 겪는다는 것을 안다면, 우리는 이 점을 그들을 위해 유감스러워할 것이다. 여기에서 주장은 우리가 그들의 존재 그 자체를 유감스러워한다는 강한 주장일 필요는 없다. (그런 강한 주장일 수 있지만 말이다.) 우리가 그들의 삶 내에서의 고통을 유감스러워하리라는 사실이 내가 옹호하고 있는 비대칭성을 뒷받침하기에 충분하다. 그 논지는 우리는 존재할 수도 있었던 이들의 고통은 유감스러워하지만 부재하는 쾌락을 유감스러워하지는 않는다는 것이다.

그런데 존재할 수도 있었던 이들의 부재하는 쾌락을 유감스러워하지 않듯이 존재할 수도 있었던 이들의 부재하는 고통에 기쁨을 느끼지도 않는다고 반론을 제기할지도 모른다. 왜냐하면 만일 우리가 그런 기쁨을 느낀다면, 가능한 사람 중 극히 소수만이 실재하는 사람들이 되었다는 점을 고려할 때 그리고 얼마나 많은 고통을 피했는지를 고려할 때 우리는 피한 고통의 양에 숨이 막힐 정도로 기뻐해야만 할 것이라고 그 반론은 말한다. 그러나 기쁨은 유감스러워함에 대한 적절한 반대(contrast)가 아니다. 비록 우리가 멀리 있는 이들의 고통을 적어도 우리가 그들에 관해 생각할 때에는 유감스러워하지만, 우리는 그 점 때문에 우울감으로 가득 차지는 않는다.[29] 중요한 질문은 부재하는 고통에 관해 우리가 ─우울감의 반대인─ 기쁨을 느끼는지 여부가 아니라 부재하는 고통이 유감스러워할 만한 것의 반대인가─우리가 '환영할 만한 일' 또는 간단히 '좋음'이라고 할 수 있는 것인지─여부이다. 내가 주장하였듯이 그에 대한 답은 '예'이다. 만일 부재하는 고통이 존재한 적이 없다는 것의 좋은 특성인지 질문을 받는

신기한 일이다. 그러나 그렇게 말한다고 해서 그것이 이치에 닿는 것은 아니다.
29   우리가 더 뚜렷한 반응을 보이지 않는다는 사실은 아마도 심리적인 방어 기제의 결과일 것이다.

다면, 우리는 그렇다고 답해야만 할 것이다.

나는 (3)과 (4) 사이의 비대칭성이 다른 네 비대칭성을 설명한다는 것을 보여주었다. 이 다른 비대칭성이 널리 지지가 되고 있다는 점을 고려할 때 우리는 (3)과 (4)의 비대칭성 역시 널리 받아들여진다고 생각할 좋은 근거를 갖는다. 그 기본 비대칭성이 받아들여지고 있다는 것은 참의 증거가 아니다. 왜냐하면 아주 많은 사람들도 틀릴 수 있고 종종 틀리기 때문이다. 그러나 그것은 나의 출발점이 넓은 호소력을 가진 게 분명하다는 점을 정말로 보여준다.

(3)과 (4)의 비대칭성에 의해 뒷받침되는 판단을 모든 사람들이 공유하는 것은 아니다. 예를 들어 적극적 공리주의자들(positive utilitarians)—고통을 최소화하는 것뿐만 아니라 쾌락을 최대화하는 것에도 관심을 갖는 이들—은 추가될 가능한 쾌락의 부재를, 그 쾌락이 박탈될 사람이 아무도 없다고 하더라도 탄식할 것이다. 그들의 견해에 의하면 사람들을 존재케 하는 것이 행복을 증가시킨다면 사람들을 존재하게 할 의무가 있다. 모든 적극적 공리주의자들이 (3)과 (4)의 비대칭성을 거부할 수밖에 없다고 이야기하는 것은 아니다. 그 비대칭성에 동조하는 적극적 공리주의자들은 (i) (존재하거나 행위자의 선택에 독립적으로 존재하게 될) 사람들의 행복을 증진하는 것과 (ii) 사람들을 만듦으로써 행복을 증가시키는 것 사이에 구분을 그을 수도 있다. 이것은 이제는 유명해진 구분인, (i) 사람들을 행복하게 만드는 것과 (ii) 행복한 사람들을 만드는 것 사이의 구분이다. 이 구분을 긋는 적극적 공리주의자들은 그럴 경우 적극적 공리주의와 일관되게 (i)만이 도덕의 요구(requirement of morality)라고 판단할 수 있다. 이것은 적극적 공리주의의 선호할 만한 판본이다. (ii)를 도덕의 요구로 여기는 것은 행복의 가치가 기본적이며 사람들의 가치는 그로부터

파생하는 것이라고 그릇되게 가정한다. 그러나 사람들이 추가적인 행복을 더하기 때문에 가치 있다는 것은 참이 아니다. 그게 아니라 추가적인 행복은 그것이 사람들에게 좋기 때문에 가치 있다. 즉 그것이 사람들의 삶을 더 잘되게 하므로 좋은 것이다. 그와 다르게 생각하는 것은 사람들이 행복의 생산을 위한 단지 수단에 지나지 않는다고 생각하는 것이다. 또는 다른 유명한 상을 활용하자면 그것은 사람들을 단지 행복을 담는 그릇(mere vessels of happiness)으로 대우하는 것이다. 그러나 그것이 담는 가치 있는 물질이 얼마나 많은지에 무심한 단순한 그릇과는 달리 사람들은 얼마나 많은 행복을 갖느냐에 신경을 쓴다.

만일 지금까지 내 논증이 건전하다면 해악과 이득 사이의 비대칭성에 관한 견해는 강력하기도 하고 널리 퍼진 것이기도 하다. 나의 논증은 해악과 이득 사이의 비대칭성을 전제하면, 존재하게 되는 것이 항상 해악이라는 결론이 따라 나온다는 점을 보이는 방식으로 진행할 것이다. 결론부의 장(7장)에서는 나는 그 비대칭성이 이르는 결론을 이해하게 되었을 때, 오히려 존재하게 되는 것이 항상 해악이라는 결론을 받아들이기보다는 비대칭성 자체를 포기하고자 하는 이들의 반론을 살펴보겠다. 그 반론은 그 비대칭성을 포기하는 것이 반직관적인 정도보다 내 논증의 결론이 반직관적인 정도가 더 크다고 한다. 그래서 이 둘 중 어느 하나가 희생되어야 한다면, 희생될 것은 비대칭성이라는 것이다. 나는 이 반론을 논의하는 일을 마지막 장으로 미뤘다. 왜냐하면 그것은 이때까지 내 결론의 반직관성에 적용될 뿐만 아니라 내가 이후 장에서 논할 다른 반직관적인 결론에도 적용되기 때문이다(이 반론이 다루어지는 걸 보고 싶어 견디지 못하겠는 사람은 7장의 여는 절인 '반직관성 반론을 반박하기'를 펼쳐 봐도 된다).

내가 옹호한 그 비대칭성을 고려하면, 왜 존재하게 되는 것이 항상 해악인지를 보이기 위해서는 두 시나리오를 비교하는 것이 꼭 필요하다. 한 시나리오 (A)에서는 X가 존재한다. 다른 시나리오 (B)에서는 X가 존재한 적이 없다. 이미 언급된 견해와 함께 이 시나리오가 그림 2.1에 도표로 나타나 있다.

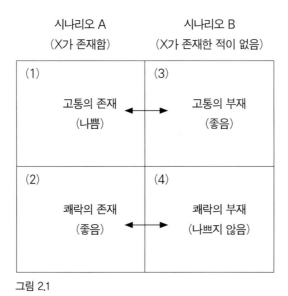

그림 2.1

만일 내가 맞게 생각하고 있다면, (1)이 나쁘고 (2)가 좋다는 것은 논란의 여지 없이 참이다. 그러나 앞에서 언급한 고려 사항에 따라 (3)은 그 선을 향유할 사람이 아무도 없다고 하더라도 좋다. 그러나 (4)는 부재하는 이득이 박탈될 사람이 아무도 없기 때문에 나쁘지 않다.

그 비대칭성에 대한 앞에서 개진한 옹호에 의지하여 우리는 (3)과 (4)를 평가하는 대안적인 방식인, 고통과 쾌락 사이의 대칭성이 보존하는 평가 방식은 적어도 중요한 보통의 판단을 보존하려고 한다면, 실패할 수밖에 없음을 주목해야 한다. 대칭성을 보존하는 첫째 선택지는 그림 2.2에 나타나 있다.

시나리오 A
(X가 존재함)

시나리오 B
(X가 존재한 적이 없음)

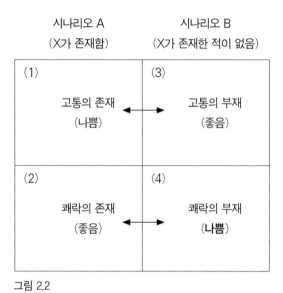

(1)

고통의 존재
(나쁨)

(3)

고통의 부재
(좋음)

(2)

쾌락의 존재
(좋음)

(4)

쾌락의 부재
(**나쁨**)

그림 2.2

이 대안적인 평가 방식에서는 대칭성을 보존하기 위하여 쾌락의 부재 (4)는 '나쁨'(bad)이라는 용어로 칭한다. 이 판단은 지나치게 강하다. 왜냐하면 만일 시나리오 B에서 쾌락의 부재가 '나쁘지 않음'이 아니라 '나쁨'이라면, 우리는 X가 존재하게 되지 않았다는 점을 X를 위하여 후회해야 하기 때문이다. 그러나 그것은 후회할 만한 일이 아니다.

쾌락과 고통의 대칭적 평가를 가져오는 둘째 방법은 그림 2.3에 나와 있다.

	시나리오 A (X가 존재함)	시나리오 B (X가 존재한 적이 없음)
	(1) 고통의 존재 (나쁨) ←→	(3) 고통의 부재 **(나쁘지 않음)**
	(2) 쾌락의 존재 (좋음) ←→	(4) 쾌락의 부재 **(좋지 않음)**

그림 2.3

이 경우 대칭성을 보존하기 위하여 쾌락의 부재 (3)는 '좋음'이 아니라 '나쁘지 않음'이라는 용어로 칭하며, 쾌락의 부재 (4)는 '나쁘지 않음'이 아니라 '좋지 않음'이라는 용어로 칭한다. 한 해석에 의하면 '나쁘지 않음'은 '좋음'과 동등하며, '좋지 않음'은 '나쁨'과 동등하다. 그러나 이 해석은 이 행렬에서 이용되는 해석이 아니다. 왜냐하면 만일 그 해석이 이용된다면, 그림 2.2의 행렬은 그림 2.1의 행렬과 다르지 않을 것이며 동일한 단점이 있다고 평가될 것이기 때문이다. 그림 2.3에서 '나쁘지 않음'은 그러므로 '나쁘지도 않고 좋지도 않음'(not bad, but not good either)을 의미하는 것일 수밖에 없다. 그러나 이런 방식으로 이해되면, 이 행렬은 지나치게 약한 것이 된다.* 존재의 고

---

* 역자 주: 철학 용어로 '약하다'는 것은 명제가 주장하는 바가 적어서 참이 되기 위해 성립해야만 하는 것이 몇 되지 않는다는 뜻이다. 여기서 저자는 앞 행렬이 주장해야 하는 바에 못 미치게 주장하는 것을 '지나치게 약한 것'이라 하고 있다.

통을 피하는 것은 그저 '나쁘지 않음'이 아니다. 그것은 좋음이다.

쾌락의 부재를 '좋지 않음'이라고 판단하는 것 또한 그것이 충분히 이야기하지 않는다는 점에서 지나치게 약하다. 물론 쾌락의 부재는 우리가 좋음이라고 할 바는 아니다. 그러나 쾌락의 부재가 어느 누구에게도 박탈이 되는 것을 포함하지 않는 경우에, 그것이 '나쁘지 않음'인가 '나쁨'인가는 중요한 질문이다. 그에 대한 답변은 그것이 '좋지 않고 나쁨'이 아니라 '좋지도 나쁘지도 않음'이라는 것이다. '나쁘지 않음'이 '좋지 않음'보다 더 유용한 정보를 주는 평가이기 때문에, 그 용어를 나는 선호한다. 그러나 '좋지 않음'이라는 용어를 계속 사용하기를 고집한다고 해도 대칭성을 복구하는 데 성공하지는 못한다. 만일 고통은 나쁨이고 쾌락은 좋음이지만 고통의 부재는 좋음이고 쾌락의 부재는 좋지 않음이라면, 쾌락과 고통 사이의 대칭성은 없다.

존재를 존재한 적 없음과 비교하기

대안으로 제시된 평가를 거부하였으니, 나의 원래 그림으로 돌아가겠다. 존재하게 되는 것과 존재한 적이 없는 것의 상대적 우위점과 열위점을 결정하기 위해서는 (1)을 (3)과 비교하고, (2)를 (4)와 비교해야 한다. 첫 번째 비교에서 우리는 비존재(non-existence)가 존재(existence)보다 선호할 만하다는 것을 보게 된다. 비존재는 존재보다 우위점이 있다. 반면 두 번째 비교에서 존재하는 이의 쾌락은 비록 좋기는 하지만, 비존재에 대하여 우위점이 되지는 않는다. 왜냐하면 쾌락의 부재는 나쁘지 않기 때문이다. 좋음이 비존재보다 우위점이 되려면, 쾌락의 부재가 나쁜 것이 되어야만 한다.

쾌락적인 감각은 중립적인 상태보다 나으니 '좋음'은 '나쁘지 않음'보다 우위점이 된다고 반론을 제기할지도 모르겠다. 그러나 이 반론에는 오류가 깔려 있다. 그 오류란 시나리오 B에서 쾌락의 부재를 시나리오 A에서 쾌락의 부재와 유사한(akin to) 것처럼 다루는 오류이다. 그렇게 유사할 가능성은 내 행렬에서는 반영되어 있지 않지만, 비대칭성에 대한 나의 원래 기술인 (4)에서 암묵적으로 거부되고 있다.* 거기서 나는 쾌락의 부재는 그 부재가 박탈이 될 누군가가 존재하지 않는다면 나쁘지 않다고 하였다. 여기서 함의는 부재하는 쾌락이 박탈이 되는 경우에는 그것이 나쁘다는 것이다. 그런데 명백히 내가 쾌락의 부재가 나쁘다고 말했을 때, 나는 고통의 존재가 나쁜 것과 동일한 방식으로, 그것이 나쁘다고 말한 것은 아니다.[30] 뜻한 바는 부재하는 쾌락은 (내재적으로가 아니라) 상대적으로 나쁘다는 것이다. 다시 말해서 쾌락의 부재는 쾌락의 존재보다 못하다(worse). 그러나 그렇게 되는 이유는 시나리오 A에서 X가 존재하기 때문이다. X가 박탈된 그 쾌락을 X가 가졌다면 더 좋았을 것이다. 쾌락적인 정신 상태 대신 X는 중립적인 상태를 갖는다. 이와는 달리 시나리오 B에서 부재하는 쾌락은 어떤 사람의 중립적인 상태가 아니다. 아예 어떤 사람의 상태라는 것이 없다. 비록 A에서 쾌락이 A에서 부재하는 쾌락보다는 더 낫지만, A에서 쾌락은 B에서 쾌락의 부재보다 더 나은 것은 아니다.

그 논지는 다른 방식으로도 표현할 수 있다. 내가 박탈을 포함하는 부재하는 쾌락이 나쁘다고 말할 때 내재적 나쁨(intrinsic badness)을 이야기하는 것이 아닌 것과 꼭 마찬가지로, 내가 박탈을 포함하지 않는 부재하는 쾌락을 이야기할 때는 내재적인 '나쁘지 않음'(not badness)—중립적임—을 이야기하는 것이 아니다. 박탈을 포함하는 부

---

*   역자 주: 58쪽의 (4) 기술을 가리킨다.
30   그것이 그 의미에서 나쁘게 되는 유일한 경우는 쾌락의 부재가 실제로 고통스러울 때일 것이다.

재하는 쾌락이 '더 못하다' (worse)는 의미에서 '나쁨' 인 것과 꼭 마찬가지로, 박탈을 포함하지 않는 부재하는 쾌락은 '더 못하지 않다' (not worse)는 의미에서 '나쁘지 않음' 이다. 이로부터 박탈을 포함하지 않는 부재하는 쾌락은 쾌락의 존재보다 나쁘지 않으며, 쾌락의 존재는 박탈하지 않는 부재하는 쾌락에 대하여 우위점이 없다는 결론이 따라 나온다.

일부 사람들은 어떻게 (2)가 (4)에 대하여 우위점이 없을 수 있는지 이해하는 데 어려움을 겪는다. 그들은 하나의 유비(analogy)를 고려해 보면 좋을 것이다. 이 유비는 이런 식으로의 존재와 비존재 사이의 비교와는 달리 두 존재하는 사람의 비교를 포함하기는 하지만, 그래도 알려주는 바가 있기 때문이다. S(아픈 이)는 정기적으로 질병을 겪는 몸을 갖고 있다. 그에게는 다행인 일로, 그의 몸은 또한 매우 빨리 회복하기도 한다. H(건강한 이)는 빨리 회복하는 능력은 없지만, 결코 병에 걸리지 않는다. S가 병에 걸리는 것은 그에게 나쁘고, 그가 빨리 회복하는 것은 그에게 좋다. H가 결코 병에 걸리지 않는 것은 그에게 좋지만, 그가 빠르게 치유되는 능력이 없는 것은 나쁘지 않다. 빠른 회복 능력은 비록 S에게 좋은 것이기는 하지만, H에 대한 진정한 우위점은 아니다. 이것은 그 능력의 결여가 H에게는 나쁘지 않기 때문이다. 이는 결국 그 능력의 결여가 H에게는 박탈이 아니기 때문이다. H는 그가 S가 가진 회복을 돕는 능력을 갖췄을 경우에 그랬을 경우보다 더 못하지 않다.

이 유비는 편향되어 있다고 반론을 제기할지도 모르겠다. 건강한 이가 되는 것이 아픈 이가 되는 것보다 낫다는 것은 명백하다. 그 반론은 내가 이 둘의 사례를 각각 한 번도 존재하지 않기와 존재하기에 대한 유비로 다룬다면, 나는 그 논의를 내가 찬성하는 결론을 향해 편향시킨다는 것이다. 그러나 이 반론의 문제점은 그 자체로만 놓고 보면, 모든 유비에 대한 반론으로 제기할 수 있다는 것이다. 유비의 목적은 (H와 S의 사례처럼) 사태가 명확한 사안을 찾아서 (그림 2.1의 시나리오 A와 B와 같이) 논쟁이 되는 사안을 얼마간 해명해 주는 것이다. 그렇다면 편향성은 핵심 쟁점이 아니다. 대신 진짜 문제는 그 유비가 좋은 것이냐 아니냐이다.

　그것이 좋은 유비가 아니라고 생각할 수 있는 한 가지 이유는 (그림 2.1에서) 쾌락이 내재적(intrinsic) 좋음인데 반해, 빠른 회복을 위한 능력은 도구적(instrumental) 좋음에 불과하다는 것이다. 더 나아가 한 사람이 다른 사람은 가지고 있는 어떤 내재적 좋음을 결여하여 열위점에 놓이지 않는다는 점을 보일 수 있는 (H와 S 같은) 두 존재하는 사람을 포함하는 유비를 제시하는 것은 불가능하게 될 것이라고 주장할지도 모르겠다. 어떤 좋음을 결여하면서도 그것 때문에 열위점에 놓이지 않는 실제 사람의 분명한 사안은 도구적 좋음에 관한 사안뿐이기 때문에, 내재적 좋음과 도구적 좋음 사이의 차이가 유관한 것으로 생각될지도 모르겠다.

　그러나 이런 주장은 납득이 어렵다. 왜냐하면 왜 부재하는 내재적 좋음이 존재하는 사람들만을 포함하는 유비에서는 항상 나쁘다고 생각될 수 있는지 그 이유에 대한 더 심층적인 설명이 있기 때문이다. 이 사람들이 존재한다고 가정했을 때 여하한 내재적 좋음의 부재도 그들에게는 박탈을 구성하는 것으로 항상 생각할 수 있다. 두 존재하는 사람들을 비교하는 유비에서 박탈의 부재(the absence of deprivation)를 시뮬레이션할 수 있는 유일한 방법은 도구적 좋음을 고려하는 것뿐이다.[31]

31　시나리오 A와 B에 대한 어떠한 유익한 유비도 두 존재하는 사람들의 비교를 포

(3)과 (4)가 박탈의 존재와 부재가 결정적이라는 점을 명시적으로 밝히고 있기 때문에, 유비가 이 특성을 테스트해야 하며 따라서 내재적 좋음과 도구적 좋음의 차이를 무시할 수 있다는 것은 전적으로 온당해 보인다.

아무튼 그 유비는 (2) 사분면이 좋고 (4) 사분면은 나쁘지 않다는 것을 증명하는 것으로 읽힐 필요는 없다는 점을 주목하라. 그 비대칭성은 이전 절에서 확립되었다. 대신 그 유비는 그 비대칭성을 고려할 때 (1)은 (3)에 대하여 열위점인 반면 어찌하여 (2)가 (4)에 대하여 우위점이 아닌지를 보여주는 것으로 해석해야 한다. 그것은 시나리오 B가 시나리오 A에 대하여 선호할 만하다는 점을 보여준다.

우리는 존재와 비존재의 상대적인 우위점과 열위점을, 여전히 나의 원래 행렬을 놓고서, (2)와 (3)을 비교하고 (4)와 (1)을 비교함으로써 다른 방식으로도 확인할 수 있다. 존재하기(existing)에도 이득이 있고 존재하지 않기(non-existing)에도 이득이 있다. 존재하는 자(exisers)가 그들의 쾌락을 향유한다는 것은 좋다. 비존재(non-existence)를 통하여 고통을 피한다는 것도 좋다. 그러나 이것은 그 그림의 일부일 뿐이다. 존재한 적이 없는 것에 나쁜 점이라고는 아무것도 없는 반면 존재하게 되는 것에는 무언가 나쁜 점이 있기 때문에, 모든 것을 고려했을 때 비존재(non-existence)가 선호할 만한 것으로 보인다.

이때까지 고찰한 것 가운데 일부에서 나오는 깨달음 중 하나는 쾌활한 이(cheerful)의 비용-편익 분석─이 분석에 의하면 삶의 쾌락

함해야만 할 것이다. 존재하는 사람과 존재하지 않는 사람을 포함하는 유비는 우리가 이해하기 쉽게 밝히려고 하는 그 사안보다 조금도 더 명확하지 않을 것이다. 우리는 어떤 사람의 존재를 그의 존재한 적이 없기와 비교하는 유비를 고려하도록 요구할 수 없는 것이다.

인 (1)을 삶의 악인 (2)와 비교하여 비중을 가늠한다—이 존재와 한 번도 존재하지 않기의 바람직함의 비교로 납득하기 어렵다는 것이다. 쾌활한 이의 분석은 몇 가지 이유에서 잘못을 범한 것이다.

　첫째, 그것은 잘못된 비교를 한다. 우리가 비존재가 존재보다 선호할 만한가 또는 그 반대인가를 결정하기를 원한다면, 우리는 각각 선택지가 되는 시나리오인 X가 존재하는 표의 왼편과 X가 한 번도 존재하지 않는 오른편을 비교해야만 한다. 왼편의 위쪽 사분면과 아래쪽 사분면을 비교하는 것은 시나리오 A가 시나리오 B보다 나은지 또는 그 반대인지 여부를 우리에게 알려주지 않는다. (3) 사분면 및 (4) 사분면을 이 문제와 무관한 것으로 여기지 않는다면 왼편에 있는 (1), (2) 사분면만 가지고는 해답이 나오지 않는다. (3)과 (4)가 무관하게 되는 한 가지 방식은 그 둘 다 모두 '0'의 값을 매기는 경우이다. 이 가정 하에서는 만일 (2)가 (1)보다 크다면 또는 다른 방식으로 표현하면 (2)에서 (1)을 뺀 것이 0보다 크다면, A는 더 나은 것으로 생각할 수 있다. 그러나 이것은 두 번째 문제를 만들어 낸다. (3) 사분면과 (4) 사분면을 0의 가치를 갖는다고 보는 것은 (3)에 아무런 양의 값을 매기지 않는 것을 의미하는데, 이것은 내가 논증했던 비대칭성과는 양립 불가능하다(그렇게 하면 그림 2.3의 대칭성을 받아들이는 셈이 될 것이다).

　오직 (1)과 (2)만 살펴보고 (2)에서 (1)을 뺌으로써 A가 더 나은가 B가 더 나은가를 계산하는 방법이 갖는 또 다른 문제는 앞서 언급했던 '시작할 가치가 있는 삶'(life worth starting)과 '지속할 가치가 있는 삶'(life worth continuing) 사이의 차이를 무시하는 것으로 보인다는 점이다. 쾌활한 이는 (2)가 (1)보다 크다면 비존재보다 존재가 낫다고 말한다. 그러나 여기서 '비존재'라는 말로 의미 되는 바

는 무엇인가? '존재한 적이 없기'(never existing)인가 아니면 '존재
하기를 멈추기'(ceasing to exist)인가? (1)과 (2)만 살펴보는 사람들
은 존재한 적이 없기와 존재하기를 멈추기를 구별하지 않는 것으로
보인다. 그들에게는 (2)가 (1)보다 크다면 삶은 살 가치가 있고(즉
시작할 가치도 있고 지속할 가치도 있고), 그렇지 않다면 살 가치가
없다(즉 시작할 가치도 없고 지속할 가치도 없다). 이런 판단의 문
제는 이미 논증했듯이 이 둘을 구분할 좋은 이유가 있다는 점이다.
삶이 지속할 가치가 없다고 하려면 그것은 시작할 가치가 없는 삶이
되기 위한 수준보다 더 못해야만 한다.[32] 시나리오 A만 고려하는 것
이 아니라 시나리오 B도 고려하는 사람들은 명확히 어느 삶이 시작
할 가치가 있는지를 고려하고 있다. 어떤 삶이 지속할 가치가 있는
지를 결정하기 위해서 시나리오 A는 [역자: 시나리오 B가 아니라]
세 번째 시나리오, X가 존재하기를 중단하는 시나리오와 비교되어야
한다.[33]

　마지막으로, 삶의 질은 좋음에서 나쁨을 빼는 것만으로 간단히 결
정되지 않는다. 내가 다음 장 1절에서 살펴볼 바와 같이 삶의 질을 평

32　시나리오 A만을 고려하는 사람들은 삶이 언제 '시작할 가치가 있는가'와 삶
이 언제 '지속할 가치가 있는가'에 관한 상이한 판단을 제시할 수 있다. 그들은 상
이한 문턱을 설정함으로써 그렇게 할 수 있다. 그리하여 그들은 지속할 가치가 있
는 삶이 되기 위해서는 (2)가 (1)을 능가하기만 하면 된다고 말하면서 반면 삶이 시
작할 가치가 있기 위해서는 (2)가 (1)보다 상당히 커야 한다고 말할 수 있다. 비록 시
나리오 A만을 고려하는 사람들이 이렇게 말할 수 있지만, 그들이 그렇게 한다고 볼
아무런 증거도 없다. 그들은 그 판단들을 똑같이 다루는 것 같다. 어쨌거나 설사 그
들이 이 점을 고치더라도 그들의 입장은 여전히 내가 제기하는 다른 반론에 굴복하
게 된다.
33　시나리오 C라고 할 수 있는 이 시나리오에서 고통의 부재는 '좋음'이 되고 쾌락
의 부재는 '나쁨'이 될 것이다.

가하는 것은 이것보다 훨씬 더 복잡한 일이다.

그런데 어떤 사람들은 그림 2.1에서 나타난 비대칭성을 받아들여서 우리가 시나리오 A를 시나리오 B와 비교할 필요가 있다는 점에는 동의하지만, 이렇게 비교한다고 해서 B가 항상 A보다 선호할 만하다는 결론에 이르지는 않는다고 할지도 모른다. 즉 존재하게 되는 것이 항상 해악이라는 점을 부인할지도 모른다. 그런 반론은 다음과 같이 논한다. 우리는 사분면 각각에 양이나 음(또는 0의) 값을 할당해야만 하며, 만일 우리가 그러한 견해를 주장하는 사람들이 가장 합당하다고 여기는 방식으로 그 값들을 할당한다면, 우리는 존재하게 되는 것이 때때로 선호할 만하다는 점을 알게 될 것이라고 하는 것이다(그림 2.4 를 보라).[34]

시나리오 A (X가 존재함)	시나리오 B (X가 존재한 적이 없음)
(1) 고통의 존재 (나쁨)	(3) 고통의 부재 (좋음)
(2) 쾌락의 존재 (좋음)	(4) 쾌락의 부재 (나쁘지 않음)

그림 2.4

---

34 나는 이 비판을 제기한 점에 관하여 로버트 세갈(Robert Segall)에게 감사한다.

(1) 사분면은 나쁘므로 음이어야 한다. 그리고 (2)와 (3) 사분면은
좋기 때문에 양이어야 한다(나는 (1)이 나쁜 만큼 (3)이 좋다고 가정
한다. 즉 만일 (1) = -n이라면 (3) = +n이다). (4)가 나쁘지 않기
때문에 (그리고 좋지도 않기 때문에) 그것은 양도 아니고 음도 아니
고 0이어야 한다.

그림 2.4의 값 할당을 활용하여 우리는 A의 값을 결정하기 위하여
(1)과 (2)를 더하고, 그러고 나서 이것을 B의 값인 (3)과 (4)의 합계
와 비교한다. 이렇게 해보면 우리는 (2)의 값이 (1)의 값 두 배보다
클 때는 A가 B보다 선호할 만하다는 것을 발견하게 된다.[35]* 이런 식
의 사고에는 많은 문제가 있다. 그런 문제가 생기는 한 가지 이유는
내가 다음 장 1절에서 보여줄 바처럼 삶의 질을 결정하는 것은 쾌락
과 고통의 비율만이 아니고, 고통의 순전한 양 자체(sheer quantity of
pain)이기도 하기 때문이다. 일단 고통이 일정한 한계점을 넘어서게
되면, 어떠한 양의 쾌락도 그것을 보상해 줄 수 없다.

그러나 그림 2.4가 잘못된 것이라는 점을 보이는 가장 좋은 방법은
그림 2.4의 배후에 놓인 추론을 앞서 언급한 H(건강한 이)와 S(아픈
이)의 유비에 적용해 보는 것이다.

35　(2)가 (1)의 값의 두 배에 불과할 경우, A와 B는 동가치를 가지며 따라서 존재
하게 되는 것도 존재한 적이 없는 것도 선호할 만하지 않다.
*　역자 주: -x+y > x+0이 되려면 결국 y > 2x의 조건을 충족해야 한다.

(1) 질병의 존재 (나쁨)	(3) 질병의 부재 (좋음)
(2) 빠른 회복 능력의 존재 (좋음)	(4) 빠른 회복 능력의 부재 (나쁘지 않음)

그림 2.5

그림 2.5를 따르자면 만일 (2)의 값이 (1)의 값 두 배보다 크다면 H가 되는 것보다 S가 되는 것이 낫다((2)가 S가 겪지 않도록 하는 고통의 양이 S가 실제로 겪는 고통의 양 두 배보다 많을 때가 아마 그러한 경우가 될 것이다). 그러나 이런 판단은 옳을 수 없다. 왜냐하면 H가 되는 것(한 번도 병에 걸리지 않는 사람 그래서 빠른 회복 능력이 없다고 해서 열위점을 갖지 않는 사람이 되는 것)이 분명히 항상 더 낫기 때문이다. 중요한 점은 (2)가 S에게는 좋지만 H에 대한 우위점이 되지는 않는다는 것이다. (2)에 양의 값을 할당하고 (4)에 '0'을 할당함으로써 그림 2.5는 (2)가 (4)보다 우위점이라고 시사한다. 그러나 꽤 명백하게도 그렇지 않다. 그림 2.5에서 값들의 할당은 그래서 그림 2.4에서 값들의 할당도 틀린 것일 수밖에 없다.[36]

---

36 그림 2.4에 대하여 그림 2.5의 값 할당의 함의를 두 사안 사이의 유비가 부적합한 것임이 틀림없다는 증거로 여기는 것은 나의 결론을 피하는 것을 공준으로 다루는 또 다른 사례다.

타당한(correct) 값 할당은 그렇다면 무엇이냐고 물을 수도 있겠다. 그러나 나는 그 질문 자체를 거부한다. 왜냐하면 애초에 그걸 묻는 것 자체가 잘못되었기 때문이다. 그림 2.1은 존재하게 되지 않는 것이 왜 항상 선호할 만한지를 보여주려는 것이다. 그것은 존재하게 되는 것이 존재한 적이 없는 것보다 열위점을 갖지만 존재하기의 긍정적 특성은 한 번도 존재하지 않기에 대하여 우위점이 아니라는 점을 보여준다. S인 것보다 H인 것이 항상 더 선호할 만하게 되는 것과 사실상 똑같은 이유로 시나리오 B는 시나리오 A보다 항상 더 낫다. 그림 2.1은 존재하게 되는 것이 얼마나 나쁜가를 결정하는 안내 지침으로 의도된 것이 아니다.

내가 지적했듯이 (a) 존재하게 되는 것이 항상 해악이라고 말하는 것과 (b) 그 해악이 얼마나 큰지 말하는 것은 다르다. 이때까지 나는 오직 첫 번째 주장을 논증했을 뿐이다. 존재의 해악은 사람에 따라 다르며, 다음 장에서 나는 그 해악이 모두에게 매우 다대하다(substantial)고 논할 것이다. 그러나 존재하게 되는 것이 항상 해악이라는 입장을 지지하면서도 그 해악이 크지 않다고 보는 것이 가능하다는 점이 강조되어야만 한다. 마찬가지 이치로 존재의 해악이 크지 않다고 생각한다고 하더라도 존재가 비존재보다 선호할 만하다고 추론할 수 없다.

존재 해악의 크기에 관한 생각이 다를 수 있다는 인정은 내 논증에 대한 또 다른 잠재적 반론을 물리치기 위해서이다. 내 논증의 함의 가운데 하나는 좋음으로 채워져 있고 가장 작은 양의 나쁨만을 담고 있는 삶—오직 하나의 조그만 점에서 고통의 불순만 섞인 순전한 지복의 삶—이 아예 생명을 갖지 않는 것보다 못하다는 것이다. (a) 존재하게 되는 것이 해악이라는 것과 (b) 그 해악이 얼마나 큰가 사이의 구분을 이해하면, 이 함의가 그렇게 그럴 법하지 않은 것은 아니라는 점을 알게 된다. 가능한 최대의 쾌락을 누리고 오직 짧은 강렬한 고통만 겪는 아주 운이 좋은 사람의 삶도 존재한 적이 없는 것보다 아무런 우위점을 갖지 않는다. 그런데 존재하게 되는 것은 그 하나의 고통이라는 열위점을 갖는다. 우리는 존재하게 되는 것이 해악이라는 점을 부인하지 않고서도 그 해악이 극소량이라고 인정할 수 있다. 존재하게 되는 것이 해악인지의 문제를 제쳐둔다면, 짧은 강렬한 고통은 설사 그것이 사소한 것에 불과하다고 할지라도 해악이라는 점을 누가 부인하겠는가? 그리고 그런 고통이 해악이라는 점을 인정한다면—그리고 삶이 시작하지 않았더라면 피했을 해악이라는 점을 인정한다면—설사 작은 것이라 할지라도 그런 대가를 치르고서 시작하는 삶이 해악이라는 점을 왜 부인해야만 하는가? S와 H의 유비를 다시 떠올려 보라. 만일 S가 오직 한 번만 병에 걸리고 게다가 그게 오직 두통에 불과하며 빨리 진정되었다고 해도 여전히 H인 것이 더 낫다 (설사 그렇게 많이 더 낫지는 않다고 하더라도). 만일 모든 삶이 작은 점에서만 고통을 겪는 그 상상된 사람의 삶과 같다고 하더라도 존재하게 되는 것의 해악은 그 사람이 존재하게 됨으로써 생기는 (부모 될 사람을 포함한) 다른 사람의 이득에 의해 쉽게 능가 될 것이다. 그러나 실제 세계에서는 이 아주 행복한 삶 근처에 가는 삶도 없다.[37]

다른 비대칭성들

나는 쾌락과 고통이 존재하게 되는 것을 항상 해악으로 만드는 방식으로 비대칭적이라고 논증했다. 이 해악이 다대하다는 점을 다음

---

37   나는 이것의 함의를 4장에서 논의한다('아이 갖기').

장에서 논증하고 나서 4장에서 이 모든 것이 출산에 갖는 함의를 논
할 것이다. 그렇지만 존재하게 되는 것이 항상 심각한 해악이라는 생
각이 출산에 문제를 제기한다는 점은 지금도 분명해졌을 것이다. 출
산에는 다른 많은 방식으로도 이의를 제기할 수 있는데, 크리스토프
페이지(Christoph Fehige)[38]와 시나 시프린(Seana Shiffrin)[39]의 논증
이 나의 논증과 흥미로운 유사점이 있다.

시나 시프린의 논증을 먼저 살펴보자. 내 논증에 암묵적으로 깔린
이득과 해악에 대한 이해는 그녀의 논증에서 명시적으로 밝힌 이해와
비슷하다. 시프린은 이득과 해악을 비비교적(non-comparatively)으
로 이해한다. 즉 그녀는 이득과 해악을 척도의 양끝으로 이해하거나
저울을 올라가게 하거나 내리게 하는 요소로 보지 않는다. 대신 그녀
는 이득을 긍정적인 종류의 절대적 조건으로, 해악을 부정적인 종류
의 절대적 조건으로 이해한다. 더 나아가 그녀의 논증은 나의 논증과
마찬가지로 이득과 해악의 비대칭성에 호소한다. 비록 다른 비대칭성
이기는 하지만 말이다. 그녀는 어떤 사람의 소망이 반대라는 증거가
없는 한, 더 큰 해악을 막기 위하여 그 사람에게 더 작은 해악을 가하
는 것은 허용되며 아마도 의무적이라고 말한다. 이와는 대조적으로
더 큰 (순) 이득을 낳기 위하여 해악을 가하는 것은 그른 일이 될 것
이다.[40] 그리하여 우리는 죽음과 같이 그 사람에게 벌어질 더 큰 해악

38 Fehige, Christoph, 'A Pareto Principle for Possible People', in Fehige,
Christoph, and Wessels, Ulla, eds., *Preferences* (Berlin: Walter de Gruyter, 1998)
pp. 508-43.

39 Shiffrin, Seana Valentine, 'Wrongful Life, Procreative Responsibility, and
the Significance of Harm', *Legal Theory*, 5 (1999) pp. 117-48.

40 '순 이득'(pure benefit)라는 말로 그녀는 "해악의 제거나 방지이기도 한 것은
아닌, 오직 좋음인 이득"을 의미한다(ibid, p. 124). 내가 3장에서 언급하는 내재적

을 막기 위하여 (동의가 없는) 무의식 상태의 사람의 팔을 부러뜨리는 것을 용인되는 일로 본다(이것이 '구조 사안(rescue case)'이다). 그러나 우리는 어떤 더 큰 이득, 이를테면 '비상한 기억력, 백과사전적 지식의 유용한 암기, IQ 20점만큼의 추가 지적 능력 또는 부작용 없이 많은 양의 알코올이나 지방을 소비할 수 있는 능력' 같은 것을 확보해 주기 위하여 그 사람의 팔을 부러뜨리는 것은 비난할 것이다[41] (이것을 '순 이득 사안'이라고 하자).

모든 존재하는 이들이 해악을 겪기 때문에, 출산은 항상 해악을 야기한다. 시프린 교수는 (논의의 목적을 위하여?) "창조되는 것이 어떤 사람에게 이득을 줄 수 있다"고 인정할 준비가 되어 있다.[42] 그러나 방금 언급한 비대칭성에 따라 우리는 이득을 확보해 주기 위하여 해악을 가해서는 안 된다. 비록 존재하는 사람들이 때때로 그들을 위해 어떤 이득을 확보해 주려고 우리가 해악을 가하는 것을 승인하기는 하지만, 우리가 그들을 창조하기 전에는 존재케 하는 이들의 동의를 결코 얻을 수 없다. 또한 우리는 가상적 동의(hypothetical consent)도 추정할 수 없다고 한다. 추정할 수 없는 네 가지 이유가 있다.[43] 첫째, 우리가 그 사람을 창조하지 않는다고 해서 그 사람이 해를 입는 것이 아니다. 둘째, 존재의 해악은 극심할 수 있다. 셋째, 삶의 해악은 다대한 비용(considerable cost)을 치르지 않고서는 벗어날 수 없다. 마지막으로, 가상적 동의는 개인의 가치나 위험에 대한 태도에 기반

쾌락이 '순 이득'의 사례일 것이다. 반면 내가 구제 쾌락(relife pleasures)이라고 언급하는 것들은 '해악 제거'의 사례일 것이다.

41   Ibid, p. 127.
42   Ibid, p. 119.
43   Ibid, pp. 131-3.

을 두지 않는다.

시프린 교수의 논증과 내 논증 사이에는 흥미로운 차이점이 있다. 그녀의 논증은 적어도 표면적으로는 삶의 좋음이 비존재에 대하여 우위를 갖는 것으로 다루는 일을 배제하지는 않는다(비록 내가 살펴볼 바와 같이 그녀의 논증이 그렇게 다룰 것을 요구하지는 않지만 말이다). 그녀의 견해로는 설사 존재하는 이들이 향유하는 쾌락을 비롯한 좋음이 비존재보다 우위점이라 할지라도 그것은 우리가 존재의 비용을 치르고서 확보해도 되는 우위점은 아니다.[44]

그녀의 기본 논증이 내가 옹호했던 비대칭성을 전제하는 것도 아니다. 우리는 존재하는 사람들을 포함하면서 그림 2.1의 비대칭성의 특징을 가지고 있지 않은 두 시나리오를 비교하여 이를 알 수 있다. 이 시나리오 중 첫 번째 시나리오는 순 이득이 해악의 비용을 치르고서 부여되는 시나리오다. 다른 시나리오는 순 이득의 비용을 치르고서 해악이 피해지는 시나리오다. 앞서 행렬의 패턴을 따라 우리는 이를 그림 2.6과 같이 나타낼 수 있다.

---

[44] 또는 적어도 그 해악을 보상할 준비가 되어 있지 않고서는 우위점이 아니다. 시나 시프린은 출산을 전적으로 배제하는 것에 관하여는 약간 말을 삼가는 편이다. 비록 그녀의 논증은 실제로 이 결론을 수반하며, 그녀가 그 결론을 받아들이리라 생각하게 되지만 말이다. 그녀는 명시적으로는 출산이 '그냥 간단하게 도덕적으로 아무 잘못이 없는 노력'이 아니라는 더 약한 주장만을 방어한다.

시나리오 A (순 이득이 부여됨)	시나리오 B (순 이득이 부여되지 않음)
(1) 해악의 존재 (나쁨)	(3) 해악의 부재 (좋음)
(2) 이득의 존재 (좋음)	(4) 이득의 부재 (나쁘지 않음)

그림 2.6

나의 비대칭성은 그런 사안에 적용되는 것은 아니다. 그래도 시프린 교수의 비대칭성에 따르면 우리는 (2)를 확보하기 위하여 (1)을 가하는 것이 보증되지 않을 것이다. 다른 말로 표현하자면 우리는 (그 사람의 동의가 없는 경우) 시나리오 B가 아니라 시나리오 A를 일으켜서는 안 된다. (내가 논했듯이) 나의 비대칭성이 적용되는, 재생산 사안에 적용되었을 때에도 A에 대한 B의 우선성에 대한 시프린 교수의 주장은 나의 비대칭성이 아니라 그녀의 비대칭성에 기반을 둔다.

그렇다고 해서 나의 비대칭성이 그녀의 논증과 관련성이 없다는 것은 아니다. 그리고 나의 비대칭성이 그녀의 비대칭성과 양립 가능하지 않다고 의미하는 것은 확실히 아니다. 첫째로, 우리는 적어도 내 비대칭성의 한 특성이 출산에 반대하는 그녀의 논거를, 해악을 야기하는 순 이득을 부여하는 다른 사안에 반대하는 논거보다 한층 더 강하게 만든다는 것을 알게 된다. 시프린 교수는 출산이 누군가를 구하기 위하여 해악을 가하는 사안과는 같지 않다는 점을 지적한다. 왜냐하면 "만일 창조에 의해 부여된 이득이 수여되지 않는다고 할지라도 존재하지 않는 이는 그 부재를 경험하지 않을 것이기" 때문이다. 그녀는 이 점에서 출산은 구조 사안과 같지 않을 뿐만 아니라 해악의 비용을 치르고서 순 이득을 부여하는 비출산 사안과도 같지 않다고 한다. 여기서 암묵적으로 인정된 바는 누군가 존재하지 않게 되었을 때의 부재하는 이득은 나쁘지 않다는 것이다(그림 2.1의 (4) 사분면). 시프린 교수가 그림 2.1의 (3) 사분면에서의 주장, 즉 누군가 창조되지 않았을 때 해악의 부재는 좋다는 주장을 어떻게 생각할지는 덜 명확하다. 그러나 나는 그 주장도 출산에 반대하는 그녀의 논거를 강화할 것이라고 주장한다(비록 그녀가 이 논거를 강화하는 것을 목표로 하지 않을 수도 있다는 점은 인정하지만 말이다). 출산은 부재하는 해악이 좋은 것이지, 단순히 나쁘지도 않고 좋지도 않은 것이 아닐 때 더 위협을 받는다.

시프린 교수의 논증에 대하여 그녀의 비대칭성은 순 이득 사안, 즉 얼마간의 이득이 부여되지만 비용을 치르고서 그렇게 되는 사안을 설명하는 데 필요하지 않다고 하는 반론이 있었다. 그 반론은[45] 시나 시프린이 기술하는 순 이득 사안에서는 (동의를 받지 않고 팔을 부러뜨림으로써) 누군가의 권리를 침해했으며, 이 권리 침해가 그 이득이 부여되어서는 안 되는 이유를 설명한다고 주장한다. 해를 입지 않을 권리를 침해함으로써만 그 이득은 부여될 수 있다. 여기서 암묵적인 가정은 출산 사안에서는 적어도 출산 결과로 나온 삶이 '살 가치가

---

45 Wasserman, David, 'Is Every Birth Wrongful? Is Any Birth Morally Required?' *DeCamp Bioethics Lecture* (Princeton, 2004) unpublished manuscript, p. 8.

있는' 삶인 한, 어느 누구의 권리도 침해되지 않는다는 것이다.

출산이 창조된 사람의 권리를 침해한다는 점을 부인하는 한 가지 흔한 근거는 출산 이전에는 그 사람은 존재하지 않았으므로 창조되지 아니할 권리의 보유자가 될 수 없다는 것이다. 그러나 이것은 권리 귀속에 관하여 부당하게 협소한 견해일 것이다. 즉 출산의 특수한 특성을 무시하는 견해인 것이다. 내가 이 장의 1절에서 논증한 것처럼 존재하게 됨으로써 해를 입을 수 있다면, 이런 종류의 해악으로부터 보호하는 권리는 특수한 종류의 권리라고 논할 수 있다. 즉 권리가 침해될 경우에만 보유자가 생기는 권리라고 말이다. 다르게 표현하자면 우리는 어떤 행위를 수행하는 결과로 부당하게 해를 입는(wrongfully harmed) 어떤 사람이 존재한다면, 그 행위를 수행함으로써 권리를 침해한다고 이야기할 수 있다. 이것이 이례적인 권리임은 인정하지만, 존재하게 되는 것은 이례적인 사안이다. 만일 우리가 그러한 권리를 이해한다면, 어떤 사람이 부당하게 해를 입는다는 논증에 대해서 그렇게 해를 입지 않을 권리가 없다는 것은 반론이 되지 못한다.[46]

창조되지 않을 권리에 대한 아무런 논리적 장애도 없다는 점에 동의하는 사람이라 할지라도 순 이득 사안은 시나 시프린이 옹호하기를 원하는 (무조건적인) 비대칭성을 뒷받침해 주지 못한다고 여전히 주장할지도 모른다. 이는 실제로는 두 종류의 순 이득 사안이 있기 때문이다(시프린은 이 둘을 구분하지 않는다). 첫째로, 자율적 존재를 포

---

[46] 명백히 훨씬 더 많은 것이 이에 관하여 이야기될 필요가 있다. 나는 그 대응의 개요만을 개괄했을 뿐이다. 존재하게 되지 않을 권리가 있다는 것을 증명하는 것은 나의 목적이 아니다. 나의 목적은 그렇기보다는 존재하게 되는 것이 항상 해악이라는 점을 보이는 것이다. 나중에 나는 우리가 이 해악을 야기하지 않을 의무가 있다고 논증할 것이다.

함하는 사안이 있다. 자율적 존재는 그들의 이득을 위한 것이라 할지
라도 동의 없이 해를 입지 않을 권리가 있다. 둘째, 비자율적 존재를
포함하는 사안이 있다. 비록 비자율적 존재는 (논리적으로는) 또한
그러한 권리를 가질 수도 있지만, 비자율적 존재는 그러한 권리를 (도
덕적으로) 실제로는 갖지 않는다고 그럴 법하게 논할 수 있다. 비록 부
모가 아이를 위해 아이에게 가할 수 있는 해악에 한계가 있기는 하지
만, 아이의 최선의 이익이 어떤 해악의 부과를 (이득과 해악을 모두
고려해 보면) 보증할 수도 있는 그런 사안이 확실히 있다. 출산의 옹
호자들은 비록 우리가 자율적 존재에게는 그 사람에게 더 큰 이득을
확보해 줄지라도 동의 없이 자율적 존재에게 해를 가해서는 안 되기
는 하지만, 어린이의 사안에는 이와 달리 이득을 위해 해를 가할 수
있으며, 잠재적 어린이의 경우에는 한층 더 강력한 이유로 그럴 수
있다고 한다. 그러한 비판에 대한 대응에서 시나 시프린이 나의 비대
칭성에 호소하는 것이 유용하게 된다. 또는 그녀가 암묵적으로 그러
듯이 적어도 나의 비대칭성 일부에 호소하는 것이 도움이 된다. 누군
가의 최선의 이익이 존재하게 함으로써 도모될 수 있다는 점을 부인
함으로써 시프린은 어린이와 잠재적 어린이 사이에 구분을 그을 수
있으며, 부모가 잠재적 아이를 위해 잠재적 아이에게 삶의 해악을 가
할 수 있다는 후견주의적 반론을 물리칠 수 있다. 나는 잠재적 사람을
실재하는 사람으로 만드는 것은 그들의 이익이 아니라고 논증했다.

크리스토프 페이지의 논증은 아마도 시나 시프린의 논증보다 나의
논증에 한층 더 가까울 것이다. 그는 '반좌절주의'(antifrustra-
tionism)라는 견해를 옹호하며 그 함의를 상세히 설명한다(이것은 때
때로 그와 반대되는 의미가 있는 것, 즉 '좌절주의'(frustrationism)라
고도 한다). 이 견해에 따르면 만족된 선호(satisfied preference)와 선

호 없음(no preference)은 동등하게 좋다. 오직 만족 못한 선호(un-satisfied preference)만이 나쁘다. 달리 말해서 그는 비록 주체가 가진 욕구라면 그것이 무엇이든 만족되는 것이 좋기는 하지만, 만족된 욕구를 갖는다고 해서 아무런 욕구를 갖지 않은 것보다 더 낫지는 않다고 주장한다. 한 예로서 다음과 같은 사안을 생각해 보라. "시드니 오페라 하우스에 가장 가까운 나무를 빨갛게 페인트로 칠하고, 케이트에게는 시드니 오페라 하우스에서 가장 가까운 나무가 빨간색이었으면 좋겠다고 바라게 만드는 약을 준다."[47] 페이지 교수는 이렇게 함으로써 케이트에게 무슨 좋은 일을 해주고 있는 것은 아니라고 설득력 있게 논한다. 케이트는 우리가 아무 일도 안 했을 때보다 나아지는 것이 아니다. 중요한 것은 사람들이 만족된 욕구를 가진 것이 아니라 사람들이 만족 못한 욕구를 갖지 않는 것이다. 중요한 것은 좌절의 회피이다. 여기에는 그림 2.7이 보여주듯이 비대칭성이 묻혀 있다.

그림 2.7

47 Fehige, Christoph, 'A Pareto Principle for Possible People', pp. 513-14.

　반좌절주의는 사람들을 창조하지 않는 것이 더 낫다는 것을 함축한다. 사람들의 만족된 선호들은 사람들이 존재하지 않았을 경우 그들 선호의 부재보다 더 낫지 않다. 그러나 그들의 만족 못한 선호들—이런 선호가 많을 것인데—은 그들이 창조되지 않았을 경우의 선호들의 부재보다 못하다. (1)은 B보다 나쁘지만 (2)는 B보다 낫지 않다.

　우리는 그림 2.7을 내가 옹호한 비대칭성과의 연관성을 더 명료하게 보여주도록 각색할 수 있다(그림 2.8을 보라).

시나리오 A (X가 존재함)	시나리오 B (X가 존재한 적이 없음)
(1) 만족 못한 선호 (나쁨)	(3) 만족되지 않았을 선호의 부재 (좋음)
(2) 만족된 선호 (좋음)	(4) 만족되었을 선호의 부재 (좋음)

그림 2.8

　이 각색본에서 나는 알아서 (3)과 (4)를 구분하였다. 비록 페이지 교수는 그렇게 구분하지 않았지만 말이다. 그는 모든 부재하는 선호를 똑같이 다룬다. 그러나 이 구별이 그의 논증과 양립 불가능하다고 보이지 않는다. 또한 나는 (2), (3), (4)를 모두 '좋음'이라고 표시했다. 이는 페이지 교수가 부재하는 선호와 만족된 선호가 "동등하게 좋다"고 말하기 때문이다.[48] 만일 이것이 페이지 교수에 대한 정확한 독해라면, 그의 비대칭성은 나의 것과 약간 다르다. 비록 동일한 결과, 즉 시나리오 A가 시나리오 B보다 못하다는 결과를 산출하기는 하지만 말이다.

그러나 그를 읽는 다른 방식이 있을 수 있다. 그가 (2)와 시나리오 B가 "동등하게 좋다"고 말할 때, 그는 (3)과 (4)를 좋다고 기술하는 것을 의도하지 않았을 수도 있다. 그는 단지 (2)가 시나리오 B보다 더 낮지 않다는 점만을 의미했을 수 있다. 이것은 정확히 내가 그림 2.1의 (4)를 '나쁘지 않음'이라고 기술하였을 때 의미했던 바다. 그림 2.8에서 (4)를 '나쁘지 않음'이라고 기술하는 것의 문제는 페이지 교수가 (3)과 (4)를 등가로 다루기 때문에, (3) 역시도 '나쁘지 않음'이라고 표시되게 된다는 점이다. 만일 '나쁘지 않음'이 (3)에서도 (4)에서와 동일한 것을 의미했다면, 즉 '못하지 않음'(not worse)을 의미했다면, (3)은 (1)보다 못하지 않을 것이다. 그러나 이것은 내가 앞서 지적했듯이 지나치게 약한 주장으로 보인다. (3)은 (1)보다 낫다. 그렇다면 대안은 페이지 교수가 (3)과 (4)를 구분하였다면 그는 그것을 다르게 이해했을 것이라고 상정하는 것이다. 그는 '나쁘지 않음'을 그림 2.8의 3사분면과 4사분면에서 무엇인가 다른 것을 의미하는 것으로 이해했을 것이라고 말이다. 그 경우 '나쁘지 않음'은 (3)에서는 (1)보다 '더 낫다'를 의미하는 반면 (4)에서는 (2)보다 '못하지 않음'을 의미한다. 이 독해에 따르면 우리는 (3)을 '좋음'이라고 표시할 수 있다. 왜냐하면 '좋음'은 '나쁨'보다 (충분히) 더 낫기 때문이다. 이런 방식으로 크리스토프 페이지의 비대칭성은 내 것과 동일한 비대칭

48　Ibid, p. 508.

성으로 해석할 수 있다.

이 두 독해 중 어느 것을 받아들이건 (3)은 (1)보다 낮고, (4)는 (2)보다 못하다. 이는 그림 2.1에서도 참이다. 두 그림에서 모두 존재하게 되는 것(시나리오 A)은 존재한 적이 없는 것(시나리오 B)보다 못하다.

자신의 존재를 후회하지 않는 것에 반대하여

(앨프리드 로드 테니슨을 비롯하여) 한 번도 사랑한 적이 없는 것보다는 사랑했다가 그 사랑을 잃는 것이 낫다고[49] 생각하는 이들은 동일한 추론을 존재하게 되는 사안에도 적용할 수 있다고 생각할지도 모르겠다. 그들은 존재했다가 (삶을 살면서 고통을 겪고 또 존재하기를 멈춤으로써) 상실하는 것이 아예 존재한 적이 없는 것보다 더 낫다고 말하고 싶어 할지도 모르겠다. 나는 사랑한 적이 없는 것보다 사랑했다가 그 사랑을 잃는 것이 정말로 더 나은지는 판단을 내리지 않겠다. 설사 그 주장이 참이라고 할지라도 그 주장은 존재하게 되는 사안에는 아무런 결론도 수반하지 않는다고 말하는 것으로 충분하다. 이는 사랑하기와 존재하게 되기 사이에는 결정적인 차이가 있기 때문이다. 사랑한 적이 없는 사람은 사랑하지 않고서 존재하며 그리하여 박탈을 겪는다. 그것은 내 해명에서는 '나쁨'이다(그것이 사랑하고 그 사랑을 잃는 것보다 못한지는 다른 문제다). 이와는 달리 존재한 적이 없는 사람은 아무것도 박탈당하지 않는다. 그것은 내가 논했듯이 나쁘지 않다.

존재하게 되는 것이 해악이라는 결론은 대부분의 사람들이 삼키기

---

[49] Tennyson, Alfred Lord, *In Memoriam*, section 27 stanza 4 (lines 15 and 16).

어려운 결론이다. 대부분의 사람들은 자신들의 존재 자체를 후회하지 않는다. 많은 이들은 삶을 즐기기 때문에 존재하게 되어서 행복해한다. 그러나 이 평가는 정확히 내가 개괄한 이유들 때문에 오류를 범한 것이다. 어떤 이가 자신의 삶을 즐긴다는 사실은 그 사람의 존재를 비존재보다 더 낫게 만들지 않는다. 왜냐하면 그 사람이 존재하게 되지 않았더라면 그 삶을 사는 기쁨을 아쉬워할 사람이 없을 것이고 그리하여 그 기쁨의 부재는 나쁘지 않을 것이기 때문이다. 이와는 대조적으로 삶을 즐기지 않을 경우에 존재하게 된 것을 후회(regret)하는 것은 이치에 닿는다. 이 경우 존재하게 되지 않았다면 누구도 그 사람이 사는 삶으로 인해 고통을 겪지 않았을 것이다. 그것은 좋다. 설사 그 좋음을 향유했을 누구도 없게 된다고 할지라도 말이다.

자신의 존재가 비존재보다 선호할 만한가에 관하여 사람들은 오류를 범할 수 없다고 반론을 제기할지도 모르겠다. 자신이 고통을 느끼는지에 관하여 잘못 판단할 수 없듯이 태어나서 기쁜지도 잘못 판단할 수 없다는 것이다. 그리하여 많은 사람들이 동의하는 명제인 '나는 태어나서 기쁘다'가 '내가 존재하게 된 것이 더 낫다'와 동치라면, 존재가 비존재보다 더 나은지 여부에 관하여 잘못 판단할 수 없다고 한다. 이 추론 노선의 문제는 이 두 명제가 동치가 아니라는 것이다. 태어나서 현재 기쁘다는 것에 관하여 잘못 판단할 수 없다고 할지라도 존재하게 된 것이 더 나은지 여부에 관하여 잘못 판단할 수 없다는 결론이 따라 나오지 않는다. 우리는 자기 삶의 한 단계에서는 존재하게 된 것이 기쁘면서도 나중에 (또는 그 이전에) 아마도 극단적인 고통의 가운데서 그가 존재하게 된 것을 후회하는 경우를 상상할 수 있다. 그런데 (모든 것을 고려했을 때) 존재하게 된 것이 더 낫다는 것이 참이면서도 동시에 존재한 적이 없는 것이 더 낫다는 것이 참일 수 없

다. 그러나 존재하게 된 것에 관하여 기쁘거나 불행하다는 것이 존재
하게 된 것이 실제로 더 낫거나 못하다는 것과 동치라면, 그런 모순적
인 판단이 정확히 위와 같은 경우에 우리가 말해야 하는 바다. 이것은
그들이 태어나서 행복한지에 관하여 마음을 바꾸지 않는 경우에서조
차 참이다. 그토록 적은 사람들만이 마음을 바꾸는 이유는 그들의 삶
의 질에 관하여 대부분의 사람들이 부당하게 장밋빛 그림을 갖는다는
사실에 의해 적어도 부분적으로는 설명된다. 다음 장에서 나는 (그들
의 삶이 얼마나 나쁜지에 관하여 정확한 견해를 갖게 된 진정한 염세
주의자들을 제외하고는) 사람들의 삶은 그들이 생각하는 것보다 훨씬
못하다는 것을 보여주겠다.

3

존재하게 되는 것은
얼마나 나쁜가?

삶은 비존재의 축복받은 고요를 방해하는, 이로울 것이 없는
사건으로 여길 수 있다.

아르투어 쇼펜하우어[1]

태어났다는 사실은 불멸에는 매우 나쁜 전조다.

조지 산타야나[2]

나는 삶이 가장 적은 양의 나쁨만을 담는다고 할지라도 나쁨을 담는
한, 존재하게 되는 것은 해악이라고 논증했다. 이 결론을 받아들이건
아니건 상당한 양의 나쁨을 담는 삶이 해악이라는 점은 인정할 수 있

---

1 Schopenhauer, Arthur, 'On the Sufferings of the World', in *Complete Essays of Schopenhauer*, trans. T. Bailey Saunders, 5 (New York: Willey Book Company, 1942) p. 4.

2 Santayana, George, *Reason in Religion* (vol. iii of The Life of Reason) (New York: Charles Scribner's Sons, 1992) p. 240.

다. 나는 이제 모든 인간 삶이 보통 인정되는 것보다 훨씬 더 많은 나쁨을 담는다는 점을 보여줄 것이다. 사람들은 삶이 가장 작은 양의 나쁨만 담을 때는 존재하게 되는 것이 해악이라는 것을 부인한다고 할지라도 만일 그들의 삶이 얼마나 나쁜지를 깨닫는다면, 존재하게 된 것은 해악이라는 점을 인정할 수도 있다. 그래서 이 장은 비대칭성과 그 함의와는 독립적으로, 존재를 후회하고 존재하게 되는 실제 사안들은 모두 해로운 것이라고 여길 기반을 제공하는 것으로 이해할 수 있다.

그러나 이 장의 논증은 또한 2장 논증의 연장으로 이해할 수도 있다. 존재하게 되는 것이 항상 해악이라는 결론은 그 해악의 규모(magnitude)에 대해서는 아무것도 이야기해 주지 않는다. 이 3장에서 나는 존재하게 되는 것이 얼마나 나쁜가의 질문을 살펴본다. 이 질문에 대한 답은 그로부터 결과하는 삶이 얼마나 나쁜가에 달려 있다. 설사 모든 이들이 존재하게 되어 해를 입었다고 하더라도, 모든 삶이 똑같은 정도로 나쁜 것은 아니다. 그러므로 존재하게 되는 것은 누군가에게는 다른 사람들에게보다는 더 큰 해악이다. 그러나 나는 심지어 가장 좋은 삶조차도 매우 나쁘며, 그렇기 때문에 존재하게 되는 것은 항상 다대한 해악(considerable harm)이라고 논할 것이다. 모든 삶이 지속할 가치가 없을 정도로 나쁘다고 논하는 것은 아니라는 점은 명확히 해둔다. 이것은 내가 할 필요가 있는 것보다 훨씬 더 강한 주장이다. 대신 나는 사람들의 삶은 그들이 생각하는 것보다 훨씬 못하며 모든 삶은 나쁨을 아주 많이 담는다고 논할 것이다.

왜 삶의 질은 그 좋음에서 그 나쁨을 뺀 격차가 아닌가

많은 이들은 단지 삶의 긍정적 특성의 가치에서 삶의 부정적 특성의 비가치를 뺌으로써 간단히 평가하려는 유혹을 받는다. 즉 그들은 내 도식의 (1) 사분면과 (2) 사분면에 값을 할당하고 (1)의 값에서 (2)의 값을 빼려고 하는 것이다.[3] 그러나 삶의 질을 결정하는 이 방식은 너무나 지나치게 단순한 것이다. 삶이 얼마나 잘 또는 나쁘게 진행되는가는 그저 그 삶에 좋음과 나쁨이 얼마나 많은가에만 달려 있는 것이 아니라 다른 고려 사항에도 달려 있다. 가장 두드러지는 고려 사항은 좋음과 나쁨이 어떻게 분포되어 있는가이다.

그러한 고려 사항 중 하나는 좋음과 나쁨의 순서다. 예를 들어 인생의 앞의 반에는 모든 좋음이 발생하고 뒤의 반에는 중단되지 않는 나쁨으로 채워진다면, 좋음과 나쁨이 더 균등하게 분포되어 있는 삶보다 훨씬 더 못할 것이다. 이는 이 두 각 삶의 좋음과 나쁨의 총량이 서로 같다고 할지라도 참이다. 마찬가지로 꾸준하게 증가하는 성취와 만족이 있는 삶이 초창기에는 대단히 빛나게 출발했지만 계속해서 나빠지는 삶보다 선호할 만하다.[4] 이 각 삶의 좋음과 나쁨의 양은 같아도 그 궤적이 한 삶을 다른 삶보다 더 나쁘게 만들 수 있다.

또 다른 분포적 고려 사항은 좋음과 나쁨의 강도(intensity)다. 쾌락이 비상하게 강렬하지만 그러한 쾌락이 극히 적게 드물게만 발생하는

---

3 그 결과로 나오는 수가 때때로 양의 값이라는 점은 내가 2장에서 보였듯이 존재가 비존재보다 더 낫다는 점을 드러내지 않는다.

4 나는 (출처가 불분명한?) 한 아이에 관한 이야기를 기억한다. 이 아이는 초등학교에서 기대 이상의 성과를 내었는데, 그의 중등학교 교장이 그를 다음과 같은 말로 환영했다. "너의 뒤에 위대한 미래가 놓인 것이 보이는구나."

짧은 삶은 동일한 쾌락 양을 갖고 있지만 개별 쾌락이 덜 강렬하고 삶 전반에 걸쳐 더 빈번하게 분포되어 있는 삶보다 못할 수 있다. 그러나 쾌락을 비롯한 좋음이 한 삶 내에서 지나치게 널리 분포되어 중립적 상태와 거의 구분이 가지 않게 되는 것도 가능하다. 그런 특성을 가진 삶은 몇몇 더 눈에 띄는 '쾌락 상태'(highs)가 있는 삶보다 못할 것이다.

한 삶 내의 좋음과 나쁨의 분포가 삶의 질에 영향을 미치는 세 번째 방식은 삶의 길이다. 확실히 삶의 길이는 좋음과 나쁨의 양과 역동적으로 상호작용할 것이다. 좋음이 거의 없는 긴 삶은 나쁨의 상당한 양으로 특징지어질 것이다. 그렇게 긴 기간 동안 충분한 좋음의 부재가 지루함, 즉 나쁨을 만들어 내리라는 이유만으로도 말이다. 그럼에도 불구하고 우리는 약간 다른 길이를 가지면서도 동일한 양의 좋음과 나쁨을 가진 삶을 상상할 수 있다. 한 삶은 좋음과 나쁨의 양에 영향을 미치지 않도록 일생에 걸쳐 충분히 균등하게 분포된 더 중립적인 특성을 가질 수 있다. 그러한 경우에는 더 긴 삶이 (그 삶이 지속할 가치가 있기에 충분한 질의 것이라면) 더 낫다고 (만일 그런 질의 것이 아니라면) 더 못하다고 그럴 법하게 판단할 수 있다.

삶의 질의 평가에 영향을 미칠 수 있는 (분포에 관한 것이 아닌 [non-distributional]) 추가적인 고려 사항이 있다. 일단 삶이 (나쁨의 양과 분포를 모두 고려했을 때) 나쁨의 일정한 한계점(threshold)을 넘어서게 되면 좋음의 양이 얼마나 되건 그것을 능가할 수 없다. 왜냐하면 어떠한 양의 좋음도 한계점을 넘어선 나쁨을 치를 만큼 가치 있지는 않기 때문이다.[5] 이것이 도널드 ('댁스') 코워트(Donald

---

5   한계점(thresholds) 대신 데릭 파피트는 보상된 괴로움과 보상되지 않은 괴로움

('Dax') Cowart)가 그의 삶을 이해한 바이다. 또는 적어도 그의 신체의 3분의 2를 태워 버린 가스 폭발 후 그의 삶 일부를 이해한 바이기도 하다. 그는 극심한 고통을 주는 생명을 구하는 치료를 거부하였다. 거부에도 불구하고 의사는 그의 소망을 무시하고 치료를 했다. 코워트는 생명을 건졌으며, 그는 상당한 성공을 거두었으며, 만족스러운 삶의 질을 다시 얻었다. 그러나 그는 화상 이후의 좋음이 그가 받아야만 했던 치료를 견뎌 내는 비용을 치를 가치는 없었다고 여전히 주장했다.[6] 회복 이후에 얼마나 많은 좋음이 뒤따랐건 간에 이것은 적어도 코워트 평가에 의하면 그가 경험했던 화상과 화상 치료의 나쁨을 능가할 수 없다.

　이 논지는 더 일반적으로 표현할 수 있다. 다음과 같은 X와 Y의 삶을 비교해 보고, 단순함을 위해 오직 좋음과 나쁨의 양만을 (그래서 분포적 고려 사항은 빼고) 고려해 보라. X의 삶은 (상대적으로) 보통 정도의 좋음과 나쁨의 양을 갖고 있다.—아마도 긍정적인 가치 15킬로 단위와 부정적인 가치 5킬로 단위를 갖고 있다. Y의 삶은 이와는 달리 참을 수 없는 양의 나쁨을 갖고 있다(이를테면 50킬로 단위의 부정적 가치를 갖고 있다). 그런데 Y의 삶은 X의 삶보다 훨씬 더 많은 좋음도 갖고 있다(긍정적 가치 70킬로 단위를 갖고 있다). 그렇다고 하더라도, 즉 설사 Y의 삶이 엄밀히 양적인 조건에 의하면 더 큰 순 가치가 있다고 하더라도—X의 삶의 순 긍정적 가치는 10킬로 단위임에 비해 Y의 삶의 순 긍정적 가치는 20킬로 단위다—X의 삶이

에 관해 이야기한다(Reasons and Persons, p. 408). 살 가치가 있는 삶에서 그 괴로움이 발견되는지 여부에 따라 보상된 괴로움 또는 보상되지 않은 괴로움이 된다.
6　예를 들어 Pence, Gregory E., *Classic Cases in Medical Ethics*, 2nd edn. (New York, McGraw-Hill, 1995) p. 54, p. 61을 보라.

덜 나쁜 것으로 합당하게 판단할 수 있다. 이는 (이전 장의) 그림 2.4
의 가치 할당이 내가 거기서 논했듯이, 틀린 것일 수밖에 없는 이유를
보여준다.

앞의 고찰에서 삶이 얼마나 나쁜가의 평가는 좋음에서 나쁨을 간
단히 빼는 것보다 더 복잡한 것임이 틀림없다는 점이 명백해졌을 것
이다. 그러므로 (1) 사분면의 가치에서 (2) 사분면의 가치를 빼서 삶
이 얼마나 나쁜가를 계산하려고 시도하는 것은 아무 소용이 없을 것
이다.

왜 자기 삶의 질에 대한 자기 평가는 신뢰할 수 없는가

대부분의 사람들은 그들의 삶이 모든 것을 고려했을 때 나쁘다는 점
을 부인한다(그리고 그들은 자신들의 삶이 존재한 적 없기를 선호할
만하게 만들 정도로 나쁘다는 점은 확실히 부인한다). 실제로 대부분
의 사람들은 그들의 삶이 꽤 잘되어 가고 있다고 생각한다. 그렇게 널
리 퍼진 자기 삶의 복지에 대한 태평스러운 자기 평가는 삶이 나쁘다
는 견해에 대한 논박을 구성한다고 흔히 생각한다. 삶을 사는 이들 대
부분이 삶이 나쁘다는 점을 부인한다면 어떻게 삶이 나쁠 수 있는지
묻는 것이다. 존재하게 된 이들 대부분이 존재하게 되어서 기뻐한다
면 어떻게 존재하게 되는 것이 해악이 될 수 있는가?

그러나 사실 이 자기 평가가 삶의 질에 대한 신뢰할 수 있는 지표라
는 점을 의심할 매우 좋은 이유가 있다. 사람들이 자기 자신의 삶의
질에 대하여 우호적으로 평가하는 것을 설명할 수 있는 인간 심리의
매우 잘 알려진 몇 가지 특성이 있다. 긍정적인 평가(의 정도)를 설명
하는 것은 삶의 실제 질이 아니라 이 심리적 현상이다.

이 심리적 현상 중에서 가장 일반적이고 가장 영향력이 큰 것은 몇
몇 사람들이 낙천편향 원리(Pollyanna Principle)라고 했던 것[7], 즉 낙
천주의 성향(tendency towards optimism)이다.[8] 이것은 많은 방식으
로 드러난다. 첫째, 부정적인 경험보다는 긍정적인 경험을 기억하는
경향이 있다. 예를 들어 그들의 삶 전반에 일어난 사건을 기억해 보라
는 요구를 받았을 때, 여러 연구에서 피실험자들은 부정적인 경험보
다 훨씬 많은 수의 긍정적인 경험을 열거하였다.[9] 이 선택적인 기억
(selective recall)은 우리의 삶이 이때까지 얼마나 잘되어 왔는지에 관
한 우리의 판단을 왜곡한다. 우리의 과거에 대한 평가만이 편향된 것
이 아니라 미래에 대한 예상이나 기대도 편향되어 있다. 우리는 사태
가 얼마나 좋을 것인가에 관하여 과장된 견해를 갖는 경향이 있다.[10]

---

7   Matlin, Margaret W., and Stang, David J., *The Pollyanna Principle: Selectivi-
ty in Language, Memory and Thought* (Cambridge MA: Schenkman Publishing
Company, 1978). 그 원리는 폴리야나(Pollyanna)를 따라 이름이 붙여졌다. 그것은
엘리너 포터(Eleanor Porter)의 어린이용 책 제목이자 주인공 이름이다(Porter, Elea-
nor H. Pollyanna, (London: George G. Harrap & Co. 1927)).

8   또한 이것은 Taylor, Shelley E., *Positive Illusions: Creative Self-Deception and
the Healthy Mind* (New York: Basic Books, 1989)에서 매우 길게 논의되었다. 더
높은 자부심을 가진 더 행복한 사람들이 자신에 대해 덜 현실적인 견해를 갖는 경향
이 있다는 꽤 많은 증거가 있다. 더 현실적인 견해를 가진 사람들은 우울하거나 더 낮
은 자부심을 느끼거나 둘 다인 경향이 있다. 이에 관한 논의로는 Taylor, Shelley E.,
and Brown, Jonathon D., 'Illusion and Well-Being: A Social Psychological Per-
spective on Mental Health', *Psychological Bulletin*, 103/2 (1998) pp. 193-210.

9   이 주제에 관한 문헌은 Miatlin, M., and Stang, D. *The Pollyanna Principle*,
pp. 141-4에 의해 논평되었다. 또한 Greenwald, Anthony G. 'The Totalitarian
Ego: Fabrication and Revision of Personal History', *American Psychologist*, 35/7
(1980) pp. 603-18을 보라.

10   이 연구 중 일부에 대한 논평으로는 Taylor, S., and Brown J., 'Illusion and
Well-Being: A Social Psychological Perspective on Mental Health', pp. 196-7을
보라. 또한 Matlin, M., and Stang, D., *The Pollyanna Principle*, pp. 160-6도 보라.

기억과 예상에 전형적인 낙천편향은 현재의 전반적인 복지에 관한 주
관적인 판단에서도 특징적이다. 많은 연구들은 복지에 대한 자기 평
가가 스펙트럼의 긍정적인 극단을 향해 두드러지게 왜곡되어 있음을
일관되게 보여주었다.[11] 예를 들어 매우 소수의 사람들만이 그들을
'그리 행복하지 않다'고 묘사한다. 반면 압도적인 다수는 그들이 '꽤
행복하다'거나 '매우 행복하다'고 주장한다.[12] 실제로 대부분의 사람
들은 그들이 대부분의 다른 사람들보다 또는 평균적인 사람들보다 더
낫다고 생각한다.[13]

 개인의 삶의 질을 개선한다고 그럴 법하게 말할 수 있는 대부분의
요인들은 (영향을 미치는 경우라 해도) 이에 상응하는 정도로 삶의
질에 대한 자기 평가에 영향을 미치지는 않는다. 예를 들어 자신의 건
강이 얼마나 좋은가를 자기가 평가한 등급과 복지에 대한 그들의 주

기본적인 문헌의 예로는 Weinstein, Neil D., 'Unrealistic Optimism about Future
Life Events', Journal of Personality and Social Psychology, 39/5 (1980) pp. 806-
20; Weinstein Neil D., 'Why it Won't Happen to Me: Perceptions of Risk Fac-
tors and Susceptibility', Health Psychology, 3/5 (1984) pp. 431-57. 후자의 연구는
낙천주의는 통제 가능하다고 인식된 건강 측면에만 확장될 뿐이라고 시사한다.
11 Ingelhart, Ronald, Culture Shif in Advanced Industrial Society (Princeton
NJ: Princeton University Press, 19990) 218 ff; Andrew, Frank M., and Withey,
Stephen B., Social Indicators of Well-Being: Americans' Perspectives of Life Quali-
ty (New Yok: Plenum Press, 1976) 207 ff, 376; 여러 연구에 대한 개관으로는
Deiner, Ed., Diener, Carol, 'Most People are Happy', Psychological Science, 7.3
(1996) 181-5; and Myers, David G., and Diener, Ed., 'The Pursuit of Happi-
ness', Scientific American, 274/5 (1996) pp. 70-2도 보라.
12 Campbell, Angus., Converse, Philip E., and Rodgers, Willard L., The Qual-
ity of American Life (New York: Russell Sage Foundation, 1976) pp. 24-5.
13 Matlin, M., and Stand, D. (The Pollyanna Principle, 146-7)는 이 결론에 이
른 여러 연구를 인용한다. 또한 Andrews, F. M., and Withey, S. B., Social Indica-
tors of Well-Being, p. 334도 보라.

관적인 평가 사이에 상관관계가 있기는 하지만, 신체적 증상을 토대
로 내린 사람들의 건강에 대한 객관적인 평가는 그들의 복지에 대한
주관적인 평가를 그다지 잘 예측하지 못한다.[14] 그들의 건강에 만족
못하는 사람들이 더 낮은 복지 수준을 스스로 보고하기는 했지만, 그
래도 대부분은 스펙트럼의 긍정적인 극단에 가까운 만족 수준을 보고
했다.[15] 어떠한 특정 나라 내에서도[16] 가난한 사람들은 부유한 사람들
과 가까운 정도로 (그러나 꼭 같은 정도로는 아니게) 행복했다. 교육
과 직업도 (일부 차이를 가져오기는 하지만) 그리 많은 차이를 가져오
지 않았다.[17] 비록 앞의 요인들을 비롯한 각 요인이 복지의 주관적 평

---

14   Diener, Ed., Suh, Eunkook M., Lucas, Richard E., and Smith, Heidi L.,
'Subjective Well-Being: Three Decades of Progress', *Psychological Bulletin*,
125/2, (1999) p. 287. 또한 Breetvelt, I. S., and van Dam, F. S. A. M., 'Unerre-
porting by Cancer Patients: the CAse of Responese Shift', *Social Science and
Medicine*, 32/9 (1991) pp. 981-7도 보라. 몇몇 연구들에 따르면 장애를 가진 사람
과 지능이 낮은 이들은 보통 사람만큼이나 삶의 만족을 누린다(Cameron, Paul.,
Titus, Donna G., Kostin, John., and Kostin, Marilyn., 'The Life Satisfaction of
Nonnormal Persons', *Journal of Consulting and Clinical Psychology*, 41 (1973)
pp. 207-14. Yerxa, Elizabeth J., and Baum, Susan, 'Engagement in Daily Occu-
pations and Life-Satisfaction Among People with Spinal Cord Injuries', *The
Occupational Therapy Journal of Research*, 6/5 (1986) pp. 271-93).

15   Mehnert, Thomas., Krauss, Herbert H., Nadler, Rosemary., and Boyd,
Mary., 'Correlates of Life Satisfaction in Those with Disabling Conditions',
Rehabilitative Psychology, 35/1 (1990) pp. 3-17, 특히 p. 9.

16   흥미롭게도 행복과 삶의 만족에 대한 자기 평가는 실제로, 상이한 나라들 사이
에서는 더 크게 차이가 난다. 그러나 모든 곳에서 낙천주의를 향한 경향이 존재한다.
차이 나는 것은 낙천주의 정도다. Inglehart, R., *Culture Shift in Advanced Industri-
al Society*, p. 243.

17   Andrews, F., and Withey, S., *Social Indicators of Well-Being*, pp. 138-9;
Inglehart, R., *Culture Shift in Advanced Industrial Society*, pp. 227-32. 추가 교육
이 차이를 만들어 내지 않는 경우 추가 교육은 사람들을 덜 행복하게 만들 수 있다.
예를 들어 Campbell, A., et al, *The Quality of American Life*, p. 487을 보라.

가에 얼마나 영향을 미치는가에 관하여 얼마간 의견 불일치가 있기는
하지만, 사람들을 '매우 불행하게' 만든다고 생각했던 종류의 사건들
조차도 사람들 중 매우 적은 비율에게만 그와 같은 효과를 가진다.[18]

복지에 대한 우리의 자기 평가를 신뢰할 수 없게 만들며 방금 언급
한 낙천편향 중 (전부는 아닌) 일부를 설명하는 또 다른 잘 알려진 심
리적 현상은 적응, 동화 또는 습관화라고 할 수 있는 현상이다. 개인
의 객관적인 복지가 더 못하게 변하면, 처음에는 상당한 주관적인 불
만족이 생긴다. 그러나 이후에는 새로운 상황에 적응하여 자신의 기
대를 그에 따라 조정하려는 경향이 있다.[19] 적응이 얼마나 크게 일어
나는가, 그리고 적응의 정도가 삶의 상이한 영역에 얼마나 차이가 나
는가에 관하여 얼마간 논쟁이 있기는 하지만, 적응이 일어난다는 사
실에 대해서는 합의가 있다.[20] 그 결과 설사 복지의 주관적 감각이 원

---

18 복지에 대한 주관적 평가에 미치는 여러 외부 요인의 충격에 대한 보고로는
Diener, Ed., et al, 'Subjective Well-Being: Three Decades of Progress', pp.
286-94를 보라.

19 Campbell, A., et al, *The Quality of American Life*, pp. 163-4, p. 485. Brick-
man, Philip, Coates, Dan., and Janoff-Bulman, Ronnie, 'Lottery Winners and
Accident Victims: Is Happiness Relative?', *Journal of Personality and Social Psy-
chology*, 368 (1978) pp. 917-27. Headey, Bruce., and Wearing, Alexander, 'Per-
sonality, Life Events, and Subjective Well-Being: Toward a Dynamic Equilibrium
Model', *Journal of Personality and Social Psychology*, 70/5 (1996) pp. 1091-102.
문헌들에 대한 최근 논평으로는 Ed Deiner, et al, 'Subjective Well-Being: Three
Decades of Progress', pp. 285-6을 보라.

20 예를 들어 비록 적응 현상을 부인하지는 않지만, 리처드 A. 이스털린(Richard
A. Easterlin)은 적응 정도가 때때로 과장되었다고 생각한다. 그의 'Explaining Hap-
piness', *Proceedings of the National Academy of Sciences*, 100/19 (2003) pp.
11176-83, 그리고 'The Economics of Happiness', *Daedalus*, Spring 2004, pp.
26-33을 보라. 여담으로 말하자면 이스털린 교수가 만일 적응이 완전하다면, 복지는
개선될 수 없으며 "그들의 사회경제적 조건을 더 낮게 만듦으로써 사람들의 처지를

래 수준으로 돌아가지 않는다고 하더라도 생각했던 것보다는 원래 수준에 가깝게 되며, 어떤 영역에서는 다른 영역보다 더 가깝게 된다. 복지에 대한 주관적 감각은 복지에 대한 개인의 실제 수준을 추적하는 일보다 복지 수준의 최근 변화를 추적하는 일을 더 잘해 내기 때문에, 그것은 실제 복지 수준에 대한 신뢰할 수 없는 지표다.

복지에 대한 자기 평가에 영향을 미치는 세 번째 심리적 요인은 다른 사람의 복지와의 암묵적인 비교이다.[21] 즉 자기 삶이 얼마나 잘되어 가는지에 관한 개인의 판단을 결정하는 것은 자기 삶이 그 자체로 얼마나 잘되어 가는지보다는 다른 사람과 비교해서 얼마나 잘되어 가는지이다. 그래서 자기 평가는 자기 삶의 실제 질(actual quality)에 대한 지표이기보다는 비교를 통한 상대적인(comparative) 질에 대한 지표로서 더 쓸모가 있다. 이로써 발생하는 효과 중 하나가 모든 사람들이 공유하는 삶의 부정적 특성은 그들 자신의 복지에 대한 사람들의 판단에서 작용하지 않는(inert) 요인이 된다는 것이다. 이러한 특성이 삶의 질에 매우 유관하기 때문에, 그것들을 간과하는 것은 신뢰할 수 없는 판단에 이르게 한다.

이 세 가지 심리적 현상 중에서 그들의 삶이 얼마나 잘되어 가는지에 대하여 한결같이 더 긍정적인 평가를 하도록 사람들의 마음을 기울이게 하는 것은 낙천편향뿐이다. 우리는 부정적 상황뿐만 아니라

더 낮게 만들려고 하는 공공 정책은 무익한 것이 된다"고 생각하는 오류를 범하는 부분은 흥미롭다('The Economics of Happiness', p. 27). 그러나 이러한 생각은 인식된 (주관적인) 복지 수준과 실제의 (객관적인) 복지 수준 사이에 아무런 차이가 없다는 전제를 깔고 있다.

21 예를 들어 Wood, Joanne V., 'What is Social Comparison and How Should We Study it?', *Personality and Social Psychology Bulletin*, 22/5 (1996) pp. 520-37.

긍정적 상황에도 적응하며, 우리보다 못한 사람하고만 비교하는 것이
아니라 우리보다 더 나은 사람하고도 비교한다. 그러나 낙천편향의
힘을 고려할 때, 적응과 비교는 모두 낙천주의적 기준선으로부터 작
용하게 되며 낙천주의 편향의 영향 하에 작용하게 된다. 예를 들어 사
람들은 자기보다 나은 사람보다는 자기보다 못한 사람하고 자신을 비
교하기가 더 쉽다.[22] 그리하여 최선의 경우 적응과 비교는 낙천편향을
강화한다. 최악의 경우 적응과 비교는 낙천편향을 완화하지만 완전히
상쇄하지는 못한다. 우리가 실제로 좋음에 적응하고 우리보다 더 처
지가 나은 사람하고 비교할 때, 우리의 자기 평가는 그렇게 하지 않았
을 때보다 덜 긍정적으로 되지만, 부정적으로 될 정도로 만들지는 않
는 것이 보통이다.

앞의 심리적 현상들은 진화적 관점에서 놀랍지 않다.[23] 그와 같은
현상들은 자살을 하지 않도록 작용하며 출산에 도움이 되도록 작용한
다. 만일 우리의 삶이 내가 그렇다고 주장할 바와 같은 정도로 나쁜
것에 가깝다면, 그리고 사람들이 자기들의 삶의 이 진정한 질을 있는
그대로 본다면, 그들은 자살할 경향이 훨씬 더 커질지 모르며, 적어도
그러한 삶을 생산하지 않을 경향이 더 커질지 모른다. 염세주의는 그
렇다면 자연 선택되지 않는 경향이 있다.[24]

---

22   이 점은 Brown, Jonathon D., and Dutton, Keith A., 'Truth and Conse-
quences: the Costs and Benefits of Accurate Self-Knowledge', *Personality and
Social Psychology Bulletin*, 21/12 (1995) p. 1292에 의해 논의되었다.
23   이에 대해 훨씬 더 많은 논의는 Tiger, Lionel, *Optimism: The Biology of Hope*
(New York: Simon and Schuster, 1979)를 보라.
24   그렇다고 해서 진화적 우위점을 갖는 낙천주의의 정도에 아무런 한계가 없다고
말하는 것은 아니다. 지나치게 많은 낙천주의는 적응성이 나쁠 수 있으며, 일정한 양
의 염세주의는 우위점을 갖고 있다. 예를 들어 Waller, Bruce N., "The Sad Truth:

삶의 질에 관한 세 견해,
그리고 왜 삶은 어느 견해로 봐도 나쁜 것이 되는가

하나의 영향력 있는 분류[25]는 삶의 질에 관한 세 종류의 이론을 구분
한다. 쾌락주의(hedonistic) 이론에 따르면 삶이 긍정적인 정신 상태
나 부정적인 정신 상태―(넓은 의미로 이해된) 쾌락과 고통―로 특
징지어지는 정도에 따라 잘되어 가거나 못 되어 간다. 욕구 충족(de-
sire-fulfilment) 이론에 따르면 개인의 삶은 그 사람의 욕구가 충족되
는 정도에 의해 평가된다. 욕구 되는 것에는 정신 상태를 포함할 수도
있지만, (외적) 세계의 사태도 포함할 수 있다. 객관적 목록(objective
list) 이론에 따르면 삶의 질은 일정한 객관적 좋음과 나쁨에 의해 특
징지어지는 정도에 의해 결정된다. 객관적 목록 이론에 의하면 어떤
것들은 그것이 임의의 특정 상황에서 쾌락을 가져다주는가, 그리고
우리가 그것들을 욕구하는가와 무관하게 우리에게 좋다. 다른 것들은
그들이 고통을 가져다주는가, 그리고 우리가 그것들을 욕구하는가와
무관하게 우리에게 나쁘다. 명백히 객관적 목록 이론들은 그들의 목
록 위에 있는 좋음과 나쁨의 기초에 관하여 서로 다를 수 있다. 한 저
자[26]는 그 좋음들은 성취, '인간 존재의 구성 부분들'(행위자성, 기본
능력 그리고 자유), 이해, 향유, 그리고 깊은 인간관계를 포함한다고
주장한다. 다른 저자는 후보가 되는 좋음들로 "도덕적 선함, 합리적
활동, 자기 능력의 발전, 아이를 갖고 좋은 부모가 되는 것, 지식, 그

Optimism, Pessimism and Pragmatism', in *Ratio new series*, 16 (2003) pp. 189-
97을 보라.

25　Parfit, Derek, *Reasons and Persons*, pp. 493-502.

26　Griffin, James, *Well-Being* (Oxford: Clarendon Press, 1986) p. 67을 보라.

리고 진정한 아름다움에 대한 자각"을 열거한다.[27] 이 저자는 나쁜 것
들에는 "배신당하는 것, 조작당하는 것, 비방당하는 것, 가학적인 쾌
락을 즐기는 것, 실제로 추한 것에 미학적 쾌락을 느끼는 것"이 있다
고 주장한다.[28] 객관적 목록 이론은 어떤 쾌락과 어떤 욕구의 충족을
그 목록의 다른 특성들의 제약 하에 포함할 수 있다는 의미에서 세 종
류의 이론 중에 가장 확장적인(expansive) 것이다.

삶이 얼마나 나쁜지를 보이기 위해 그리하여 존재하게 되는 것이
얼마나 나쁜지를 보이기 위해서는 쾌락주의, 욕구 충족, 객관적 목록
이론들 가운데서 선택을 꼭 할 필요가 있는 것은 아니다. 대신 이 이
론들 중 어느 것을 택하든 상관없이 삶은 매우 나쁘다는 점을 보일 수
있다.

쾌락주의 이론

쾌락주의 견해를 먼저 살펴보자. 그러한 견해는 세 종류의 정신 상
태(mental states)를 구분할 필요가 있을 것이다. 부정적인 상태, 긍정
적인 상태, 중립적인 상태. 부정적인 정신 상태에는 불편, 고통, 괴로
움, 고뇌, 죄책감, 수치, 짜증, 지루함, 불안, 좌절, 스트레스, 두려움,
비통, 슬픔, 그리고 외로움이 있다. 긍정적인 정신 상태—넓은 의미
에서 쾌락—는 두 종류가 있다. 첫째, 부정적인 정신 상태에서 구제
되는 것(relief)*이다. 이 구제 쾌락은 (두통과 같은) 고통의 진정, 가
려움 달래기, 지루함 감소, 스트레스 완화, 불안이나 공포의 소멸, 죄
책감 경감 등이 있다. 둘째, 내재적으로 긍정적인 상태가 있다. 내재

---

27   Parfit, Derek, *Reasons and Persons*, p. 499.

28   Ibid.

*   역자 주: 부정적 상태에서 벗어나거나 그 상태가 완화되는 것을 의미.

적인 쾌락은 쾌락적인 감각적 경험 ― 맛, 냄새, 시각적 이미지, 소리, 그리고 촉감 ― 을 포함하며, 또한 (환희, 사랑, 신남과 같은) 몇몇 비감각적인 의식 상태도 포함한다. 몇몇 쾌락은 구제 부분과 내재적 부분을 모두 갖고 있다. 예를 들어 맛있는 음식을 먹는 것은 배고픔에서 구제해 주면서도 맛이 훌륭한 음식을 먹는 내재적 쾌락을 준다(이와 대조적으로 맛없는 음식을 먹는 것은 배고픔은 구제해 주지만 내재적 쾌락은 주지 않는다[29]). 중립적 정신 상태는 구제의 의미에서나 내재적 의미에서나 부정적이지도 긍정적이지도 않은 상태이다. 중립적 상태는 쾌락, 고통, 수치의 (이 부정적인 상태에서 구제되는 것과는 구별되는) 부재(absence)를 포함한다.

　앞에서 언급한 심리적 이유들 때문에 우리는 우리 삶이 부정적인 정신 상태로 얼마나 많이 특징지어지는가를 무시한다. 설사 흔히 무시되는 것이 약간 부정적인 상태라 할지라도 말이다. 예를 들어 매일 또는 하루에도 몇 번이나 겪는 부정적 정신 상태를 일으키는 조건들을 생각해 보라. 여기에는 배고픔, 목마름, (내부 기관이 가득 참에 따라 생기는) 똥 마려움, 오줌 마려움, 피곤함, 스트레스, (너무 덥거나 춥다고 느끼는) 체온 불편감(thermal discomfort), 그리고 가려움 등이 있다. 수십억 명의 사람들에게 이 불편 중 적어도 일부는 만성적이다. 이 사람들은 그들의 배고픔을 구제할 수도, 추위에서 벗어날 수도, 스트레스를 피할 수도 없다. 그러나 얼마간 그로부터 구제될 수 있는 사람도 바로 그럴 수 있거나 완전히 그럴 수 있는 것은 아니어서 매일매일 어느 정도 그런 부정적 정신 상태를 겪는다. 사실 우리가 생

29　그렇다고 해서 배고플 때 음식이 더 맛있을 수 있다는 점을 부인하는 것은 아니다.

각해 보면 매일 상당한 시간이 이런저런 종류의 그와 같은 부정적 상태로 특징지어진다. 예를 들어 배고픔과 갈증을 예방할 정도로 또는 발생하면 바로 대처할 정도로 규칙적으로 먹거나 마시지 않는다면 하루에 몇 시간은 배고프거나 목마른 상태로 있게 될 가능성이 높다. 하루 종일 누워 있지 않는다면, 깨어 있는 시간의 상당 부분 동안 아마 피곤할 것이다. 게다가 너무나 덥거나 춥지도 않고 딱 알맞은 정도라고 느끼는 경우가 얼마나 자주 있는가?[30]

물론 우리는 우리의 삶이 이 부정적 상태에 의해 얼마나 많이 특징지어지는지를 생각하지 않는 경향이 있다. 이전 절에서 개괄한 세 심리적 현상이 왜 그런지를 설명한다. 낙천편향 때문에 우리는 나쁨을 (그리고 특히 상대적으로 약간 나쁨을) 간과한다. 적응도 하나의 역할을 한다. 사람들은 매일의 불편에 너무도 익숙해져 그 불편들이 만연해 있는데도 그것들을 전적으로 간과한다. 마지막으로, 이 불편들이 다른 모든 사람들도 경험하는 것이기 때문에, 다른 사람의 삶의 질과 자기 자신의 삶의 질을 차별화하는 데 기여하지 않는다. 그 결과 통상적인 불편은 복지의 주관적 평가의 레이더에는 탐지되지 않는다. 우리의 일상 삶에 언급된 불편들이 얼마나 팽배해 있는지 생각하지 않는다는 사실은 우리의 일상 삶에 그것들이 팽배해 있지 않다는 것을 의미하지 않는다. 그렇게나 많은 불편이 있다는 것은 확실히 쾌락주의 견해에서는 유관하다.

그러나 이때까지 언급한 부정적 정신 상태는 건강한 일상의 삶에 특징적인 기준선에 불과한 것이다. 만성적인 질병과 먹어 가는 나이는 사태를 더 악화시킨다. 아픔, 고통, 무기력, 그리고 때때로 장애로

---

30   골디락스 조건!

인한 좌절은 다른 모든 일의 경험적 배경이 되어 버린다.

이제 이 불편들에 덜 빈번하게 경험되거나 오직 일부 (그럼에도 불구하고 아주 많은 수의) 사람들에 의해서만 경험되는 고통과 괴로움을 더해 보자. 여기에는 알레르기, 두통, 좌절, 격한 짜증, 추위, 생리통, 폐경기 열감(熱感), 메스꺼움, 저혈당증, 발작, 죄책감, 수치, 지루함, 슬픔, 우울, 외로움, 신체상 불만족, 에이즈와 암을 비롯하여 생명을 위협하는 질병으로 인한 몸의 피폐, 비통과 사별 등이 포함된다. 일상의 삶의 부정적 정신 상태가 미치는 범위는 아주 넓다.

물론 그렇다고 해서 삶에 내재적인 즐거움도 있다는 것을 부인하는 것은 아니다. 이 쾌락들은 때때로 부정적 정신 상태가 아닐 때 발생하며, 실제로 그럴 때 가장 좋다. 내재적 즐거움은 (부정적 정신 상태가 쾌락을 전적으로 망치기 충분한 강도가 아닌 한) 부정적 정신 상태와 공존할 수도 있다. 중립적 상태와 구제 쾌락 또한 명백히 삶의 질에 영향을 미친다. 부정적 상태보다는 중립적 상태가 나으며, 부정적 상태에 있다면 그 상태에서 (가능한 한 빨리) 구제되는 것이 구제되지 않는 것보다 낫다. 그럼에도 불구하고 중립적 상태나 구제 쾌락을 위해 산다는 것, 또는 더 중립적인 의식 상태를 창조하기 위해서나 더 많은 구제 쾌락을 산출하기 위해 삶을 시작한다는 것에는 무엇인가 터무니없는 점이 있다. 중립적 상태와 구제 쾌락은 그것이 부정적 상태를 대체하는 한도에서만 가치 있을 수 있다. 존재한 적이 없는 것이 더 낫다는 논증은 삶이 담고 있는 내재적 쾌락을 위해 삶을 시작하는 것도 터무니없는가를 설명한다. 그것이 터무니없는 이유는 존재하기의 내재적 쾌락조차도 존재한 적 없기와 비교한 순 이득이 되지 않기 때문이다. 일단 살게 되었다면 내재적 쾌락을 갖는 것은 좋다. 그러나 그 내재적 쾌락은 꽤 다대한 비용인 삶의 불운을 대가로 치르고서 얻어진 것이다.

욕구 충족 이론

앞의 논의는 쾌락주의 견해에 따른 삶의 질 평가뿐만 아니라 욕구 충족 견해에 따른 삶의 질 평가와도 유관하다. 이는 우리의 욕구 중 많은 욕구가 긍정적 정신 상태를 얻고 부정적 정신 상태의 부재를 바라는 욕구이기 때문이다. 우리는 아주 많은 부정적 정신 상태에 빠지기 때문에, 그 상태의 부재를 바라는 많은 욕구가 좌절된다. 또한 우리는 쾌락을 욕구하며 그 욕구 중 일부는 만족된다(그러나 내가 보여 줄 바와 같이 많은 사람들이 생각하는 것과는 반대로 불만족은 많지만 만족은 그리 많지 않다).

쾌락주의 이론과 욕구 충족 이론이 일부 중첩되기는 하지만 그럼에도 불구하고 그 사이에는 분명한 차이가 있다. 이는 충족된 욕구가 없는데도 긍정적 정신 상태가 있을 수 있고, 긍정적 정신 상태가 없는데도 만족된 욕구가 있을 수 있기 때문이다. 전자는 다음과 같은 경우 발생한다.

a) 어떤 욕구가 충족되었다고 잘못 믿을 때 또는
b) 긍정적 정신 상태를 얻기 위하여 욕구가 충족될 필요가 없었다는 점을 알게 될 때

후자는 다음의 경우 발생한다.

a) 어떤 욕구가 충족되지 않았다고 잘못 믿을 때 또는
b) 욕구가 긍정적 정신 상태를 위한 것이 아니었고 욕구의 만족이

그런 상태를 야기하지 않았을 때 또는

c) 욕구를 충족하면 긍정적 정신 상태가 있을 줄 알았는데 충족하
고 보니 그런 상태가 산출되지 않는다는 걸 알게 되었을 때

그러한 모든 경우에 욕구 충족 이론은 개인 삶의 질을, 주체가 쾌락
적인 정신 상태를 가졌는지 아닌지를 기초로 할 것이 아니라, 그 욕구
가 충족되었는지 아닌지를 기초로 판단할 것을 요구한다.

자신의 삶이 긍정적 정신 상태로 얼마나 특징지어져 왔는지 또는
얼마나 이후 특징지어질지는 잘못 판단할 수 있지만, 지금 이 순간 긍
정적이거나 부정적인 정신 상태를 경험하는지는 판단을 잘못할 수 없
다. 그러나 욕구에 관해서는 오류의 범위는 틀림없이 더 넓다. 왜냐하
면 자신의 욕구가 충족되었는가에 관하여 지금 이 순간에도 (그 욕구
들이 쾌락을 향한 욕구가 아닌 경우에는) 잘못 판단할 수 있기 때문이
다. 그래서 우리는 우리의 욕구가 만족되었는지에 관하여 덜 특권적
인 접근성을 갖는다. 이것은 복지의 자기 평가에서 오류의 범위를 더
넓히게 된다. 낙천편향을 고려할 때 욕구 충족 견해에 따라 삶이 얼마
나 좋은가를 과대평가하는 쪽으로 편향되게 오류가 발생하리라는 점
은 분명하다.

그런데 실제로 우리 삶의 아주 작은 부분만이 만족된 욕구에 의해
특징지어지고, 큰 부분은 만족되지 못한 욕구들에 의해서 특징지어진
다. 첫째로 우리의 욕구가 삶의 우여곡절에 얼마나 취약한지를 생각
해 보라. 우리가 결여하고 있는 것에 대한 어떠한 욕구도 즉각 만족되
지 않는다. 그러한 욕구는 그것이 만족되기 前에 있어야 하며 그리하
여 우리는 그 욕구가 충족되기 전에 좌절의 기간을 견딘다. 욕구가 발
생하고 난 직후 충족되는 것은 이론적으로는 가능하지만, 실제 세계

를 그대로 보자면 이런 일은 보통 발생하지 않는다. 대신 우리는 보통 어떤 기간 욕구 상태에 계속 머물러 있게 된다. 이 기간은 몇 분에서 몇십 년까지 다양하다. 내가 앞서 말했듯이 사람은 배고픔이 없어지기 전까지 적어도 몇 시간을 기다려야 한다('배고픔 방지'나 '배고픔의 싹이 보이면 바로 잘라 버리기' 섭생을 하지 않은 한 말이다). 피곤해지고 나서도 쉬기 전까지는 오래 기다려야 한다. 어린이들은 독립을 얻기까지 수년을 기다린다. 청소년과 어른들은 개인적 만족이나 직업적 성공을 위한 욕구를 충족하기까지 수년을 기다리게 될 수도 있다. 욕구가 충족된 경우에도 충족 상태는 짧다. 공직을 욕구하고 선출되지만 재선되지는 않는다. 결혼을 욕구했고 결국 충족되었지만, 그러고 나서 이혼한다. 휴일을 원하지만 휴일은 (지나치게 금방) 끝난다. 욕구는 아예 충족되지도 않는 경우도 흔하다. 자유롭게 되기를 열망하지만 수감된 채로 또는 억압당한 채로 죽는다. 지혜를 바라지만 결코 그걸 얻지 못한다. 아름답게 되기를 갈망하나 선천적으로 그리고 되돌릴 수 없게 추하다. 큰 부(富)와 영향력을 얻기를 원하나 생애 내내 가난하고 무력한 채 지낸다. 거짓을 믿지 않기를 욕구하지만, 그러는 줄 깨닫지도 못한 채 평생 거짓 신념에 매달려 산다. 아주 소수의 사람들만이 그렇게 되었으면 하는 대로 그들의 삶과 그들의 여건에 통제력을 갖는다.

모든 욕구가 갖지 못한 것에 대한 것은 아니다. 때때로 우리는 이미 가진 것을 잃지 않기를 욕구한다. 그러한 욕구들은 정의상 즉각 만족되기는 하지만, 슬픈 진실은 그 충족이 보통 계속되지는 않는다는 것이다. 자신의 건강과 젊음을 잃지 않고자 욕구하나, 상실은 너무나 재빠르게 발생한다. 주름이 생기고, 머리칼은 허옇게 새거나 빠지며, 등은 아프고, 관절염이 관절을 유린하고, 시력은 나빠지고, 군살이 붙어

축 처지고 늘어진다. 사별하기를 원치 않으나 죽기 싫은 욕구가 조만간 좌절되지 않는다면, 조부모, 부모, 그리고 다른 친애하는 사람들의 죽음을 곧 맞이하게 된다.

이것이 아주 나쁘지 않은 것 같다면, '욕구의 쳇바퀴'(treadmill of desires)라고 할 수 있는 것을 생각해 보라. 일부 욕구의 충족이 원래 대로 돌아가기 때문에 일시적인 데다가 설사 그 욕구들이 충족된 채로 남아 있다고 하더라도 다른 욕구가 그 자리에 발생한다. 그래서 최초의 만족은 곧 새로운 욕구에 자리를 내어 주게 된다.

이 현상을 알아챈 심리학자 중에는 에이브러햄 매슬로(Abraham Maslow)가 있다. 그는 필요의 위계를 관찰한 것으로 유명하다(비록 필요와 욕구 사이에는 차이가 있기는 해도, 필요와 욕구는 둘 다 여기서 논하고 있는 동일한 특징을 갖는다). 매슬로 교수는 다음과 같이 지적했다.

　필요 충족은 일시적인 행복에만 이른다. 이 행복은 결국 다른 그리고 (희망컨대) 더 고차적인 불만족에 자리를 내어 주는 경향이 있다. 영원한 행복을 향한 인간의 희망은 결코 충족될 수 없는 것처럼 보인다. 확실히 행복은 실제로 오기도 하며 획득 가능하고 실재한다. 그러나 특히 그것의 더 강렬한 형태에 초점을 맞출 때, 행복의 내재적인 덧없음(transience)은 받아들여야만 하는 것처럼 보인다.[31]

그리고 로널드 잉글하트(Ronald Inglehart)는 만일 우리가 원했던 것

31　Maslow, Abraham, *Motivation and Personality*, 2nd edn. (New York: Harper & Row Publishers, 1970) p. xv.

이 우리를 계속 행복하게 만들어 줬다면 우리는 더 이상 목표를 추구하는 활동을 하지 않을 것이라고 지적했다.[32] 주관적 복지는 "주체의 열망과 주체의 상황 사이의 균형을 반영한다—그리고 장기적인 번영과 관련해서 보자면 주체의 열망은 상황에 적응하여 증가하는 경향이 있다"고 지적했다.[33]

에이브러햄 매슬로는 우리의 영구적인 불만족(perpetual discontent)을 못마땅해 하며 썼다.[34] 이와는 반대로 삶의 이 사실을 훨씬 이전에 주목했던 위대한 철학적 염세주의자 아르투어 쇼펜하우어는 그것을 불가피하다고 보았다.[35] 쇼펜하우어 견해에 의하면 삶이란 갈구하고 의지하는 끊임없는 상태, 즉 불만족의 끊임없는 상태이다. 자신이 갈구하는 것을 얻는 일은 일시적인 만족을 가져다주지만 어떤 새 욕구를 곧 낳는다. 갈구가 끝이 난다면 그 결과는 지루함, 즉 다른 종류의 불만족(dissatisfaction)일 것이다.[36] 갈구(striving)는 삶의 피할 수 없는 부분이다. 우리는 살기를 멈출 때야 비로소 갈구하기를 멈춘다.

또한 아르투어 쇼펜하우어는 행복이 실재한다(happiness is real)는 매슬로 교수의 주장을 거부했을 것이다. 쇼펜하우어주의 견해에 따르

32 Inglehart, R., *Culture Shift in Advanced Industrial Society*, p. 212.

33 Ibid.

34 그는 우리가 이 특성이 있다는 주장을 '투덜이 이론'(Grumble Theory)이라고 한다(*Motivation and Personality*, p. xv). 그는 "자신의 축복을 깨닫지 못하는 것"을 "현실적인 것이 아니며 그래서 병리의 한 형태로 여길 수 있다"고 언급한다. 그리고 이것은 "적절한 박탈이나 결여를 경험함으로써 간단하게, 대부분의 경우 매우 쉽게 치유할 수 있다"고 한다(p. 61).

35 예를 들어 Schopenhauer, Arthur, *The World as Will and Representation*, trans. E. F. J. Payne (New York: Dover Publications 1966) p. 318, p. 362.

36 Ibid. p. 312.

면 괴로움(suffering)이야말로 독립적으로 존재하는 모든 것이다.[37] 행복은 그에게는 괴로움의 일시적 부재에 지나지 않는다. 만족은 욕구의 단명하는 충족이다. 쾌락주의적인 용어로 표현하자면 내재적 쾌락이란 없다. 모든 쾌락은 그저 부정적인 정신 상태에서 일시적으로 구제되는 것에 지나지 않는다.

　삶에 괴로움이 고질적이고 팽배해 있다는 그의 견해를 받아들이기 위하여 아르투어 쇼펜하우어가 그러는 것처럼 행복의 독립적 존재를 거부할 필요는 없다. 충족된 욕구는 (심지어 내재적인 종류의 것이라 할지라도) 쾌락처럼 기본 설정 상태(default states)라기보다는 성취해야 오는 상태(states of achievement)이다. 예를 들어 실컷 먹기 위해서는 애써야 하지만 배고픔은 자연스럽게 찾아온다. 음식을 먹거나 음료를 마시고 나서는 똥 마려움이나 오줌 마려움의 불편이 꽤 자연스럽게 따라오며 우리는 거기서 구제(relief)를 추구한다. 쾌락적 감각은 일부러 구하려고 해야 한다. 그런 감각이 없으면 단조로움이 자연스럽게 찾아온다. 이 모든 것의 결론은 (지루함을 포함하여) 괴로움을 저지하기 위해서는 계속 애써 노력해야만 하며, 그것도 오직 불완전하게만 할 수 있다는 것이다. 불만족은 실제로 삶에 팽배해 있고 팽배할 수밖에 없다. 만족의 순간, 아마도 만족의 기간도 있기는 하다. 그러나 그러한 시간들은 갈구하는 불만족을 배경으로 해서만 발생한다. 낙천편향은 대부분의 사람들로 하여금 이 배경을 흐릿하게 지우도록 할지는 모르지만, 여전히 거기 있는 것이다.

　앞의 논의가 사태를 실제로 그런 것보다 더 못하게 보이게 한다는

37　Schopenhaure, Arthur, ʽOn the Suffering of the Worldʼ, in *Complete Essays of Schopenhauer*, trans. T. Bailey Saunders, 5 (New York: Willey Book Company, 1942) p. 1.

반론을 제기할 수도 있겠다. 비록 우리의 욕구가 즉각 만족되지 않는다고 해도 그리고 만족된 욕구가 새 욕구로 대체된다고 해도, 그 욕구가 만족되지 않는 동안 그리고 그 만족을 향해 애써 갈구하는 동안의 기간은 가치 있다고 말이다. 갈구나 박탈의 기간 어느 한쪽에는 또는 양쪽 모두 다에는 무엇인가 긍정적인 점이 있다고 한다.

이 반론을 욕구 충족 견해에서 이해하는 두 가지 방식이 있다. 첫 번째 방식은 우리가 욕구하는 것이 무엇이건 욕구하는 것에 더하여, 우리는 그 욕구 충족을 힘써 갈구하기를 욕구한다. 그래서 갈구하기는 다른 욕구를 충족하는 여정에서 하나의 욕구를 충족한다. 그 결과 우리의 욕구는 내가 그렇다고 시사한 정도만큼 만족 못되는 것은 아니라는 것이다. 이 반론을 이해하는 두 번째 방식은 우리가 우리의 (다른) 욕구를 충족하기 위한 박탈의 기간이나 갈구하는 기간을 욕구하건 아니건, 욕구 충족에 앞서 겪어야 하는 그러한 일들이 최종적인 충족을 훨씬 더 달콤하게 만든다고 말하는 것이다.

두 해석 중 어느 것을 취하건 그 반론은 한계를 갖는다. 나는 일부 사람들은 어떤 욕구를 충족하는 과정을 즐긴다는 점은 인정한다. 예를 들어 시나 책을 쓰는 과정을 즐기는 일부 작가가 있다. 그리고 욕구하는 식물을 기르는 과정을 즐기는 일부 정원사도 있다. 그러나 이 경우는 낙천편향을 비롯한 심리적 특성이 더 많은 사람들로 하여금 그들이 과정을 즐긴다고 생각하게끔 했거나 아니면 그 과정 동안 만족되지 않은 욕구가 있다는 점을 신경 쓰지 않도록 했을 것이다. 게다가 이 심리적 특성에도 불구하고 모든 이들이 욕구를 충족하는 과정을 욕구하는 것도 아니다. 일부 작가는 창조의 과정을 몹시 싫어하며 오직 시와 책을 생산했다는 것만을 즐길 수도 있다. 일부 정원사는 정원 일을 혐오하며 오직 먹을 수 있기 위해 그 일을 하는 것일 수도 있다. 더군다나 그것을 갈구하는 것 자체는 어느 누구도 (합당하게) 욕구할 수 없는 몇몇 욕구가 있다. 예를 들어 암과 싸우는 과정을 생각해 보라. 누구나 암이 낫기를 원한다. 그러나 누가 실제로 치료가 성공할 것인지 여부는 줄곧 모른 채 치료와 부작용을 견디는 싸움을 치르기 원하는가?

욕구를 즉각 충족하지 않은 것의 가치는 박탈의 기간과 충족을 향해 노력하는 과정이 욕구가 결국 충족되었을 때의 만족을 높여 준다는 점이라고 말하는 것이 보통 더 그럴 법하다. 배부른 채로 먹을 때보다 배고픈 채로 음식을 먹으면 더 맛있다. 힘들게 훈련했을 때 경기에서 승리하면 더 큰 만족이 있다. 숙달되기 위해 오랜 기간 노력해야만 했다면 복잡한 곡을 연주하는 목표를 달성했을 때 더 만족감을 느낀다.

그러나 이것이 모든 욕구에 적용할 수 없다는 점이 주목할 가치가 있다. 그러나 이런 이치가 적용되는 욕구조차도 적어도 그중 일부에 대해서는 모든 것을 고려했을 때 아무런 갈구도 필요치 않았더라면 더 좋았을 것이다. 오래 욕구되었거나 오래 끈 투쟁의 결과로 얻은 자유는 더 가치 있게 여길 수도 있다. 그러나 그 모든 기간 동안 자유 박탈이 없었더라면 더 좋았을 것이다. 긴 기간의 구금 후에 자유로워지는 것은 일생 동안 자유로운 것보다 낫지 않다. 다른 말로 하면 우리는 박탈과 갈구의 벌충하는 특성이 실제로 더 신속한 욕구 충족에 대해 실제로 우위점이라고 잘못 판단하지 않아야만 한다.

이 논지가 상대적으로 극히 소수의 욕구에만 적용된다고 생각할지도 모르겠다. 그러나 실제 세계에서 그 생각이 맞든 틀리든 간에 우리는 우리가 다른 모습이어서 박탈과 갈구의 기간이 불필요한 세계를 상상할 수 있다. 몇몇 사람들은 그러한 세계는 상상할 수 없다고 말하나 그건 그저 상상력의 부족일 뿐이다. 예를 들어 우리의 현재 모습에 의하면 몇 시간 동안 배고프면 식사의 즐거움을 배가시킨다. 우리는 동일한 효과를 얻기 위해서는 수일 동안 배가 고파야 하는 존재를 상상할 수 있다. 확실히 그들은 우리보다 처지가 못하다. 왜냐하면 그들의 욕구가 같은 만족을 얻기 전에 더 오랜 기간 동안 만족 못한 채로 지내야 하기 때문이다. 마찬가지로 식사에서 동일한 수준의 만족을 얻기 위해서 우리가 견뎌야 하는 정도만큼 배고프지 않고서도 그럴 수 있는 가상의 경우보다 우리의 처지는 못하다. 즉 우리가 그 욕구의 최종적인 충족에서 가장 큰 걸 얻기 위해서 박탈과 갈구의 기간을 필요로 한다는 점을 보인다고 해서 우리의 삶이 그 박탈과 갈구 덕택에 더 나아졌다는 것을 보이는 것은 아니다. 대신 그것은 우리 삶의 불운한 사실을 인정하고 들어가는 것이다. 욕구 충족이 그것을 충족하기까지의 과정에서 불충족을 덜 필요로 했다면 확실히 더 나았을 것이다.

이때까지 나는 불충족(unfulfilment)이 삶을 얼마나 많이 특징짓는가를 논했다. 나는 이제 사람들이 실제로 존재하는 충족의 중요성을 과대평가한다는 점을 보일 것이다. 즉 왜 우리의 욕구가 실제 그러한 정도만큼 충족되는가를 이해하게 되면 우리는 더 암울한 그림을 갖게 된다.

욕구 충족 견해에서는 우리 삶은 우리의 욕구가 만족하는 정도만큼 잘되어 가는 것이라고 한다. 그러나 욕구를 충족한 상태는 다음 두 방식 중 하나로 얻어질 수 있다.

(a) 가진 욕구가 무엇이건 그것을 충족하기 또는

(b) 충족될 욕구만 가지기[38]

---

38   그렇지 않으면 그 구분은 자신의 욕구가 좌절되지 않게 하는 두 방식이 있다는

조야한 욕구 충족 견해는 욕구를 충족하는 이 두 방식을 구분하지 않을 것이다. 그러한 조야한 견해의 문제점은 끔찍한 삶도 욕구를 없애거나 자신이 욕구하는 것을 변경함으로써 정말 멋진 삶으로 변환할 수 있다는 것이다. 만일 예를 들어 자신의 음울한 존재의 다양한 특성을 욕구하게 된다면, 그 사람의 삶은 그렇게 함으로써 비참한 것에서 굉장히 좋은 것으로 바뀌게 된다. 이것은 받아들이기 어려운 결론이다. 그 사람의 삶이 개선된 것처럼 **보일지**(또는 느껴질지)는 몰라도 그 사람의 삶은 확실히 실제로는 그렇게 굉장히 좋은 것으로 변모하지 않았다(비록 더 낫게 느낀다는 더 제한된 방식으로는 실제로 개선되었다고 하더라도).

문제는 욕구 충족 견해의 더 그럴 법한 판본이 구성될 수 있는가 하는 점이다. 즉 욕구 충족이 (b)가 아니라 (a)를 통해 얻어질 때 삶이 더 잘되어 간다고 판단하는 판본 말이다. 이것이 욕구 충족 이론에 내적인 문제이기 때문에 이 질문을 더 파고들지는 않겠다. 만일 그러한 욕구 충족 견해의 한 판본이 정식화될 수 없다면, 욕구 충족 견해에는 그만큼 더 나쁜 일이라고 말하는 것으로 충분하다. 그러나 만일 그런 판본이 구성될 수 있다면 어떻게 되는가? 그 경우에는 내가 개괄한 심리 현상 때문에 (b)가 우리의 욕구 충족의 많은 부분을 차지할 것이다. 우리의 욕구는 우리 상황의 한계에 대한 대응으로 만들어지고 형성된다. 그러므로 우리의 삶은 만일 우리의 욕구 충족이 (a)의 방식으로만 (또는 심지어 주되게) 이루어지는 경우에 그랬을 것보다 훨씬 더 못하다.

점을 주목함으로써 소극적으로 표현할 수도 있다: a) 자신이 가진 욕구가 무엇이건 그것들이 좌절되지 않기; 또는 b) (좌절될) 욕구를 갖지 않기.

불교도나 스토아 학파같이 욕구를 제거하거나 변경하는 것이 정확히 우리가 해야 하는 일이라고 믿는 이들이 있다.[39] 그러나 이것을 믿는 것은 (b)가 (a)보다 선호할 만하다고 믿는 것과는 다른 일이다. 실제로 (b)를 권고하는 것은 (a)의 불가능성에 대한 반응으로 가장 합당한 것이다.[40] 다른 말로 하자면 (a)가 더 나을 것이며, 우리가 (a)를 가질 수 없다는 오직 그 이유 때문에 우리는 (b)에 의지할 수밖에 없는 것이다. 이 점을 인정하는 것은 우리의 삶이 (a) 하에서보다는 (b) 하에서 훨씬 더 못하다는 견해를 훼손하지 않는다.

객관적 목록 이론

쾌락주의적 견해와 욕구 충족 견해의 논의는 또한 객관적 목록 견해에도 적용된다. 쾌락적인 정신 상태와 고통스러운 정신 상태의 부재는 객관적 좋음의 목록에 올라와 있어야만 하는 것이다. 이와 유사하게 객관적 좋음은 어떤 욕구의 만족은 포함할 수밖에 없다. 더군다나 우리의 욕구가 우리의 여건에 적응하고 다른 사람들과 우리 자신을 비교함으로써 만들어지는 것과 꼭 마찬가지로, 삶의 좋음의 객관적 목록은 적어도 일부 사람들은 번영한다고 말할 수 있게 되는 것이

---

39   존재의 최고 상태는 불교도의 견해에 의하면 열반이다. 이 상태에서는 모든 욕구와 (그리하여) 모든 속세의 괴로움이 사라진다. 불교도들은 이 상태가 인생을 사는 동안 획득할 수 있다고 생각하지만, 아르투어 쇼펜하우어는 이를 부인할 것이며, 나는 그에게 동의한다. 그러나 불교도들은 열반 상태를 획득하는 것이 윤회의 고리를 탈출하게 해준다고 생각한다. 이런 점에서 불교도의 견해는 쇼펜하우어적인 견해에 가깝게 다가간다. 즉 욕구의 종말은 (육화된) 삶의 종말과 연결되어 있다는 것이다.
40   그렇다고 해서 일부 욕구를 없애는 것이 도덕적이거나 미학적인 근거에서 아마도 선호할 만하다는 점을 부인하는 것은 아니다. 그러나 이런 경우에는 욕구 제거의 이유는 그것이 충족할 수 없다는 점이 아니라 충족하는 것이 부적절하다는 점이다.

가능하도록 하는 방식으로 구성된다. 즉 좋음의 '객관적 목록'은 영원의 관점에서(sub specie aeternitatis), 즉 진정으로 객관적인 관점에서 구성된 것이 아니다. 대신 그 목록은 인간의 관점에서(sub specie humanitatis) 구성된다. 개인마다 다를 수 있는 욕구와는 달리 객관적 목록은 모든 사람에게, 또는 적어도 사람들의 전체 집합이나 집단에 적용되는 경향이 있다. 그 목록은 사람마다 차이 나지 않는다는 이 의미에서만 객관적이다. 그것은 영원의 관점에서 좋은 삶이란 무엇인가를 판단한다는 의미에서 객관적으로 여겨서는 안 된다.

인간의 관점에서 목록을 구성하는 것은 특정한 삶이 다른 (인간의) 삶과 비교하여(in comparison with) 얼마나 잘되어 가는가를 결정하기를 원한다면 합당할 것이다. 그러나 특정한 삶이 다른 삶과 비교해서 얼마나 잘되어 가는가를 아는 것은 그 기준선, 즉 인간의 삶이 얼마나 좋은가에 관해서는 거의 아무것도 알려주는 바가 없다. 인간 삶이 얼마나 좋은가를 결정하는 것이 목적이라면, 인간의 관점은 앞서 언급한 심리적 현상을 고려할 때, 무엇을 좋음의 목록에 올려야 하는가를 결정하기에는 명백히 신뢰할 수 없는 관점이다. 인간의 관점에서 우리가 가치 있다고 여기는 것은 우리가 기대할 수 있는 것의 한계에 의해 사실상 결정되어 버린다.

예를 들어 우리 중 누구도 240세까지 살지 않기 때문에 사람들은 그 나이까지 살지 못한다고 해서 삶이 덜 잘되어 간다고 생각하지 않는 경향이 있다. 그러나 대부분의 사람들은 누군가 (적어도 그 사람의 삶의 질이 비교적 좋았다면) 40세에 죽으면 비극적인 일이라 여긴다. 그러나 40세의 죽음이 비극이라면 왜 90세의 죽음이 비극적이지 않아야 하는가? 우리는 우리가 닿을 수 있는 범위 밖에 있는 것은 중대한 좋음이 될 무엇이라고 여기지 않는다. 그러나 왜 좋은 삶은 우리가 닿을 수 있는 범위 내에 있음이 틀림없다고 보아야 하는가? 아마도 좋은 삶은 얻기가 불가능한 것일 수도 있다. 어떠한 불편, 고통, 괴로움, 고뇌, 스트레스, 불안, 좌절, 지루함도 없고 90년보다 훨씬 오래 살고 좋음으로 훨씬 가득 찬 삶은 가장 운이 좋은 인간이 가질 수 있는 종류의 삶보다 나을 것이 확실하다. 그렇다면 왜 우리의 삶을 그 (불가능한) 규준으로 판단하지 않는가?

또는 삶의 의미를 생각해 보라. 객관적 좋음의 목록의 매우 그럴 법한 후보 하나가 삶이 의미를 가지는 것이다. 의미 없는 삶은 설사 다른 좋음이 많이 있다고 하더라도 중요한 좋음을 결여하게 될 것이다. 많은 사람들이 비록 이따금 그러기는 해도, 모든 삶이 의미를 결여하고 있다고 실제로 생각한다. 그들은 영원의 관점에서 삶을 바라보고는 거기에는 아무런 의미도 없다는 것을 이해한다. 의식적인 삶은 우주 시간의 레이더에 잠깐 삑 하고 탐지되고 마는 것에 불과한데도—그 자체의 영속 이외에는 아무런 목적을 향하지도 않고 있는—괴로움으로 가득 차 있다. 그러나 대부분의 사람들은 삶이 무의미하다는 생각이 참을 수 없다고 생각하며, 우리의 삶이 의미 있다고 주장한다. 이들 중 (전부는 아닐지라도) 많은 사람들이 다른 관점에 의지한다. 즉 인간의 관점이나 개인의 관점에 의지한다. 그 관점을 취하면 적어도 일부 삶은 의미 있을 수 있다. 예를 들어 인류에 봉사하는 일에 헌신한 삶은 인간의 관점에서는 의미 있을 수 있다. 설사 우주의 관점에서는 그렇지 않다고 하더라도 말이다. 그러나 그의 삶을 서로 다른 잔디밭의 풀잎 개수를 세는 데 헌신한 사람[41]의 삶은 인간의 관점에서 의미를 결여할 것이다. 풀잎 세는 자의 삶은 그러나 그 자신

---

41   이 예는 존 롤스의 것이다.

의 주관적 관점에서는 의미 있을 수 있다. 만일 그가 자신의 이례적인 삶의 기획에서 만족을 끌어냈다면 말이다. 그의 삶이 이 관점에서 의미 있을 수 있다는 점은 많은 사람들로 하여금 그 주관적 관점이 만족스럽지 못하다고 생각하게끔 했다. 그러나 왜 우리는 인간의 관점이 개인의 관점보다 조금이라도 더 신뢰할 만한 것으로 생각해야만 하는가? 우주의 관점에서 볼 때 인류애주의자와 풀잎 세는 자의 삶은 모두 무의미하다(이것은 인류애가 풀잎 세기보다 낫지 않다고 말하는 것은 아니다).

　몇몇 이들은 우주의 관점에서 우리의 삶이 무의미하다는 점은 중요치 않다고 논한다. 설사 그들의 주장이 참이라 할지라도 우리의 삶이 우리 인간의 관점과는 독립적으로도 의미를 가졌더라면—만일 그것이 우주의 관점에서도 중요했다면—훨씬 더 나았을 것이다. 그러므로 적어도 우리는 우리의 삶이 그 관점에서 중요하지 않다는 이유 때문에 훨씬 덜 좋은 것이라는 점을 이해해야만 한다. 이러한 이해를 낙천편향을 비롯한 왜곡시키는 심리 현상에 더하면, 우리는 인간의 관점에서만 의미를 끌어냄으로써 우리의 삶이 얼마나 좋은지를 과대평가하고 있다고 생각할 좋은 이유를 갖게 된다.

　중요한 종류의 의미는 불가능하고 우리의 삶은 그 중요한 좋음을 결여하고 있다고 생각하는 것도 무리가 아닐 수 있다.

　영원의 관점에서 판단했을 때 인간의 삶이 심각하게 결핍되어 있다(wanting)는 나의 논증에 반대하여 두 반론을 제기할 수 있다. 첫 번째 반론은 이 영원의 관점이라는 것을 전혀 상상할 수 없으며, 그래서 그런 관점에서 인간 삶을 판단할 수 없다고 말하는 이들에게서 나온다. 예를 들어 그들은 고통과 좌절이 없으며 훨씬 더 큰 지혜, 지식, 그리고 이해를 갖춘, 훨씬 더 긴 삶이 어떤 것일지를 상상할 수 없다고 한다. 이 반론은 욕구 충족 견해로 판정하자면 삶의 질은 나쁘다는 나의 논급에 대한 유사한 반론에 내가 대응한 것과 같은 방식으로 처리할 수 있다. 즉 나는 그것을 상상력의 부족으로 본다. 아마도 우리는 예를 들어 인간이 그런 것보다 훨씬 더 인지적으로 정교하게 되는 것이 어떻게 느껴질지를 정확하게 상상할 수 없을 것이다. 그럼에도 불구하고 우리는 어린이와 어른, 동물과 인간의 차이에 대한 이해에 의지하여, 증가한 인지 능력이 어떤 종류의 차이를 만들어 낼지 이해할 수 있다. 이 구체적인 사례를 보자면 증가한 인지 능력이 우리의 삶을 더 낫게 해줄지에 관해서 논쟁의 여지가 있기는 하다. 그 답은 우리의 인지적 첨단성이 우리의 삶을 인지적으로 덜 정교한 동물보다 더 낫게 만들어 줬다고 생각하느냐에 부분적으로 달려 있을 것이다. 인간은 후자의 질문에 그렇다고 답하는 경향이 있지만, 그것이 명백히 옳은 답은 아니다. 이해력은 큰 비용을 수반한다. 만일 우리의 추가적인 인지가 그럼에도 불구하고 비인간 유인원의 삶보다 우리의 삶을 더 풍요롭고 낫게 만들어 주었다고 생각한다면, 인지적으로 더 능력을 갖추게 된다면 더욱더 좋을 것이라는 점을 인정해야만 한다. 우리가 인지 능력의 이상적인 알맞은 정도를 정해 갖고 있음을 보일 수 없다면 말이다. 그런데 인간이 그런 알맞은 정도를 갖고 있다는 발상은 수상쩍을 정도로 자기 위주인 것 같다. 만일 이와는 달리 우리의 더 높아진 인지 능력 때문에 인간이 아닌 유인원보다 더 못하게 되었다고 생각한다면, 우리의 삶이 가능했던 것보다 못하다고 생각하는 추가적인 근거가 된다.

내 논증에 대한 두 번째의 더 강력한 반론이 있다. 이 반론은 삶의 질에 대한 판단은 맥락 특수적(context specific)일 수밖에 없다고 한다. 적합한 유비는 교사가 학생의 에세이나 시험 답안을 평가하는 사례다.[42] 교사는 어떤 규준을 정해야 하는가? 학생이 12세라면 교사는 확실히 12세에 (그리고 아마도 더 구체적으로 말해서 12세인 그 학생들에) 적합한 수준의 규준을 설정해야 한다. 12세의 학문적 수행은 대학원생에 적합한 규준으로는 판단할 수 없다. 마찬가지로 우리는 인간 삶의 질은 인간의 규준에 의해 판단해야만 하고 영원의 관점에서 판단해서는 안 된다고 이 반론은 말한다.

명백히 나는 12세의 작업은 그들의 나이에 적합한 규준으로 판단되어야 한다는 점을 부인하지는 않는다. 이는 12세의 작업을 판단하면서 그 학생이 급우들보다 얼마나 잘하는가를 알기를 원하기 때문이다. 인간 삶의 질을 판단하는 데 인간의 규준을 채택하는 데는 때때로 이와 유사한 목적이 있다. 우리는 한 인간의 삶이 다른 인간의 삶보다 얼마나 잘되어 가는지를 알고 싶어 할 수 있다. 그러한 비교는 그걸 알게 해준다는 가치는 갖지만, 평가하는 유일한 방법은 아니다.

이러한 답변에 대해 12세 어린이의 작업을 평가할 때 우리가 결코 더 높은 규준으로 바꾸지 않듯이, 인간 삶의 질을 판단할 때 초인간적인 관점의 규준으로 결코 변경해서는 안 된다고 응수할지도 모르겠다. 그러나 이 응수에는 몇 가지 문제가 있다. 예를 들어 우리는 12세가 12세에 적합한 규준으로 'A'를 받는다는 이유로 그 아이가 저명한 대학 물리학 교수 자리를 제의받아야 한다고 생각하는 위험에 절대 빠지지 않는다. 즉 우리가 사용하고 있는 규준이 12세에 적합한 규준이기는 하지만, 그 아이의 이해 수준에는 명확한 한계가 있다는 명료한 이해를 가진 것이다. 그런데도 사람들은 어떤 사람들의 삶이 인간의 규준에서 잘되어 간다는 이유로 그 삶들이 상상할 수 있는 최대한

---

42   나는 이 반론과 유비를 제시해 준 앤디 앨트먼(Andy Altman)에게 감사한다.

으로 잘되어 간다고 자주 생각한다.

이 지점에서 나의 대화 상대자는 우리가 물리학 교수의 지성을 초
인간적인 규준에 의해 절대 판단하지 않는 것과 꼭 마찬가지로, 우리
는 최선의 인간 삶의 질에 관한 초인간적인 규준으로 판단해서는 안
된다고 재반박할지 모르겠다. 그러나 문제는 우리는 때때로 가장 똑
똑한 사람들을 초인간적인 규준에 의해 실제로 판단하고 또 판단해야
한다는 것이다. 이는 우리가 겸손(modesty)에 관한 철학적 문제를 살
펴보면 분명해진다. 그 문제란 겸손이 미덕으로 이해되는 논거를 훼
손하지 않고서는 겸손이 무엇인지를 설명하기란 어렵다는 것이다. 예
를 들어 만일 겸손한 사람이 그가 어떤 최상급의 속성이 있다는 점을
인정하지 않는 사람으로 이해된다면, 겸손은 인식 상의 결점(an epis-
temic shortcoming)이 되며 그 경우 겸손을 미덕이라고 보기는 어렵
다. 만일 겸손한 사람이 그가 얼마나 훌륭한지를 알지만 마치 그렇지
않은 듯 행동하는 사람이라면, 그 경우 겸손은 기만의 한 형태이며,
그 경우 미덕의 그럴 법한 후보라고 할 수 없다. 겸손 문제에 대한 최
선의 해결책은 비록 겸손한 사람은 그의 강점을 정확하게 지각하기는
하나, 그가 못 미치는 더 높은 규준이 있다는 점 또한 인정한다고 말
하는 것이다.[43] 자기 자신을 영원의 관점에서 볼 수 있게 하는 그의 능
력이 그의 속성과 성취를 그를 겸손하게 만드는 관점에 놓아둔다. 우

---

43 이 견해는 Richards, Norvin, 'Is Humility a Virtue?', *American Philosophi-
cal Quarterly*, 25/3 (1988) pp. 253-9가 개진한 것이다. 리처드 교수는 내가 지금
그러는 것과는 달리 더 높은 규준이 우주의 관점이라고 주장하지는 않는다. 그러나
그 규준은 겸손에 대한 설명을 더욱 그럴 법한 것으로 만들어 준다. 왜냐하면 그렇지
않으면 겸손은 일부 분야에서는 말 그대로 최고의 인간인 사람들에게는 불가능할 것
이기 때문이다.

리가 미덕으로 여기는 것은 바로 이것이다.

나는 최상의 인간 삶의 질에 관하여 더 '겸손한' 견해를 권고하고 있다. 나는 몇몇 인간 삶의 질을 다른 인간 삶의 질과 비교하는 것이 때때로 예를 들어 분배 정의를 논할 때에는—적합하다는 점을 인정한다. 그러나 다른 경우에는 인간 삶을 영원의 관점에서 평가하는 것이 더 적합하다. 그리고 인간 삶이 일반적으로 얼마나 좋은가를 결정하고 싶을 때가 바로 그러한 경우다. 인간 삶의 질은 그렇다면 부족한 것으로 밝혀진다.

세 견해에 관한 결론적 논평

내가 검토한 세 견해 모두—쾌락주의 견해, 욕구 충족 견해, 객관적 목록 견해—다음 구분을 허용한다.

a) 개인의 삶이 실제로 얼마나 좋은가, 그리고
b) 개인의 삶이 얼마나 좋다고 생각되는가.

몇몇 사람들은 이 구분이 쾌락주의 견해에서 어떻게 가능한지 이해하는 데 어려움을 겪는다. 그들은 쾌락주의 견해는 주관적 심리 상태에 관한 것이기 때문에, 개인 삶의 질에 관한 그 사람의 주관적 평가는 신뢰할 만한 것임이 틀림없다고 한다. 그러나 쾌락주의 견해는 삶이 긍정적 심리 상태와 부정적 심리 상태에 의해 **실제로 특징지어지는** 정도만큼 더 낫거나 더 못하다고 말한다. 사람들이 그 점에 관하여 잘못 판단할 수 있기 때문에, 쾌락주의 견해는 실제로 (a)와 (b) 사이의 구분을 허용한다.

그렇다고 (a)와 (b)가 서로 영향을 미친다는 점을 부인하는 것은 아니다. 만일 어떤 사람의 삶이 위 세 견해 어느 것에 의하더라도 매우 나쁜데도 그 사람은 자기 삶이 그렇게 나쁘지 않다고 생각한다면, 그 사람이 실제로 자기 삶이 얼마나 나쁜지를 깨달았을 때보다 이 한 면에서는 실제로 더 낫다. 그러나 이 면에서 더 낫다고 말하는 것은 그 삶이 모든 면에서 더 낫다고 말하는 것도 아니며, 자신이 생각하는 만큼 실제로 훨씬 더 낫게 된다고 말하는 것도 아니다.

나는 사람들 삶의 질이 그들이 생각하는 것보다 훨씬 더 못하다고 논증했다. 그리고 나는 인간 심리에 대한 이해가 사람들이 왜 그들의 삶이 실제로 그런 것보다 더 낫다고 생각하는지를 설명할 수 있음을 보였다. 보통의 인간 삶의 질에 대한 더 정확한 그림을 가지고서, 우리는 그러한 삶을 시작하는 것이 부당한 것인지를 결정할 더 나은 위치에 있게 된다. 새로운 삶을 시작하는 것이 그렇게 해서 시작되는 삶을 가진 사람에게 결코 이득을 줄 수 없다는 점을 고려해서 말이다. 온당함(decency)과 부당함(indecency)은 물론 악명이 높을 정도로 답하기 어려운 문제다. 그러나 만일 우리가 꽤 합당한 테스트를 활용한다면, 보통의 인간 삶을 특징짓는 것과 같이 그토록 많은 해악으로 채워진 삶을 시작하는 일이 진정 부당함이 틀림없다는 점을 알게 된다. 그 테스트는 다음과 같다: 삶에 있는 양의 해악을 이미 존재하는 사람에게, 그 사람의 전반적 이익도 증진시키지도 않고 공리적 목적에도 기여하지 않는데도, 온당하게 가할 수 있는지 물어 보라. 첫 번째 조건 — 해악을 입는 사람의 이익을 증진시키지 않는다는 조건 — 은 존재하게 되는 것이 존재하게 되는 그 사람에게는 결코 이득이 될 수 없다는 점을 고려할 때 명백히 꼭 필요한 조건이다. 두 번째 조건인 공리적 목적에 기여하지 않는다는 조건은 더 논란의 여지가 있는 것으로 생각할 수도 있겠다. 그러나 사실 그렇지 않다. 나는 이

미 공리주의의 가장 설득력 있는 판본은 새로운 사람의 창조를 찬성
하지 않는다고 논증했다.[44] 새로운 사람을 창조하는 것은 창조되는 사
람 이외의 사람에게는 이득을 가져다준다. 그러나 이 이득은 공리주
의가 목표로 하는 최대화 이득이라기보다는 (4장에서 논의될 바와 같
이) 다른 개인에게 가는 소소한 이득이다.

　모든 삶이 너무나 나빠 지속할 가치가 없다고 나는 논하지 않았으
며 그렇게 논할 필요도 없었다. 대신 나는 모든 삶은 나쁨이 무엇으로
생각되건 간에 그 나쁨의 다대한 양을 담는다고 논하였다. 내가 이
장의 앞부분에서 논했듯이 어떤 사람 삶의 질을 결정하는 것은 그 삶
에 좋음과 나쁨이 얼마나 있는가를 결정하는 문제에 불과한 것이 아
니다. 그럼에도 불구하고 만일 삶이 생각하는 것보다 더 많은 나쁨을
담고 있다면, 자기 삶의 질에 대한 평가는 더 호의적으로 될 수는 없
다. 2장에서 나의 논증은 나쁨의 훨씬 더 적은 양조차도 삶이 담을 수
있는 제한된 좋음이 무엇이건 그것에 의해 능가될 수 없다는 점을 보
였다.

괴로움의 세계

낙천편향의 힘은 너무나 세서 앞서 논한 종류의 염세주의는 실존적
약골의 자기 연민에 빠진 투덜거림으로 흔히 일축된다. 낙천주의자는
장밋빛 그림을 그리고자 하는 단호한 시도를 감행하여, 인간의 곤경에
벌충하는 긍정적인 광태를 바르고자 하거나 적어도 용감한 얼굴을 보

44　6장에서 나는 여하한 이론적 접근이라도 단계적인 멸종에 대한 수단으로서 일
시적이고 매우 제한된 아기 만들기를 허용할 수 있는지 검토하겠다.

여주려고 한다. 염세주의자는 이를 꼴사나운 것으로, 장례식에서 익살
을 부리거나 응원을 해대는 것에 가까운 것으로 여긴다. 예를 들어 아
르투어 쇼펜하우어는 "낙천주의는 그들의 얄팍한 이마 아래에 말만
품고 있는 이들의 생각 없는 이야기에 불과할 뿐만 아니라 … 터무니
없는 것에 그치지 않고, 인류의 형언할 수 없는 괴로움을 혹독하게 조
롱하는 정말로 사악한 사고방식인 것으로 보인다"[45]고 말한다.

　내가 보통의 건강한 삶에 제시한 염세주의적 견해를 받아들이건 받
아들이지 않건 낙천주의는 확실히 세계가 담고 있는 명백한 괴로움의
양을 고려할 때 대단히 허약한 근거 위에 서 있다[46](나는 여기서 오직
인간의 괴로움에만 초점을 맞추겠다. 그러나 우리의 행성을 공유하고
있는 수조 마리의 동물들─우리가 오직 잔혹하게 다루다가 인간이
소비하고 다른 용도로 사용하기 위해 죽이려고 매년 존재케 만드는
수십억 마리를 포함해서─의 괴로움까지 고려할 때 낙천주의는 훨씬
더 가당찮은 것으로 보인다).

　우선 자연재해를 살펴보자. 1천5백만 명 이상이 지난 1천년 동안
그런 재해로 사망한 것으로 보인다.[47] 예를 들어 지난 몇 해 동안 홍수
로 해마다 2만 명이 죽었으며 '수천만 명'은 재해로 괴로움을 겪었

45　Schopenhauer, Arthur, *The World as Will and Representation*, p. 326.

46　아르투어 쇼펜하우어는 말한다: 만일 우리가 가장 냉정하고 냉담한 낙천주의자
를 병원, 의무실, 수술실, 감옥, 고문실, 노예들이 묵는 가축우리 같은 집, 전장, 그리
고 사형 집행지로 안내한다면; 만일 우리가 그에게 비참이 머무르는 모든 어두운 서
식지, 차가운 흥미의 시선을 보낼 수 없는 그런 서식지를 모두 열어 보이고, 마침내
그에게 수감자들이 굶어죽었던 우골리노의 지하 감옥을 들여다보게 한다면, 그 역시
도 결국에는 이게 도대체 무슨 종류의 가능한 세계 중 최선의 세계(meilleur de
mondes possibles)인지를 이해하게 될 것이다.

47　McGuire, Bill, *A Guide to the End of the World* (New York: Oxford University Press, 2002) p. 31.

다.[48] 몇 해에는 그 수가 더 컸다. 2004년 12월에는 사람들 수십만 명이 쓰나미로 목숨을 잃었다.

약 2만 명의 사람들은 매일 굶주려 사망한다.[49] 8억4천만 명의 사람들이 굶주림과 영양 부족으로 죽지는 않지만 고통을 겪는다.[50] 이것은 현재 살고 있는 약 63억 명의 사람들 가운데 꽤 높은 비율을 차지하는 수다.

질병은 해마다 수백만 명을 황폐하게 만들고 죽인다. 예를 들어 전염병을 생각해 보라. 기원전 541년부터 1921년 사이에 1억2백만 명의 사람들이 전염병으로 쓰러졌다.[51] 인류의 인구는 이 기간 동안 현재 규모의 극히 일부에 지나지 않았다는 점을 기억하라. 1918년에 인플루엔자 유행으로 5천만 명이 죽었다. 현재 세계 인구 규모를 고려할 때, 그리고 세계 여행의 속도와 양을 고려할 때 새로운 인플루엔자 유행은 그때보다 훨씬 더 많은 수의 죽음을 낳을 수 있다.[52] HIV는 현재 해마다 거의 3백만 명의 사람을 죽이고 있다.[53] 다른 모든 전염병을 합하면 한 해 1천1백만 명이 전염병으로 고통을 겪다가 죽는 것이다.[54] 악성 종양이 보통 상당하고 질질 끈 고통의 기간을 거치게 하고 나서 추가로 7백만 명의 생명을 해마다 앗아간다. 거기에 (해마다 도

48　Ibid. p. 5.
49　The Hunger Project: <http://www.thp.org>(accessed November 2003).
50　'Undernourishment Around the World', <http://www.fao/org/DOCREP/005/y7352E/y7352e03.htem>(accessed 14 November 2003)
51　Rummel, R. J., *Death by Government* (New Brunswick, Transaction Publishers, 1994), p. 70.
52　World Health Organization, *The World Health Report 2002* (Geneva: WHO, 2002) 186. 2001년은 2,866,000명이었다.
53　Ibid. p. 186.
54　Ibid. p. 188.

로 사고로 죽는 1백만 명이 넘는 사람들을 포함하여) 해마다 약 350만 명의 사람들이 사고사를 당한다.[55] 다른 모든 사망까지 더하면 엄청난 합계로 약 5억6천5백만 명의 사람들이 2001년에 죽었다.[56] 이건 분당 107명이 넘는 사람들이다. 세계 인구가 커짐에 따라 사망자 수도 증가한다. 유아 사망률이 높은 세계의 일부 지역, 그 죽음 중 많은 수에 뒤따라 몇 해 안에 또 그만한 생명이 탄생한다. 그러나 기대 수명이 길 때조차도 더 많은 출생은 더 많은 죽음에 이른다는 것을 안다. 이제 죽음의 수에 사별한 사람을 애도하며 그리워하는 살아남은 가족과 친구의 수를 곱해 보라. 모든 죽음마다 고인을 생각하며 비통해하는 사별당한 더 많은 사람들이 있다.

많은 질병도 인간 행위 탓으로 돌릴 수 있지만, 우리 종의 일부가 다른 사람들에게 가한 더 의도적으로 야기된 괴로움을 살펴보라. 한 권위 있는 저자는 20세기 전에 1억3천3백만 명의 사람들이 대량 학살로 사망했다고 보고한다.[57] 동일한 저자에 따르면 20세기의 첫 88년 동안 1억7천만 명의 사람들(그리고 아마도 그 수는 3억6천만 명이 될 수도 있다고 한다)이 "총을 맞고, 두들겨 맞고, 고문당하고, 칼에 찔리고, 불에 태워지고, 굶주리게 되고, 동상에 걸리고, 깔려 쭈그러뜨려지고, 노동을 강제당하여 죽었다; 산 채로 묻히고, 익사당하고, … [목 매달리고], 폭격당하고, 그리고 그밖의 수많은 방법으로 정부는 무장하지 않은 무력한 시민과 외국인들에게 죽음을 가하였다."[58]

---

55 이것은 2001년 통계이다. *The World Health Report 2002*, 190.

56 Ibid. p. 186.

57 Rummel, R. J., *Death by Government*, p. 69. 그의 최저 추산치는 8천9백만 명이다. 그러나 그 수는 최고 2억6천만 명에 달할 수도 있다.

58 Ibid. p. 9.

수백만 명의 사람들이 명백히 전쟁 도중 죽임을 당한다. <폭력과 건강에 관한 세계 보고서>(World Report on Violence and Health)에 따르면 16세기에는 분쟁과 관련된 사망이 1백60만 명이었고, 19세기에는 1천9백4십만 명, 그리고 20세기는 가장 유혈이 낭자한 세기로 1억9백7십만 명이었다.[59] 세계건강보건기구(World Health Organization)는 전쟁과 관련된 부상이 2000년에 31만 명의 사망으로 이어졌다고 추산한다.[60] 그런데 2000년은 특별히 유혈이 낭자한 해로 두드러지게 기억되지도 않는 해다.

괴로움이 거기서 끝나는 것도 아니다. (정부가 아니라 사인에 의해) 강간당하고, 폭행당하고, 불구가 되고, 살해당하는 사람들의 수를 생각해 보라. 해마다 4천만 명의 어린이들이 학대받는다.[61] 현재 살아가고 있는 여성과 소녀들 중 1억 명 이상이 강제로 음핵을 절제당한다.[62] 그리고 수많은 형태의 억압은 말할 것도 없이 노예화, 부당한 구금, 따돌림, 배신, 모욕, 그리고 협박이 있다.

수십만 명의 사람들이 괴로움이 너무나 커서 —또는 그 괴로움에 대한 인식이 너무나 명료해서— 스스로 목숨을 끊는다. 예를 들어 2000년에는 81만5천 명의 사람들이 자살한 것으로 보인다.[63]

낙천편향은 대부분의 사람들로 하여금 그들 자신과 그들의 (잠재

59   Krug, Etienne G., Dahlbeg, Linda L., Mercy, James A., Zwi, Anthony B., and Lozano, Rafael., (eds.) *World Report on Violence and Health* (Geneva: WHO, 2002) p. 218.

60   Ibid. p. 217.

61   *The World Health Report 2002*, p. 80.

62   Toubia, Nahid, 'Female Circumcision as a Public Health Issue', *New England Journal of Medicine*, 331/II (1994) p. 712.

63   Krug, Etienne, et al, *World Report on Violence and Health*, p. 185.

적) 아이가 이 모든 것을 피해 갈 수 있으리라고 생각하게 한다. 그리고 실제로 불가피하지 않은 괴로움은 피할 만큼 충분히 운이 좋은 사람들이 비록 극히 소수에 불과하지만 있기는 하다. 그러나 모든 사람들은 적어도 앞에서 언급한 비참의 목록에 있는 것 중 하나 이상은 경험할 수밖에 없다.

그러나 이 대부분의 괴로움을 겪지 않은 삶이 조금 있다고 하더라도, 그리고 그러한 삶이 내가 말한 것보다는 더 낫다고 하더라도 그 (상대적인) 높은 질의 삶은 극도로 드물다. 아주 운 좋은 삶(charmed life)은 너무나 드물어서 그런 삶이 하나 있을 때마다 비참한 삶은 수백만이 있다. 어떤 이들은 그들의 아이들이 그 불운한 이들 가운데 끼게 되리라는 사실은 안다. 그러나 어느 누구도 그들의 아이가 소위 운 좋은 극소수에 속하리라는 것은 모른다. 존재하게 된 사람 누구에게도 커다란 괴로움이 기다리고 있다. 가장 특권적인 사람들조차도 참을 수 없는 괴로움을 겪고, 강간당하고, 폭행당하거나, 잔인하게 살해당할 아이를 낳을 수 있다. 낙천주의자는 확실히 이 출산 러시안 룰렛을 정당화할 입증 책임을 지고 있다. 존재하게 된 이들은 존재한 적이 없는 것에 대하여 아무런 진정한 우위점도 없다는 점을 고려하면, 심각한 해악의 그 중대한 위험이 어떻게 정당화될 수 있을지 알기란 어렵다. 우리는 어느 누구라도 거치게 될 수 있는 이례적으로 가혹한 해악만을 셈해서는 안 되고, 보통의 인간 삶의 꽤 통상적인 해악도 셈해야 한다. 그러면 우리는 사태가 쾌활하게 출산하려는 이들에게 사태는 더욱 더 나쁘다는 것을 알게 된다. 그러한 고려는 그들이 자신의 머리를 겨냥하고 있을 뿐만 아니라 미래의 자손을 겨냥하고 있기도 한, 총알이 꽉 차 있는 총으로 러시안룰렛 게임을 한다는 사실을 보여준다.

4

아이 갖기:
반출생주의 견해

철학자들은 … 괴로움을 겪는 종이 증식하도록 선동하기보다
는 적은 수의 개인들을 행복하게 만드는 일에 차라리 훨씬 더
노력해야 한다.

볼테르 『캉디드』에서 마르틴[1]

누군가를 세계로 오게 한다는 발상은 나를 공포로 채운다. …
나의 삶이 전적으로 소멸하기를! 내가 어느 누구에게도 존재의
지루함과 수치를 전달하지 않기를!

구스타프 플로베르[2]

---

1   Voltaire, *Candide*, (London: Penguin Books, 1997) pp. 134-5.

2   Flaubert, Gustave, Letter to Louise Colet, II December 1852, in *The Letters of Gustave Flaubert 1830-1857*, trans. Francis Sttegmuller (London: Faber & Faber, 1979) p. 174.

출산

이때까지 나는 존재하게 되는 것이 항상 해악이며, 그것도 심각한 해악이라고 논증하였다. 이 결론에 이르는 방법은 하나만 있는 것이 아니다. 존재하게 되는 것이 항상 해악이라는 2장의 논증을 거부하는 이들이라도 우리의 삶이 실제로는 매우 나쁘다는 3장의 논증에는 설득될 수도 있다. 모든 삶이 매우 나쁘다는 점은 거부하는 이들이라도 3장의 논의에서 적어도 압도적인 대다수의 삶은 매우 나쁘다는 결론은 받아들여야 한다. 이 결론은 확실히 아이를 갖는 문제와 관련이 있다(아이를 갖는 것으로 내가 의미하는 바는 아이를 기르는 것이 아니라 아이를 낳는 것을 의미한다).

출산할 의무는 없음

몇몇 사람들은 출산할 의무가 있다고 믿는다. 이들이 있다고 주장하는 그 의무의 (1) 범위와 (2) 정당화를 이해하는 몇 가지 방식이 있다.

(1) 범위: 출산할 의무는 (a) 어떤 수(some)의 아이를 가질 의무로 이해할 수도 있고, (b) 가능한 한 많은(as many) 아이를 가질 의무로 이해할 수도 있다.

(2) 정당화: 주장되는 출산 의무는 (a) 존재하게 되는 이들의 이익에 기반을 둘 수도 있고, 아니면 (b) 다른 이들의 이익(interests of others), 공리(utility), 신의 명령(divine commands) 등에 기반을 둘 수도 있다.[3]

---

3 다른 근거를 보려면 Smilansky, Saul, ˙Is There a Moral Obligation to Have

나의 논증은 존재하게 되는 이들의 이익에 출산 의무가 기반을 두고 있을 때 그 의무를 가장 강력하게 위협한다. 만일 존재하게 되는 것이 항상 심각한 해악이라면, 잠재적 사람들의 이익에 기반을 두어서는 존재케 할 의무는 있을 수 없다. 그리고 가능한 많은 사람을 존재케 할 의무는 한층 더 강력한 이유로 있을 수 없다. 이런 방식으로 정당화되는 출산할 의무가 조금이라도 그럴 법하려면, 그 의무는 그 삶이 너무 나빠서 시작할 가치가 없는 삶을 살게 될 (추가적인) 아이들이 나올 경우는 배제하도록 제한되어야만 한다. 즉 어느 누구도 잠재적 인간의 삶이 시작할 가치가 없다면 그 잠재적 인간의 이익에 기반을 두어서는 누군가를 존재케 할 의무를 (그리고 한층 더 강력한 이유로 가능한 많은 수의 인간을 존재케 할 의무를) 그럴 법하게 주장할 수는 없다는 것이다.

나의 논증이 어떤 삶도 시작할 가치가 없다는 점을 보여주기 때문에, 그 제한은 출산할 의무의 범위에서 모든 삶을 제외한다. 그렇다면 나의 논증은 출산할 아무런 의무가 없다는 점이나 설사 그런 의무가 있다고 하더라도 그것은 실제 세계에서는 결코 적용될 경우를 갖지 않는 순 이론적인 것에 불과하다는 점을 보여준다. 시작할 가치가 있는 소수의 삶이 있다고 생각하는 이들조차도 출산할 의무라는 발상은 포기해야 할 것이다. 이는 (a) 자신이 시작하게 만드는 삶이 시작할 가치가 있는 삶으로 판명될 것인지를 미리 알 수 없기 때문이기도 하고 (b) 우리의 삶이 몹시 나쁨을 감안할 때 그 오류의 대가가 너무 크기 때문이기도 하다.

나의 논증은 존재하게 되는 이들의 이익 외의 다른 고려 사항에 기

Children?', *Journal of Applied Philosophy*, 12/I (1995) pp. 41-53을 보라.

반을 두고 있는 출산 의무에는 더 간접적이기는 하나 그럼에도 불구
하고 실질적 위협을 가한다. 나의 논증은 이 의무(와 그 의무가 실제
세계에서 적용할 가능성)를 논리적으로 배제하지는 않는다. 이는 존
재하게 되는 것이 해악이고, 심지어 심각한 해악이라는 점을 인정한
다고 하더라도 그 의무를 근거 짓는 고려 사항, 이를테면 다른 이들의
이익이나 신의 명령 같은 고려 사항이 그 해악을 능가한다고 말할 수
있기 때문이다. 물론 그렇게 말할 수 있다. 그러나 만일 존재하게 되
는 해악이 내가 주장한 것처럼 가혹하다면 대단히 설득력이 없는 말
이다. 그리고 가하는 해악이 더 클수록 더 설득력이 없게 된다. 이는
앞에서 (2b)에 기반을 둔 (1b)가 (2b)에 기반을 둔 (1a)보다 더 설득
력이 없는 이유다: 존재하게 되는 이들의 이익 외의 고려 사항에 기반
을 두어서 되도록 많은 아이를 가질 의무는 존재하게 되는 이들의 이
익 외의 고려 사항에 기반을 두어서 어떤 수의 아이를 가질 의무보다
훨씬 더 설득력이 없다.

출산하지 않을 의무가 있는가?

내 논증은 아이를 갖는 것이 실제로 그르다(wrong)는 점도 보여주
는가? 즉 출산하지 않을 의무가 있는가? 아니면 출산은 의무적인 것
도 아니고 금지되는 것도 아닌 것에 그치는가? 많은 사람들은 어떤 경
우에는(sometimes) 출산하지 않을 의무가 있다는 점에 동의할 것이
다. 즉 존재하게 되는 아이가 이례적으로 나쁜 삶을 살게 될 경우 말
이다. 그러나 나의 질문은 사람들을 존재케 하지 않을 의무가 모든 가
능한 사람들에 적용되는가이다.

이에 대한 '예'라는 대답은 가장 깊이 안착되어 있고 가장 강력한
인간 욕망(drive) 중 하나, 즉 출산의 욕망에 적대적이다. 아이를 갖

는 것이 그른가 여부를 검토할 때 우리는 이 욕망에 찬성하도록 우리
를 편향시키는 그 욕망의 힘을 예리하게 자각하고 의심스러워해야만
한다. 동시에 출산의 이익에 정당한 고려를 하지 않고서 출산이 그르
다는 견해를 수용하는 것도 경솔한 일이 될 것이다.

우선 우리는 출산 이익(procreative interests)을 성교의 이익(coital
interests)과도 그리고 부모 되기 이익(parenting interests)과도 구분
해야 한다. 출산 이익은 새로운 사람들, 즉 자신의 유전적 후손을 존
재하게 하는 일의 이익이다.[4] 비출산(Non-procreation)은 출산 이익
을 좌절시키는 대가를 치른다. 모든 사람들이 그런 이익이 있는 것은
아니지만, 많은 사람들은 출산 이익이 있다.

성교 이익은 성적 결합(sexual union)의 한 종류인 성교의 이익이
다. 성교 이익의 만족은 많은 출산의 실제 이유가 된다. 사실 많은 사
람들은 그들의 부모가 자신들의 출산 이익을 만족시키려고 했기 때문
이 아니라 자신들의 성교 이익을 만족시키기 때문에 존재하게 되었
다. 다른 말로 하면 아주 많은 수의 사람들은 출산하고자 하는 부모의
결정 때문이 아니라 단순히 부모가 성교한 결과로 존재하게 된다. 그
러나 성교는 누군가를 존재케 하지 않고서도 (예로 하나만 들자면 성
공적인 피임약을 사용했을 때) 가능하기 때문에, 비출산은 성교 이익
을 (그리고 한층 더 강력한 이유로 교합을 하지 않는 성적 이익을) 좌
절시키는 대가를 치를 필요가 없다. 비출산이 요구하는 것은 한 사람
이나 두 사람 모두 어떤 (피임) 조처를 하는 것이 전부다. 그것도 오

---

4 '유전적 후손'이라는 용어는 필수적이다. 왜냐하면 예를 들어 불임 치료 의사의
출산 이익은 그가 다른 사람이 생식하는 것을 도울 경우에는 충족되지 않기 때문이다
('유전적 후손'이라는 문구는 자신의 생식세포에서 형성되는 존재에만 한정되지 않
고 자신의 복제인간도 포함한다).

직 폐경 전에만 그런 조처를 하면 된다. 그 조처를 하는 추가적인 노력의 귀찮음은 존재하게 되는 것의 해악에 비교할 수도 없이 작으며, 그래서 우리는 아이 갖기가 성교의 (목표가 아니라) 단순한 결과라고 용납할 수 없음이 분명하다.

부모 되기 이익은 아이를 기르는 이익과 (성인) 아이와 확립된 관계를 갖는 이익이다. 비록 이 이익이 자신의 유전적 후손인 아이를 기르는 것으로 충족되는 것이 보통이기는 하지만, 자신이 낳지 않은 아이를 기를 수도 있다. 그래서 부모 되기 이익의 충족이 자신의 출산 이익의 만족을 항상 필요로 하는 것은 아니다. 적어도 원하지 않고서 출산한 아이가 있는 한, 사람들은 자신의 아이를 낳지 않으면서도 아이 기르기 이익을 만족시킬 수 있다. 그러나 자기 자신의 아이를 낳는 것이 기를 아이를 얻는 가장 쉬운 방법이기는 하다. 입양은 정서적·재정적으로 상당한 비용을 수반하는 고된 과정이다. 생식력이 있어도 입양하기로 선택하는 사람들도 일부 있기는 하지만, 현재 이 과정을 감내하는 대부분의 사람들은 자기 자신의 유전적 아이를 낳을 수 없는 이들이 대부분이다. 생식력이 있건 없건 출산하지 않는 양육은 입양 과정이라는 비용을 치러야 할 수 있다. 만일 (물론 이런 일이 자발적으로 일어날 것 같지는 않은데) 비출산이 통상적인 일이 되고 원하지 않고 출산한 아이가 아무도 없다면, 비출산은 출산 이익뿐만 아니라 부모 되기의 이익도 좌절시키는 대가를 치르게 할 것이다.

아이 자신을 위해 아이를 존재케 한다는 것은 불가능하다. 왜 그런지 알기 위해서 2장의 논증이 필요하지는 않다. 비록 그 논증이 존재케 되는 사람은 그 출산 사건의 수익자가 될 수 없다는 점을 확실히 보여주기는 하지만 말이다. 물론 출산하는 사람들 중 일부가 그들이 아이를 위해서 아이를 갖는다고 생각하는 일이 없다는 것은 아니다. 그런 사람들이 뭐라고 생각하건 그들이 아이를 갖는 것은 실제로 그 아이를 위해서가 될 수 없다는 점만 지적하는 것뿐이다. 만일 아이를 갖는 그들의 이유가 그 아이에게 이익을 주는 것이라면, 그들은 잘못 판단한 것이다.

사람들은 다른 이유로 아이를 가질 수 있다. 아이를 갖기로 의식적으로 결정하는 경우조차 대부분의 사람들은 자신의 출산 이익 및 관련된 이익을 얻기 위해서 그 결정을 한다고 나는 생각한다. 몇몇 사람들에게는 물론 그 결정은 부분적으로는 다른 사람들에게 이익을 주는 일이 될 수 있다. 이 다른 사람들은 출산하는 이들의 (조부모가 되고 싶어 하는) 부모, (살아남기 위해 새 사람들을 필요로 하는) 부족이나 국가, (잘 기능하기 위해서 적정한 인구가 필요한) 주를 포함할 수 있다. 그러나 그런 경우에도 이 다른 이익에 기여하는 것은 출산자의 이익에 기여하는 일과 보통 일치한다. 자신의 부모에게 손자를 안겨 주면 손자가 없다는 불평을 잠재운다. 부족, 국가, 주를 위해 아이를 갖는 것은 얼마간의 지위를 가져다준다. 그런데 바로 이러한 출산 이익 및 관련된 이익이 대부분의 의도적인 아이 갖기의 이유를 차지한다고 나는 생각한다. 부모는 아이를 낳고자 하는 생물학적인 욕구를 만족시키며 그들의 아이를 양육하고 기르는 데서 충족감을 느낀다. 이 아이들이 성인이 되면 그들은 친구가 된다. 그들은 손자도 낳는다. 그리고 그들은 또한 노령의 자신을 보살펴 줄 나이 들었을 때의 보험이 되기도 한다. 자손은 부모에게 어떤 형태의 불멸성을 제공한다. 부모가 아이들에게 넘겨주며 부모가 죽고 난 후에도 그들의 자녀와 손자에서 살아남게 될 그들의 유전자, 가치, 그리고 사상을 통해서 말이다. 이것들 중 일부는 사람들이 아이 갖기를 원할 좋은 이유다. 그러나 그것들 중 어느 것도 아이 갖는 것이 왜 그르지 않은지를 보여주지 않는다. 이 좋음들이 자신의 아이를 낳지 않고서도 얻어질 수 있다면, 아이 갖기를 옹호하는 논거로 쓰일 수 없다. 그러나 적어도 이 좋음 중 일부는―가장 분명하게는 출산 이익은―아이를 갖지 않고서는 확보될 수 없다. 그런데 출산이 출산하는 이의 이익이 된다는 사실은 그것이 그르다는 점을 보여주기에 충분하지 않다. 자신의 이익을 챙기는 것이 항상 나쁜 것은 아니다. 그러나 그렇게 하는 것이 다른 사람들에게 중대한 해악을 가한다면, 그것은 보통 정당화되지 않는다.

그렇다면 설사 존재하게 되는 것이 항상 해악이라는 내 견해를 받아들인다 해도 아이 갖기를 옹호하는 한 방법은 그 해악이 크다는 점을 부인하는 것이라고 할 수 있다. 즉 3장의 결론을 거부하는 것이다. 그 경우 그 해악은 부모와 다른 이들에게 가는 이익으로 능가된다고 논할 수 있을 것이다. 그러나 만일 존재하게 되는 것이 거대한 해악(great harm)이라는 점에 동의하면 어떻게 되는가? 아이 갖기를 옹호하기 위해 말할 수 있는 게 뭐라도 있는가?

아이 갖기의 허용 가능성을 옹호하면서 삶이 상대적으로 잘 진행된 대부분의 이들은 그들이 존재하게 된 일을 해악으로 여기지 않는다는 점이 도덕적으로 중요하다는 주장을 제기할 수 있겠다. 그 사람들은 존재하게 된 것을 후회하지 않는다. 나의 논증은 이 견해가 합리적인 수준에 못 미친다는 점은 보여줄 수 있으나, 그러한 판단의 도덕적 중요성을 없애지는 못한다고 하는 것이다. (상대적으로) 편안한 삶을 사는 대부분의 사람들이 존재하게 되어서 행복해하기 때문에, 그러한 삶을 살게 될 사람의 잠재적 부모는 만일 그들이 아이를 갖게 된다고 하더라도 그 아이들 역시 이런 방식으로 느끼게 되리라고 추정하는

것을 정당화할 수 있다는 것이다. 사람들이 존재하기 전에 그들에게
동의를 얻는 것이 불가능하다는 점을 고려하면, 이 추정은 아이를 갖
는 것을 찬성하는 정당화에서 핵심 역할을 할지도 모른다. 우리가 존
재케 하는 이들이 우리가 그들을 존재케 했다는 것을 개의치 않을 것
을 추정할 수 있는 경우에는 우리의 출산 이익을 비롯한 이익들을 충
족할 자격이 있다고 그 논증은 이어질 수도 있겠다. 이 이익들이 상대
적으로 좋은 삶을 사는 아이를 갖는 일로도 충족될 수 있고 상대적으
로 나쁜 삶을 사는 아이를 갖는 일로도 충족될 수 있는 경우에는 설사
그 아이도 자신의 존재를 후회하지 않을 경우라도 후자의 아이를 존
재케 한다면 그른 일이 될 것이라고 한다. 이는 부모가 될 사람들은
그들의 출산 이익을 만족시키려고 한다면, 가능한 한 적은 비용으로
그렇게 해야 하기 때문이라고 한다. 그들이 존재케 하는 삶이 덜 나쁠
수록 비용은 더 적다. 일부 비용(이를테면 후손이 최소한의 품위 있는
삶에도 미치지 못하는 삶을 살게 되는 경우에서처럼)은 너무 커서 그
비용은 항상 부모의 이익을 압도하게 될 것이라고 한다.

후손들이 그들의 존재를 후회하는 경우는 대단히 비극적이지만, 부
모가 이를 예측하지 못한 것이 합당한 축에 속했다면, 우리는 그들이
아이 갖기의 중요한 이익을 따른 것을 두고 그릇된 일을 했다고 탓할
수는 없다고 그 논증은 주장할 것이다.

이 논증에 따르면 만일 다수 또는 상당한 규모의 소수라도 존재하
게 된 것을 후회한다면 사태는 매우 다를 것이다. 그러한 여건에서는
아이 갖기에 대한 앞의 정당화는 확실히 실패할 운명에 처하게 된다.
그러나 대부분의 사람들이 그들이 존재하게 된 것을 후회하지 않는다
는 점을 고려할 경우에는 이 논증은 성공하는가? 사실 그 논증은 문
제가 많다(그것도 시나 시프린이 제기하고 내가 2장에서 언급한 이유

때문만도 아니고 다른 이유로도 말이다). 그 형태의 논증은 다른 맥락에서는 널리 비판받았다. 왜냐하면 그것은 사람들의 삶에 (세뇌같이) 그 간섭 이후에는 간섭한 것을 지지하게 할, 해로운 간섭을 하는 일을 배제하지 못하기 때문이다. 세뇌당해서 좋다는 견해를 지지하게 되는 것은―간섭이 지지받게 되는 경우에는―한 형태의 적응적 선호를 갖는 것이다. 그러나 우리가 또한 의심을 보내는 다른 종류의 적응적 선호도 있다. 욕구되었으나 얻는 것이 불가능하다고 입증된 좋음은 욕구되기를 멈출 수 있다.('신포도'). 그 역 역시 참이다. 사람들이 (레몬만 먹도록 강제당하는 것과 같은) 불운한 여건에 처한 것을 발견하고는 그러한 곤경에 그들의 선호를 적응시키는 것[5]은 드문 일이 아니다.('단 레몬') 만일 존재케 되는 것이 내가 주장한 것만큼 거대한 해악이라면, 그리고 그것이 감내하기 힘든 무거운 심리적 부담이라면, 사태가 우리에게 얼마나 멋지게 굴러 가는가에 대하여 대규모 자기기만에 참여하고 있다는 것도 꽤나 가능한 일이다. 만일 그렇다면 방금 개괄한 출산 논증에 의해 주장되는 것과는 반대로 대부분의 사람들이 그들이 존재케 된 것을 후회하지 않는다는 점은 중요하지 않다. 노예제의 해로움을 보이는 강력한 논증이 있다면, 노예들이 노예제를 지지한다는 것을 그들의 노예 상태에 대한 정당화로 여기지는 않을 것이다. 특히 우리가 어떤 합리적으로 의문스러운 심리적 현상이 그 노예들의 만족을 설명한다는 점을 지적할 수 있다면 말이다.[6] 만일 그렇다면 그리고 존재하게 되는 것이 내가 논증한 것만큼 거대

5　항상 그런 것은 아니지만 흔히 그 현상은 체면치레를 하는 하나의 방법으로 시작되지만, 결국에는 내면화되어 버린다.

6　그들을 납치한 이들과 동일시를 하는 경우가 자주 있는 납치 피해자의 경우에도 꼭 그와 같은 현상이 있다.

한 해악이라면, 우리는 존재하게 되는 것에 사람들이 널리 만족한다
는 사실을, 아이 갖기의 정당화로 사용하지 않아야 한다.

　이런 결론에 대하여 출산하지 않을 의무는 지나치게 부담이 큰 요
구라는 반론이 있을 수 있다. 나는 출산을 포기하는 것이 부담이라는
점을 부인하지 않는다. 그것은 사람들의 본성을 고려할 때 많은 것을
요구하는 것이 맞다. 그러나 지나치게 많은 것을 요구하는가? 나는
많은 사람들이, 어떤 경우에는 출산하지 않을 의무가 있다는 점에 동
의한다고 말했다. 즉 후손이 끔찍하게 괴로워하게 될 사안들에서는
동의하는 것이다. 그러한 사안에서 많은 사람들은 아이를 갖는 것이
그른 일이 될 것이라는 점을 인정한다. 그러나 그러한 사안에서 자손
을 낳지 않아야만 하는 이들에게 가는 부담이, 아이 갖기를 단념해야
하는 잠재적 인간 번식자가 직면하는 어떤 부담보다도 가볍지 않다는
점을 주목해야 한다. 만일 그 부담이 전자에게 지나치게 큰 부담이 아
니라면, 그건 후자에게도 지나치게 큰 부담은 아니다. 그 두 사안의
차이는 후손의 삶의 질에 놓여 있다고 생각된다. 즉 비출산은 아이의
삶의 질이 받아들일 수 없을 정도로 낮을 때에는 요구되지만, 그 후손
이 '통상적인'(normal) 삶을 살게 될 경우에는 그러한 요구를 할 수
없다는 것이다. 그러나 이것은 비출산의 부담의 양에 관한 논증은 아
니라는 점을 주목하라. 그것은 그렇기보다는 부담이 언제 가해질 수
있는가에 관한 논증이다. 나는 세상에 나오는 아이들이 매우 형편없
는 질의 삶을 살게 될 경우에만 비출산이 요구된다고 흔쾌히 인정할
수 있다. 이는 내가 모든 삶이 바로 이 범주에 속한다고 논증했기 때
문이다. 소수의 삶은 이 범주에 속하지 않는다고 생각하는 이들은 비
출산이 지나치게 많은 부담을 주는 것이라는 반론을 옹호하기에 (그
리) 많이 더 나은 입장에 있는 것이 아니다. 이는 그들은 확실히 누군

가를 존재케 할지 여부를 숙고하고 있을 때에는 그 삶이 매우 형편없
는 질이 아닌 소수의 삶에 속하게 될지를 알 수 없다는 사실에 의해
마음이 움직일 수밖에 없기 때문이다. 그렇다면 존재하게 되는 것이
거대한 해악이라는 점을 받아들이면서 후손이 거대한 해악을 겪을
경우에는 출산하지 않을 의무가 있다는 점에 동의하는 이들은 출산
하지 않을 의무가 지나치게 부담이 가는 것이 아니라는 점도 받아들
여야만 한다.

그러나 내가 이 점에 관하여 잘못 생각하고 있다고 해도, 그리고 아
이를 갖는 것이 비도덕적인 일이 아니라 해도 2장과 3장의 논의는 적
어도 아이를 갖지 않는 것이 선호할 만하다는 점을 보여준다. 비록 우
리의 잠재적 후손이 존재하게 된 것을 후회하지 않을 수는 있지만, 그
들은 확실히 존재하게 되지 않은 것을 후회하지는 않을 것이다. 존재
하게 되는 것이 그들의 이익이 아님은 실제로 아주 분명하기 때문에
도덕적으로 바람직한 행위 경로는 그들이 존재하게 되지 않도록 하는
것이다.

출산의 자유

만일 출산하지 않는 것이 그저 선호할 만한 것에 그친다면, 출산 권리
는 여전히 있을 수 있다. 최적이 아닌 것을 할 자격, 즉 권리를 가질
수 있다는 것이다.[7] 그러나 만일 출산하지 않을 의무가 있다면, 출산

---

7   최대화하는 사람은 '허용되는 것'과 '명해지는 것', 그리고 '의무 이상의 것' 사
이의 구분을 붕괴시키며, 최적 이하의 것을 할 자격이 있는 경우가 없다고 한다. 그래
서 최적 이하의 것을 할 자격이 있을 수 있다고 말할 때 나는 최대화 견해를 거부함으
로써 그렇게 할 수 있다는 것을 의미한다.

할 권리는 있을 수 없는 것으로 보인다. 하지 않을 의무를 지는 일을 할 자격을 가질 수 없다. 그래서 아이를 낳지 않을 의무가 있다는 논증은 출산의 자유에 흔히 부여된 권리를 위협하는 것처럼 보인다.[8] 정말로 그러한가?

주장되는 권리를 이해하기

나는 출산 자유권(a right to procreative freedom)을 아이를 낳을지 낳지 않을지 선택할 권리로 이해할 것이다. 이 권리의 한 측면—즉 아이를 낳지 않을 권리라는 측면—은 명백히 출산하지 않을 의무와 충돌하지 않는다. 만일 출산 자유권을 오직 이 측면만을 포함하는 것으로 이해한다면, 권리 전체가 아이를 갖지 않을 의무와 충돌하지 않을 것이다. 충돌은 오직 그 권리가 아이를 가질 권리와 갖지 않을 권리 양자를 모두 포함할 때만 제기된다.

이에 더해 나는 출산 자유권을 소극적 권리로 이해할 것이다. 즉 (의사가 합치된 파트너와) 출산하는 것이나 하지 않는 것을 방해받지 않을 권리로 이해할 것이다. 즉 나는 그것을 아이를 갖는 일이나 피하는 일에 도움을 받을 적극적 권리로 이해하지 않을 것이다. 보조생식술(assisted reproduction)의 문제는 이 장 이후 부분에서 다룰 것이다.

---

8 UN 세계인권선언(1948) 제16조는 "성년 남녀는 … 혼인하며 가정을 만들 권리를 가진다"고 한다. '가정을 만들'(found a family) 권리는 또한 시민적 정치적 권리에 관한 국제규약(제23조)과 유럽인권협약(제12조)에도 규정되어 있다. 문자 그대로 취하자면 '가정을 만들 권리'는 뜻이 모호하지 않게 출산할 권리를 의미하는 것은 아니다. 왜냐하면 입양으로 가정을 만드는 것도 가능하기 때문이다. 그러나 그것은 출산으로 가정을 만드는 것을 포함하는 권리로 의도되었고 또 그렇게 이해됨은 분명하다.

출산하지 않을 의무와 주장된 출산 권리 사이의 충돌은 (내가 그러
듯이 출산하지 않을 의무가 도덕적 의무라고 본다면) 문제의 권리가
도덕적 권리일 때 가장 극명하고 피할 수 없다. 만일 아이 갖기가 도
덕적으로 그르다면, 아이를 갖지 않을 도덕적 의무가 있는 것이고,
그렇다면 아이를 가질 도덕적 권리는 있을 수 없다. 그러나 이것은
아이를 가질 법적 권리가 있어야 하는가의 질문은 열린 채로 남겨
둔다. 아이 갖기는 도덕적으로 그를 수 있다. 그러나 그렇다고 하더
라도 그릇된 일을 할 법적 권리가 있어야만 하는 경우에 해당할 수
있다. 법적 권리(a legal right)의 다른 것과 구별되는 특성(distinctive
features)은 그릇된 일이 될 수도 있거나 여겨지기도 하는 일을 할 자
유를 허용한다는 점이다. 예를 들어 표현의 자유에 대한 법적 권리
는 모든 이들이 훌륭하고 현명하다고 여기는 표현을 보호하기 위해
존재하는 것이 아니라 적어도 일부 사람들은 사악하고 멍청하다고
여기는 표현을 보호하기 위해 존재하는 것이다. 개인적으로 그릇되
다고 생각하는 것을 말하고 할 법적 권리를 갖는 것이 마땅하다고
생각할 수 있는 것이다. 그러나 이 사실은 그 자체로는 출산의 자유
에 대한 법적 권리가 있어야만 한다는 점을 보여주기에는 충분하지
않다. 수행할 권리가 없어야만 하는 많은 그릇된 일들도 있기 때문
이다. 예를 들어 살인하거나 절도하거나 폭행할 법적 권리는 없어야
만 한다. 그렇다면 질문은 사람을 존재케 하는 일이 법적으로 보호
되어야만 하는 종류의 잘못인지 여부다. 이것이 내가 지금 살펴볼
질문이다.

자율성에 출산 권리를 근거 짓기

명백히 아이를 낳을 권리는 아이를 낳지 않을 권리에서 도출될 수

없다. 아이를 낳을 권리를 갖지 않고서도 아이를 낳지 않을 권리를 가질 수 있다. 그러나 주장된 권리는 낳지 않을 권리도 근거 짓는 고려 사항에 부분적으로 기반을 두고 있다. 예를 들어 자율성이 출산 선택에 대한 간섭을 반대하는 추정을 확립한다고 논할 수 있다. 이 논증은 출산 결정이 그토록 많은 사람들에게 얼마나 중요한가를 주목함으로써 보강할 수 있다. 출산하느냐 하지 않느냐는 그 사람의 삶의 성격과 질에 심대한 충격을 갖는다(비록 임신을 제쳐두면 자신이 낳은 아이를 입양을 보내어 포기하는 경우나 또는 자신이 낳지 않은 아이를 입양하는 경우에는 꼭 그런 충격을 갖지는 않지만 말이다). 그 결정은 자아감(sense of self)에도 영향을 미칠 수 있다(예를 들어 일부 사람들은 자신의 유전적 후손인 아이를 낳을 수 없다면 무능하다고 느낀다). 아이를 낳는 일은 일부 사람들의 삶에는 의미를 줄 수 있으며, 아니면 종교적 중요성을 가질 수도 있다.

이 고려 사항들이 아이를 가질 법적 권리를 정당화해 주기에 충분하다고 널리 생각된다. 그러나 아이를 가질 법적 권리가 있어야만 한다고 생각하지만 또한 존재하게 되는 것이 항상 해악이라는 결론을 받아들이는 이들은 다음과 같은 난점에 빠지게 된다. 아이를 가질 법적 권리는 절대적인 자격은 아니고 아이 갖기를 찬성하는 매우 강한 추정이다. 추정의 본질은 복멸될 수도 있다는 것이다. 그래서 출산 자유권의 한 옹호자는 "쟁점이 되는 출산 활동을 제한하려는 이는 제한을 정당화하는 다대한 해악을 그 활동이 창출한다는 점을 보일 입증 책임을 지고 있다"고 한다.[9]

이 점은 그리 논란의 여지가 많지는 않다. 그러나 존재하게 되는 것이 항상 거대한 해악이라고 생각한다면, 출산할 권리를 찬성하는 추정은 항상 복멸된다. 그러나 항상 복멸되는 권리는 실제로는 권리가

아니다. 그것은 여전히 원리상으로는 권리—그것이 항상 복멸된다고
해도 복멸되어야 하는 대상인 추정—라고 논할 수는 있겠으나 그러
한 권리는 법에서 명시하기에 적합한 권리가 아니다. 사람들이 아이
를 가질 법적 권리를 가져야만 한다고 성공적으로 논증하려면, 아이
갖기를 선택할 추정이 원리상으로 있는 것에 그치지 않고 실제로도
있음에 틀림없다는 입증을 해야 함이 분명하다. 그렇다면 문제는 아
이를 가질 복멸될 수 있는 법적 권리는 복멸 조건이 항상 성립된다면
법적 권리의 그럴 법한 후보가 아니라는 것이다.

무용성에 출산 권리를 근거 짓기

존재하게 되는 것이 항상 해악이라는 점을 부인하지 않고서도 출산
의 자유에 대한 법적 권리가 옹호될 수 있는 한 가지 방식은 다음과
같이 논하는 것이다. 만일 출산의 자유에 대한 권리가 존재하게 될 사
람들에게 가할 해악을 방지하기 위해 주어지지 않는다면, 국가는 단
순히 사람들이 출산 선택을 할 권리를 가지지 않고서 출산 선택을 행
사하도록 내버려 두거나, 아니면 적극적으로 출산을 금지할 수 있을
것이다. 첫 번째 선택지는 무용하다. 만일 아이를 가질 자격을 주지
않는 목적이 사람들을 존재케 하는 해악을 방지하기 위한 것이라면,
왜 아이를 가질 자격을 주지 않고 나서 사람들이 아이를 갖는 것을 허
용하는가? 권리를 주지 않는 것은 그러므로 아이를 갖는 것의 금지와
연결될 수밖에 없을 것이다.[10] 그러나 출산의 자유에 대한 법적 권리

---

9   Robertson, John, *Children of Choice* (Princeton : Princeton University Press,
1994) p. 24.
10   이러한 금지가 적어도 그 국경 내에 있는 모든 사람들에게 적용되는 것으로는
어떠한 국가에 의해서도 결코 진지하게 고려되지 않을 것이라는 점은 논의에 영향을

를 옹호하는 논증은 다음과 같이 진행될 것이다. 출산 금지는 간단히 말해 작동하지 않을 것이다. 사람들은 법을 위반하는 방법들을 찾아낼 것이다. 부분적으로 이따금이라도 법을 집행하기 위해서는 국가는 아주 침입적인 경찰 행정을 실시해야 하며 그리하여 사생활 침해가 따라 나올 것이다. 성교 그 자체가 금지되어서는 안 되고 효과적으로 금지할 수도 없다는 설득력 있는 가정 하에서 국가는 한편으로는 고의로 또는 과실로 임신한 자와 단지 사고로 우연히 임신한 자를 구분할 수 있어야만 한다. 어느 경우에나 국가는 낙태를 명해야만 할 것이다. 낙태하지 않으려는 사람의 경우에 이러한 명령은 사람을 신체적으로 제약하고서 그들에게 원하지 않은 낙태를 강제로 시행하는 일을 필요로 하게 될 것이다. 이것의 위협은 임신을 음성화하도록 몰고 갈 가능성이 매우 높다. 그리하여 여성들은 은밀히 임신하고 출산하게 될 것이다. 그리고 이것은 결국 임신 및 분만과 관련된 유병률과 사망률을 높이게 될 가능성이 매우 높다. 이런 종류의 도덕적 비용은 어마어마하며 그 이득에 의해 그러한 비용이 능가되지 않는다는 견해를 지지할 강력한 논거가 있다. 이는 많은 출산이 아이 낳기 금지에 의해 방지되지 않으리라는 점을 고려한다면, 그 정책의 온전한 이득이 얻어질 가능성이 별로 없다는 점을 고려하면 특히 그렇다. 그 논거는 최대화를 추구하지 않는 비결과주의적 견해(non-

---

미치지 않는다(예를 들어 흑인, 유대인, '정박아', 그리고 하층 계급과 같은 인구의 탐탁지 않은 하위집단의 생식을 제한하고, 막거나 금지하려고 한 국가들은 명백히 있었다). 어떠한 국가도 그 모든 국민의 출산 금지를 고려해 보지 않을 것이라고 해서 출산 금지가 물을 가치가 없는 질문이 되는 것은 아니다. 왜 출산이 국가에서 보편적으로는 결코 금지되지 않을 것인가에 대한 모든 종류의 심리학적·사회학적·정치적 설명이 있을 수 있다. 그렇다고 해서 이 입장이 철학적으로 건전하다는 결론이 따라 나오지는 않는다.

maximizing non-consequentialist view) — 권리에 가장 친화적인 종류의 견해 — 에 따르자면 가장 강력할 것이나, 또한 그것은 이득과 해악이 각 시나리오 하에서 얼마나 산출되느냐에 따라 최대화를 추구하는 결과주의 견해에서도 마찬가지로 참이 될 수도 있을 것이다.

의견 불일치에 출산 권리를 근거 짓기

우리의 세계에서 이 논증은 출산의 자유에 대한 법적 권리, 그리고 아이를 낳을 국민의 권리를 정당화하기에 충분할 것으로 보인다. 그러나 고려되고 대처되어야 할 하나의 반론이 더 있다. 출산하지 않음이 앞에서 묘사한 사생활 침해와 신체 침범 없이도 (설사 보편적으로는 아닐지라도) 널리 확보되는 사회를 상상할 수 있는 것은 분명하다. 이것은 만일 안전하고 아주 효과적인 피임 물질을 — 예를 들어 식수에 섞거나 공기에 살포하여 — 구성원들이 알지도 못하거나 개별 사람들의 동의를 받지 않고 널리 처방할 수 있다면 그럴 것이다. 이런 일을 수행한 국가는 오웰주의적인 감시나 강제 단종 수술과 낙태 등의 두려운 이미지는 피할 수 있을 것이다. 물론 이것은 여전히 개인의 자율성을 침해할 것이나 자율성만으로는 우리가 이미 살펴본 바와 같이 아이를 낳을 법적 권리를 찬성하는 충분한 논거가 되지 않는다.

출산을 그와 같이 비침입적이고 점잖은 방식으로 방지할 수 있는 사회에서 출산의 자유에 대한 권리를 옹호하여 이야기할 수 있는 것이 있는가? 내가 생각하기에 가장 강력한 논증은 비록 심각한 난점이 없는 것은 아니지만, 다음과 같을 것이다. 존재하게 되는 것이 항상 해악이라는 견해는 크게 다툼이 있는 것이다. 그럼에도 불구하고 설사 이 견해가 타당하다고 해도, 그것이 그토록 적은 지지만을 받는다는 사실 하나만으로도, 보통의 사람들이 이 견해에 동의하지 않을 수 있다는 점을 보여준다. 그리고 어떤 행위가 (정당화될 수 없게) 해로운가에 관하여 그러한 의견 불일치가 존재할 때에는 국가는 사람들에게 그러한 행위를 할지 말지 선택할 권리를 인정해야 한다. 이 논증은 유명한 해악 원리(harm principle)에 단서(qualification)를 단 것이다. 단서를 달지 않은 해악 원리에 따르면 국가는 동의하지 않은 당사자에게 해를 입히는 활동만을 금지할 수 있다. 이에 붙은 단서는 보통의 사람들이 어떤 행위가 해로운지 아닌지 여부에 관하여 의견 불일치가 있는 경우는 그 원리의 범위에 속하지 않는다고 진술하는 것이다.

이 견해를 뒷받침하는 것처럼 보이는 몇몇 사안이 있다. 일부 사람들은 낙태가 그러한 사안이라고 생각할 수도 있다. 친생명주의자들은 낙태가 태아에게 정당화할 수 없게 해를 가하며, 따라서 해악 원리에 의하면 금지되어야 한다고 믿는다고 이야기할 수 있다. 그러나 전부는 아닐지라도 일부 친선택주의자는 태아가 도덕적으로 고려되어야 할 존재인지 여부는 매우 다투어지는 쟁점이라고 지적할 수 있다. 이 점을 고려했을 때 설사 낙태가 도덕적으로 그르다는 것이 참이라 할지라도 그들은 낙태를 할 법적 권리가 있어야 한다고 논할 수 있다.

그러나 해악 원리에 제안된 단서를 붙이는 것에 심각한 의문을 가져오는 다른 사안도 있다. 예를 들어 노예 소유 사회에서 노예제가 문제 되는 경우를 생각해 보라. 또는 노예가 노예 되기에 적합하게 타고났다는 견해로 노예제가 옹호되는 종류의 노예 소유 사회를 생각해 보라. 그러한 사회에서 우리는 노예제가 노예에게 해를 가하지 않는다고 믿는 아주 많은 수의 사람들을 발견한다. 실제로 그들은 노예제가 노예에게 이득을 준다고까지 믿는다. 그들은 노예제가 노예에게 해롭다는 몇몇 노예폐지론자의 논증에 귀를 기울이고 나서는 그들의 주장은 매우 다투어지는 것이며, 그리하여 해악 원리가 적용되지 않아야 한다고 응수할 수도 있다. 비록 그러한 결론이 노예제의 옹호자들에 의해서는 기꺼이 받아들여지겠지만 그 사회의 노예제 폐지론자들도, 그리고 노예제로부터 시간적으로나 지리상으로나 떨어져 있다는 이득을 보고 있는 우리들도 그러한 논증을 인상 깊게 여기지 않을 것이다. 노예제의 해로움이 다투어지고 있을 때라도 노예를 소유할 법적 권리는 없어야 함이 분명하지 않은가? 이는 어떤 활동의 지위가 해롭다는 점이 다투어지고 있다는 사실만으로는 해악 원리를 적용할 수 없다거나 사람들이 그 활동을 할 법적 권리를 가져야만 한다는 점을 보이지 못한다.

합당한 의견 불일치에 출산 권리를 근거 짓기

만일 해악 원리의 적용에 단서를 붙이는 논증이 성공하려면 그것은 어떤 활동의 해로운 것으로서의 지위가 합당하게 다투어지는지 아니면 그저 다투어지는 것에 불과한지를 구분해야만 한다. 보통 사람들 사이에 의견 불일치가 있다는 단순한 사실은 해악 원리를 제한하기에 이제 충분하지 않다. 그 의견 불일치가 합당하다는 점을 보여야만 한다. 그러나 합당한 의견 불일치의 표지가 무엇인가? 그 표지는 많은 사람들이 상이한 견해를 견지한다는 사실로 환원할 수 없다. 왜냐하면 어떤 행위가 그 행위를 할 권리를 주지 않기에 충분할 정도로 해로운가를 다수의 사람들조차도 잘못 결정할 수 있다는 점을 우리는 이미 살펴보았기 때문이다. 합당한 의견 불일치는 그러므로 보통 사람들 사이의 의견 불일치가 아니다. 즉 유명한 어구인 '보통 사람'(Clapham omnibus)으로 표현되는 사람이 아니다. 의견 불일치가 합당하기 위해서는 그 사안에 관한 한 견해의 이유가 충돌하는 견해의 이유보다 충분히 강하지 않아서 충돌하는 견해 중 어느 하나를 받아들이는 일이 (그저 여기기에 그런 것이 아니라) 실제로 비합당한 (unreasonable) 경우가 아니어야 한다. 그런데 이 규준을 도입하면 문제는 실제로 비합당한 의견 불일치와 오직 비합당하다고 여겨질 뿐인 의견 불일치를 구별하는 것이다.

그게 왜 문제가 되는지를 이해하기 위해서 다음과 같은 점을 살펴보자. 나는 노예 재산제에 관해서는 합당한 의견 불일치가 있을 수 없다고 생각하지만, 그런 제도가 있고 시행되는 사회의 많은 사람들은 동의하지 않는다. 나는 그들이 노예제에 지나치게 가까이 있기 때문에 그것의 해로움에 대한 그들의 판단이 흐려졌다고 생각하고 싶다. 물론 사회 규범의 근접성이 항상 사람들의 눈을 멀게 하는 것은 아니다. 노예제가 있는 사회, 그리고 노예제가 있었던 사회에서 많은 이들이 의견을 달리하고 달리했다. 그러나 남아프리카 공화국의 아파르트헤이트 체제에서 태어나고 자랐지만 그 체제의 직접 희생자는 아니었던 사람 가운데 (충분한 수는 아닐지라도) 많은 수는 아파르트헤이트의 인종차별주의의 그름에 관하여 합당한 의견 불일치가 있을 수 있다고 생각하지 않았다. 우리는 우리의 적들, 아파르트헤이트의 옹호자들을 명백히 비합당한 것으로 여겼다. 비록 그들은 자기들이 비합당한 줄 모르고 있었지만 말이다. 다음으로, 현재 더 논쟁적인 사안을 살펴보라. 나는 인간의 소비를 위하여 길러지고 죽임을 당하는 동물 수십억 마리에 가하는 잔인한 대우가 그르다는 점에 관한 합당한 의견 불일치가 있을 수 있다고 생각하지 않는다. 나는 그것이 잘못이 아니라고 하는 반대의 철학적 논증을 주의 깊게 살펴보았으며 그 논증은 모두 인종차별주의에 대한 가망 없는 옹호가 갖는 속성이 있었다. 우리는 의견 불일치가 합당한지 여부에 관하여 상이하게 인식하고 있다. 그렇다면 우리가 실제로 의견 불일치가 합당한지를 어떻게 결정한단 말인가?

앞의 논의는 나와 무엇에 관해서라도 의견을 달리하는 사람들을 모두 비합당하다고 여긴다는 이야기는 아니었다. 가장 관련 있는 사례를 들자면 나의 모든 논증에도 불구하고 존재하게 되는 것이 항상 심각한 해악이 아니라고 하는 사람들이 비합당하다고는 말할 수 없다. 나는 정말 그들이 틀렸다고는 생각한다. 그러나 나의 입장이 최선의 반론에 견주어 적정하게 심사되기 전에는 내 주장이 합당한 사람들이 의견을 달리할 수 있는 주장인지, 아니면 의견을 달리하는 (또는 같은 이치로 같이하는) 것을 비합당하게 만드는 그런 주장인지를 평가할 수 없다.

나는 출산의 자유에 대한 법적 권리가 그 대안이 사생활을 침해하고 신체에 침범하는 끔찍한 상태를 포함하게 되는 우리의 실제 세계에서는 정당화가 잘 된다는 점을 보였다. 나의 자유주의적인 본능은 모든 (또는 거의 모든) 출산이 비자발적이고 눈치챌 수 없는 피임약에 의해 그러한 비용을 치르지 않고서 방지할 수 있는 사회 사안에 의해 곤란에 빠진다.[11] 그러한 경우에 출산의 자유권에 대한 최선의 옹호는 존재하게 되는 것이 심각한 해악인지 여부에 관해 합당한 의견 불일치가 있을 수 있다는 주장이다. 만일 존재하게 되는 것이 항상 심각한 해악이라는 견해에 관한 합당한 의견 불일치가 있을 수 없음이 판명된다면, 출산의 자유에 대한 법적 권리는 더욱 의문시되어야 할 것이다. 개인의 자유에 대한 국가 간섭을 의심스러워하는 이들은 이

---

11   또한 나는 사람들이 괴로움을 야기하도록 내버려두는 것이 그르다는 강한 직감을 갖는다. 이 직감은 서로 반대방향으로 잡아끈다.

점 때문에 혼란을 겪을 것이다. 이 경우 유일한 위로는 자유주의적인 정부가 그러한 금지에 대하여 찬성하는 압도적인 증거 이상을 갖지 않고서는 모든 출산을 금지하러 서둘러 달려갈 가능성은 매우 낮다는 점이다. 정부 자체가 모든 출산을 금지하는 것에 반대할 유인이 심하게 많아서,[12] 개인의 자유에 대한 다른 많은 제약과는 다르게, 일반화된 금지는 시행될 가능성조차 매우 낮을 것이다. 그리고 정부가 그런 금지로 성급하게 돌진할 가능성은 더욱더 낮다. 그러한 입장의 합당성이 (진짜 그런 일이 벌어진다면) 소멸되고 난 한참 뒤까지도 사람들이 출산 자유권을 보유할 가능성이 훨씬 더 크다. 출산에 대한 법적 권리를 포기하는 일의 지연은 유감스러운 일일 수는 있겠으나 그러한 권리를 성급하게 포기하는 대안보다는 덜 유감스럽다.

　그렇다면 출산의 자유에 대한 법적 권리를 인정할 강한 논거가 있는 셈이다. 나는 이 논거가 바스러지는 경우를 상상할 수 있지만, 존재하게 되는 것이 해악이라는 견해를 거부하려고 하는 강한 편향에 대한 설명을 고려하면, 권리를 존중하는 국가가 출산할 법적 권리를 유보(留保)시키기 전에 그 논거는 완전한 파멸을 겪어야 할 것이다. 만일 사태가 그 정도로 명확하다면, 그러한 권리의 상실은 유감스럽지 않을 것이다. 실제로 자유주의 사회에서—자유주의적으로 남아 있는 사회에서 그 법적 권리가 상실되는 일이 일어난다고 해도—그러한 권리의 상실은 실제로 법적으로 상실되기 훨씬 전에 유감스러운 일이 되기를 그칠 것이다.

　출산의 자유에 대한 법적 권리가 적어도 당분간 옹호될 수 있다는

12　내가 앞의 주 10에서 언급했듯이 출산에 대한 이 일반화된 금지는 탐탁지 않게 여겨지는 집단의 출산에 대한 금지와는 구분되어야 한다. 그러나 후자의 금지는 평등과 같은 다른 근거에서 배제할 수 있다.

것은 그 권리가 현재의 매개변수와 비중을 여전히 유지할 것임이 틀림없다는 점을 수반하지 않는다. 이 권리가 현재 많은 관할권에서 아주 광범위하고 강하다는 사실은 흥미를 끄는 기이한 사실이다. 해악을 야기하거나 그 위험을 야기하는 일이 다른 맥락에서는 용인되지 아니할 정도까지 출산의 맥락에서는 지지가 되는 것이 보통이다. 예를 들어 (테이삭스 병이나 헌팅턴 병 같은) 심각한 유전병이나 (AIDS 같은) 그런 질환 원인의 보유자나 그 병을 앓고 있는 사람을 생각해 보라. 적어도 일부 여건에서는 (또는 헌팅턴 병의 경우에는 모든 여건에서) 이 사람의 후손은 그 병에 걸릴 확률이 매우 높다. 유전적 질환의 경우에는 25퍼센트나 50퍼센트이며, AIDS 같은 전염병의 경우에는 그 사이의 확률이다. 많은 사회가 다른 사람을 그토록 심각한 해악의 위험에 처하게 만드는 행위를 용인하지 않는 반면, 이런 종류의 위험과 해악을 부과하는 출산 행위는 상당히 관용하는 경우가 흔하다.

  내가 앞서 지적했듯이 때로는 그렇게 할 좋은 이유가 있다. 그것은 특히 적어도 사생활에 문제 되는 침해를 하지 않고서는 그 사람의 죄책(culpability)을 결정할 수 없을 때 그렇다. 자신이 그 유전적 질환 보유자라는 사실을 알았는가? HIV 양성이라는 사실을 알았는가? 합당한 피임 조처를 했는가? 이런 종류의 불확실성이 무책임한 출산에 형사 제재는 물론 비난조차도 하기 어렵게 만드는 경우가 흔히 있다. 엄격 책임(strict liability)을 기꺼이 적용하려 하지 않는다면, 민사상으로도 유사한 문제가 존재하게 될 것이다. 그러나 위험하고 해로운 출산을 관용하고 심지어 옹호하기도 하는 일은 이러한 고려를 훨씬 넘어서 확장된다. 사생활 침해 없이도 비난받을 만한 해로운 출산을 금지, 방지하고 저지하고 때때로 억제하는 일은 그른 것으로 생각한다.

출산으로 야기하는 해악을 다른 방식으로 야기하는 동등한 해악과 조금이라도 달리 다뤄야 할 아무런 내재적 이유가 없기 때문에, 우리는 출산의 자유에 대한 한계를 재인식할 준비가 되어 있어야만 한다. 출산의 자유를 찬성하는 쪽으로 편향이 있음을 고려하면, 출산의 자유에 대한 권리에 의해 어떤 위험한 출산을 실행하는 일이 보호받아야 하는가를 고려할 때는 우리가 그 해악을 감수하는 것이 출산 외의 맥락에서도 허용되어야 하는가를 묻는 것이 도움이 된다. 출산 외의 맥락에서 그러한 위험을 감수하는 것이 허용되지 않아야 한다고 생각한다면, 우리는 출산의 맥락에서도 그것을 수용할 수 없다고 판단해야 한다.

그보다 더 자유를 강력하게 옹호한 이는 없을 인물인 존 스튜어트 밀도, 출산할 자유에 대한 권리에 대한 일부 제약이 있어야 한다고 논했다. 그는 그들이 부양할 수 없는 아이를 낳는 사람들에 관하여 썼지만, 그의 논증은 훨씬 더 일반적인 적용 범위를 갖는다. 그는 "극빈자가 구빈원 안에서 자기처럼 극빈자가 될 자녀를 낳는 것을 방지하는 일을 곤란하다고 볼 정도로 삶에 대한 너무도 잔혹한 견해를 지닌, 아주 격조 높은 척 가식을 떠는 많은 이들을 포함한 작가와 연설가"들의 넘쳐나는 수를 비난했다.[13] 그는 비록 국가가 궁핍한 이들을 먹여 살릴 의무가 있다고 하더라도 "그 부담을 아무런 조건 없이 지면서 번식을 자유롭게 내버려둘 수는 없다"고 하였다.[14] 그리하여 그는 그 뒤에 "공동체에 부담이 되는 아이들을 세계에 오게 하는 것에 반대하는 도

---

13 Mill, John Stuart, *Principles of Political Economy* (London: Longmans, Green & Co., 1904) p. 220.
14 Ibid.

덕적 책무를 법적 책무로 전환할 분명한 정당화"가 있다고 썼다.[15]

이것은 지극히 무책임한 출산을 사람들이 마음껏 하기를 원하는 자유주의자들이 잘 받아들이기 어려운 엄한 말이다. 이 우려는 아무런 토대가 없는 것은 아니다. 선별적 금지를 권력이 없는 사람들에게 적용하면서 권력을 가진 사람들은 같은 규준에 적용을 받지 않을 위험이 있다.[16] 그러나 대부분의 해로운 출산을 금지하지 않는 것에는 대가가 있다. 이 비용이란 명백히 그 결과로 태어난 사람에게 해악이다. 그러므로 대단히 위험한 또는 해로운 출산을 다루는 더 적합한 방식은 그렇게 하는 것이 합당한 경우에는 금지하되 그러한 금지에 이르는 숙의 과정에 끼어들 수 있는 편향을 통제하는 것이다.

장애와 불법행위로 인한 삶

비록 많은 사람들이 출산의 자유에 대한 권리를 제한하기 꺼리기는 하지만, 아이를 갖는 것이 도덕적으로 그른 경우가 때때로 있다는 점에는 광범위한 합의가 있다. 눈이 멀거나 귀가 먹거나 두 다리가 마비된 것과 같은 심각한 손상을 가질 사람을, 고의로 또는 과실로 존재케 하는 것은 그르다고 (비록 보편적으로는 아니라 하더라도) 보통 생각

---

15   Ibid. p. 229.
16   어떤 이들은 가난한 이들의 번식을 억제하려고 한 점에서 계급 차별의 죄를 범하였다고 생각한다. 그러나 그는 '상류' 계급도 피임할 것을 주장했다. 그는 젊은 시절 (부자와 빈자에게) 피임에 관한 조언을 제공하는 전단지를 배포하다가 체포된 적이 있다. 그런 전단지 배포는 19세기 초기에는 굉장히 전위적인 활동이었다. Schwartz, Pedro, *The New Political Economy of J.S. Mill* (London: Weidenfeld & Nicolson, 1972) p. 28, pp. 245-54.

한다. 심각한 장애를 지닌 삶은 흔히 시작할 가치가 없다고 생각한다. 어떤 사람들은 부모의 고의나 과실로 존재케 된 사람이 '불법행위로 인한 삶'(wrongful life)에 대한 배상의 소를 제기할 수 있어야만 한다고 주장하는 데까지 나아가기도 하였다.[17]

비동일성 문제와 장애권 반론 구별

2장의 서두에서 나는 그 존재가 그들이 지닌 심각한 손상(impairments)과 분리 불가능한 사람들이 존재케 됨으로써 해를 입을 수 있다는 견해에 대한 하나의 반론을 살펴보았다. 이 반론의 실체는 '비동일성'(non-identity) 문제다. 내가 극복할 수 있다고 논증했던 이 반론은 내가 지금 살펴볼 또 다른 반론과 구별되어야 한다. 비동일성 반론은 심각한 손상을 가진 삶이 나쁘다는 점을 부인하지 않는다. 실제로 그 반론은 그것을 가정한다. 그 문제는 비록 그러한 삶이 나쁘다고 하더라도 그 삶이 존재한 적이 없기라는 대안보다 더 못하지 않으며 따라서 그러한 삶을 시작하는 것이 해롭다고 말하는 것이 가능하지 않다고 여기기 때문에 발생한다. 내가 지금 살펴볼 반론—장애권 반론(a disability rights objection)은 이와는 다르다. 그 반론은 비동일성 문제의 가정 자체를 문제 삼는다. 그 반론은 다양한 형태를 띨 수 있다. 가장 과감한 형태의 반론은 손상이 (적어도 일부 손상이) 나쁘다는 점을 아예 부인한다. 좀 더 신중한 형태의 반론은 손상을 가진 삶을 시작할 가치가 없는 것으로 만들기에 충분할 정도로 손상이 나쁘다는 점을 부인한다. 이로부터 낙태는 물론 임신 전 유전 검사를 포

---

17   그 사안의 상황에 따라 피고는 부모가 될 수도 있고, 태아의 조건에 관하여 부모에게 고지하지 않은 의사가 될 수도 있을 것이다.

함하는 손상을 가진 사람들이 존재하게 되는 것을 막으려는 다양한
시도는 그르다는 결론이 따라 나온다고 한다. 더 구체적으로 말해서
그런 시도들은 장애를 가진 사람 및 그들의 삶의 가치에 대한 부정적
인 판단을 표현한다고 이야기한다. 나는 이제 이 장애권 반론을 설명
하고, 나의 논증이 어떻게 그 반론을 무효화하는 과정에서 그 반론을
놀랍고도 이례적인 방식으로 뒷받침하는지를 살펴보도록 하겠다.

　장애권 반론을 논의하면서 나는 심각하지만 가장 가혹하지는 않은
손상에 초점을 맞출 것이다. 장애권 반론은 테이삭스(Tay-Sachs)나
레시니한(Lesh-Nyhan)과 같은 조건에는 매우 설득력이 없을 것이
다. 이런 병은 너무도 나빠서 존재하기를 멈추는 것이 그 병을 앓는
사람에게 이익이 됨이 꽤 명확하기 때문이다. 그러한 삶을 두고 시작
할 가치가 있다고 말하는 것이나, 더 심각하게는 전혀 나쁘지 않다고
말하는 것은 모든 합당한 경계를 넘어서 믿음을 밀어붙이는 것이다.
많은 사람들이 그리 나쁘지 않다고 동의할 색맹과 같은 가장 가벼운
손상도 다루지 않겠다. 대신 나는 볼 수 없거나 들을 수 없거나 걸을
수 없는 것 같은 손상에 초점을 맞출 것이다. 이를 갖지 않은 사람들
은 이 손상을 흔히 (때때로 침묵 된) 공포와 함께 바라본다. 물론 그
손상을 갖고 있는 사람 가운데 많은 이들도 그 손상을 갖지 않기를 바
란다.[18] 그러나 존재한 적 없기와 그 손상을 갖고 존재하기 사이의 선
택에 직면하면, 그 손상을 갖고 있는 이들 대부분은 손상을 갖고 존재
하기를 원할 것이다. 이 손상 중 하나가 있는 사람들 가운데 그보다

18　손상을 지닌 모든 사람들이 이 견해를 갖는 것은 아니다. 특히 농아인 공동체의
일부는 프랑스어 사용자가 영어를 주 언어로 사용하는 이가 되는 것보다 프랑스어를
주 언어로 사용하는 이가 되는 것을 선호하는 것과 같은 방식으로, 귀가 먹은 상태를
선호한다.

더 많은 사람들이 존재하기를 멈추기보다는 손상을 갖고 계속 존재하기를 원할 것이다. 이 선호는 이런 손상을 입게 된다면 차라리 죽겠다고 말하는, 그 손상을 갖고 있지 않은 이들의 선호와 두드러진 대조를 이룬다. 손상을 갖지 않은 이들의 선호는 손상을 실제로 갖게 되면 그런 선호가 살아남지 못한다는 점을 고려하면 흥미로울 정도로 특이하다. 두 다리 마비 같은 손상을 갖기보다는 차라리 죽고 말겠다고 말하는 이들 중에서 그 뒤 바로 그 손상을 입게 된 사람 대부분은 죽음이 더 낫다고 생각하는 그들의 마음을 바꾼다. 그렇다면 심각하기는 하지만 가장 가혹한 축에 속하지는 않는 장애가 가장 다투어지는 부분이며 따라서 초점을 맞추기에 적합한 부분인 이유가 분명해졌을 것이다.

'장애의 사회적 구성' 논증

장애권 옹호자들이 개진하는 널리 오해되는 하나의 논증은 장애가 '사회적으로 구성된다'는 논증이다. 즉 사람을 장애를 가진 존재로 만드는 것은 사회 질서라는 것이다. 이 견해를 들은 사람 중 많은 이들은 지나치게 빨리 이 견해를 기각해 버린다. 그들은 그것이 명백히 거짓이라고 생각한다. 누군가 보거나 듣거나 걸을 수 없다는 것은 사회적으로 구성되는 것이 아니라 사회와는 꽤 독립된 사실이라는 것이다. 이 반응은 그 논증을 오해한다. 그 논증은 사회 질서가 사람들을 눈멀고 귀먹고 걷지 못하게 만든다는 것이 아니다. 그보다는 그 논증은 무능력(inabilities)과 장애(disabilities) 사이에는 구분을 해야 한다는 것이다.[19] 눈이 먼 사람은 볼 수 없고, 귀가 먹은 사람은 들을 수

---

19   사실 그 구분은 손상과 장애 사이에 보통 그어진다(예를 들어 Buchanan,

없으며, 양다리가 마비된 사람은 걸을 수 없다. 이 무능력들은 오직
일정한 환경 안에서만 장애가 된다. 그래서 예를 들어 건물이 휠체어
로는 접근할 수 없는 곳에서는 걸을 수 없는 사람은 그 건물에 접근하
는 일과 관련하여 장애가 있게 된다. 그러나 건물이 휠체어로 접근할
수 있는 곳에서는 두 다리가 마비된 사람에게 그러한 장애는 존재하
지 않는다. 장애권 옹호자들은 모든 사람들이 무능력한 점이 있다고
한다. 어떤 인간도 (기계의 도움을 받지 않으면) 나는 능력이 없지만,
그렇다고 이 사실이 날개 없음을 장애로 만들지는 않는다. 왜냐하면
건물들이 날개가 없어도 1층 문, 계단, 경사로, 승강기로 접근할 수
있게끔 만들어졌기 때문이다. 우리는 이 점을 생각해 보지는 않는다.
왜냐하면 날개 없음은 인간의 표준이기 때문이다. 만일 대부분의 사
람이 날개가 있고 소수만이 날개가 없다면, 날개가 없는 사람을 위한
시설이 만들어지지 않는다면, 그 소수가 장애를 갖게 될 것이다. 그
러므로 손상을 지닌 사람들이 실제로 장애인이 되는 곳에서 장애인
이 되는 이유는 그들이 어떤 무능력이 있기 때문이 아니라, 그런 무
능력이 있는 사람들을 배제하는 방식으로 사회가 구성되어 있기 때문
이다.

Allen, Brock, Dan, Daniels, Norman, and Wikler, Daniel, *From Chance to
Choice* (New York: Cambridge University Press, 2000) p. 285를 보라. 여기서 그
들은 Boorse, Christopher, ʻOn the Distinction between Disease and Illnessʼ, *Phi-
losophy and Public Affairs*, 5/1 (1975) pp. 49-68에 기댄다). 손상(impairments)은
종전형적 기능(normal species functioning)으로부터의 부정적 이탈이다. 비록 내가
때때로 ʻ손상ʼ이라고 언급하겠지만, 나는 매우 자주 ʻ무능력ʼ(inability)이라는 용어
를 대신 사용할 것이다. 왜냐하면 무능력이라는 용어가 장애권 견해를 제시하는 다소
더 강력한 방식이기 때문이다. 내가 살펴볼 바와 같이 모든 사람은 얼마간의 무능력이
있지만, 모든 사람이 방금 정의된 바대로의 손상이 있지 않기 때문에, 무능력과 장애
사이의 대조는 우리 모두가 갖는 특성과 장애인만이 가진 특성 사이에 대조가 된다.

그런데 이 논증의 중요한 부분은 눈먼 사람과 귀먹은 사람을 장애인으로 만들어 그들의 삶을 더 못하게 만드는 것은 보지 못하고 듣지 못한다는 점이 아니라는 지적이다. 그보다는 사회가 그 특정한 무능력을 수용하지 않는다는 사실이 그들을 장애인으로 만든다고 한다. 즉 눈먼 사람과 귀먹은 사람들의 삶을 더 못하게 만드는 것은 그들이 처하게 된 차별적 사회 환경이다.

'표현주의' 논증

'장애의 사회적 구성' 논증은 또 다른 장애권 논증을 뒷받침해 준다. 이 또 다른 논증은 '표현주의' 논증이라는 이름이 붙어 있다.[20] 표현주의 논증에 따르면 손상을 지닌 사람들이 존재하게 되는 것을 막는 시도는 그것이 부적절하고 상처가 되는 메시지를 표현하기 때문에 반대할 만한 것이다. 그 메시지란 손상과 분리할 수 없는 삶은 시작할 가치가 없으며 그 존재를 그런 손상과 분리할 수 없는 사람들은 더 이상 있어서는 안 된다는 것이라고 한다. 이 메시지는 예를 들어 시력이나 청력이 없거나 두 다리를 사용할 수 없는 사람들의 삶의 가치에 관한 편견을 영속화한다고 이야기한다. 장애의 사회적 구성 논증이 표현주의 논증을 뒷받침해 주는 이유를 더 잘 이해하기 위해서 인종 차별을 생각해 보라. 비록 인종은 완전한 유비는 아니기는 하지만,[21] 인종 차별과 무능력을 기반으로 한 차별에는 얼마간의 유사성이 있다. 예를 들어 흑인은 그들의 피부색 때문에 흔히 장애에 부딪힌다. 그러

---

20   Buchanan, Allen, et al, *From Chance to Choice*. 저자들은 그 논증을 받아들이지 않는다.

21   인종은 그 자체로 일반적으로는 손상이 아니기 때문이다(그러한 몇몇 경우가 있기는 하다: 예를 들어 창백한 피부는 피부암에 걸리기 더 쉽다).

나 이는 그들 피부색의 여하한 내재적인 속성 때문이 아니다. 그게 아니라 그것은 흑인에 대한 특정 사회가 부과하는 장벽(obstacles)의 결과이다. 이 장애에 대한 적합한 대응은 흑인 아기가 더 이상 태어나서는 안 된다는 주장이 아니라 그 장벽의 제거라는 점이 널리 인정되고 있다. 손상된 사람들의 장애가 사회적으로 구성되는 정도만큼 이 장애에 대한 적합한 대응은 장벽의 제거이지, 그러한 손상을 지닌 사람들이 더 이상 있어서는 안 된다는 주장이 아니라고 한다.

장애권 논증에 대응하기

이 논증들은 어떤 삶이 시작할 가치가 있는가에 관한 보통 삶의 질 평가와 판단에 만만찮은 도전을 제기한다. 나는 제시된 여러 대응을 살펴보지는 않을 것이다. 왜냐하면 이 대응은 모두 손상이 없는 삶이 시작할 가치가 있는 삶이라고 가정하기 때문이다(실제로 그러한 삶은 심지어 '완전한' 개인[22]이라고까지 지칭하기도 했는데, 나는 어떠한 실제 삶도 이러한 묘사 근처에도 가지 않는다고 이미 논증했다). 대신 존재하게 되는 것이 항상 심각한 해악이라는 나의 논증이 그 통상적인 적수들에 대항하여 장애권 입장을 어떻게 보강하는지를 보이면서도 장애권 입장과 그것을 비판하는 입장이 모두 틀렸다는 점을 보여 줄 것이다.

'장애의 사회적 구성' 논증의 강점 하나는 그것이 통상적인 인간의 무능력이 삶의 질에 대한 대부분의 사람들 평가에서 주목되지 않은 채 지나간다는 사실을 강조해서 보이게 한다는 것이다. 이렇게 주목하지 않는 것에 대한 설명 가운데 일부분은 이례적인 것이 통상적인

---

22   Buchanan, Allen, et al, *From Chance to Choice*, p. 272.

것보다 일반적으로 더 눈에 띈다는 명백한 사실이다. 그 설명은 이 특정 사안에서는 부분적으로는 사회가 놀랍지 않게 통상적인 범위의 능력과 무능력에 잘 들어맞는 방식으로 구성되는 경향이 있다는 것이 된다. 이례적인 무능력은 특별한 주의가 기울여져야만 사회적으로 수용된다. 그러나 이것이 설명 전부는 아니다. 3장에서 우리가 살펴본 바와 같이 낙천편향, 불운에 대한 적응, 다른 사람의 삶과 자기 자신의 삶을 비교하기와 같은 우리 심리의 여러 특성이 모두 실제로 그런 것보다 우리 삶이 훨씬 더 낫다고 생각하게끔 하도록 공모한다. 그렇다면 우리는 우리 자신의 삶의 부정적 특성을 보지 못하고 있는 것이다. 이제 이 문제가 통상적인 무능력을 가진 이들에게는 더 악화된다는 점을 이해할 수 있을 것이다. 사회구조가 이 무능력을 두드러져 보이지 않게 할 뿐만 아니라 통상적인 무능력을 가진 이들이 견주어 자신을 비교할 또는 자신을 무능력을 가진 이들과 견주어 비교할 이 무능력을 갖지 않은 다른 사람들이 있지도 않기 때문이다.[23]

장애권 옹호자들은 통상적인 무능력이 삶의 질 평가에서 무시된다는 점을 지적한 점에서 옳다. 그들은 그러나 표준으로서 통상적인 무능력에 그런 대응을 취한다는 점에서, 그리고 이례적인 무능력을 무시하고 싶어 한다는 점에서 오류를 범하고 있다. 그보다는 3장의 논의가 보여주듯이 우리는 삶의 질을 평가할 때 모든 무능력을 고려해야만 한다. 사회환경이 통상적인 무능력이 삶의 질에 갖는 충격을 최

---

23   그럼에도 불구하고 손상을 지닌 이들이 그들 삶의 질에 대해 좋게 보는 견해(favourable views)를 가진다는 사실은 두 가지 방식으로 설명할 수 있다. 낙천주의나 적응 가운데 어느 하나가 손상이 없는 이들과의 불리한 비교를 능가하거나 (그 자체가 낙천주의의 한 예가 되는 것으로) 손상을 지닌 이들이 그들보다 더 손상이 심한 이들과의 비교에만 초점을 맞추거나 하는 것이다.

소화한다는 것은 참이다. 그러나 그 무능력 중 많은 것들이 여전히 삶의 질에 불리하게 충격을 준다. 두 다리 마비는 대중교통에 특별한 접근을 필요로 할 수 있다. 그런데 날지 못하고 대단히 빠른 속도로 먼 거리를 이동하지 못하는 모든 이들의 무능력은 그들의 다리를 사용할 수 있는 사람들도 교통수단의 도움을 필요로 한다는 것을 의미한다. 우리의 삶은 그렇게 의존적으로 됨으로써 확실히 덜 잘되어 가는 것이다. 우리의 삶은 또한 우리가 배고픔이나 목마름을 쉽게 느끼게 되어 있기 때문에 (그래서 음식이나 물 없이는 지낼 수 없기 때문에) 그리고 더위나 추위에 민감하기 때문에 덜 잘되어 가는 것이기도 하다. 즉 설사 장애가 사회적으로 구성된다고 할지라도 보통의 인간 삶을 특징짓는 무능력을 비롯한 다른 불운한 특성은 우리의 삶을 매우 나쁜 것으로 만들기에 충분하다. 실제로 우리가 보통 인식하는 것보다 훨씬 더 나쁘게 말이다. 사회적으로 구성된 장애는 일부 삶들을 더 나쁘게 만들며, 그리고 우리는 확실히 그러한 장애를 최소화하거나 제거할 합당한 수용을 추구하면서 장애권 옹호자들에 확실히 합류해야 한다. 그러나 그렇다고 해서 그것이 어떤 삶이라도 시작할 가치가 있는 것으로 만들기에는 충분하지 않을 것이다.

또한 장애권 옹호자들은 타당하게도 삶의 질 평가가 손상이 있는 사람과 손상이 없는 사람들 사이에 상당히 두드러지게 차이 난다는 점을 지적한다. 손상이 없는 이들 중 많은 수가 손상을 지닌 삶은 시작할 가치가 없다고 생각하는 (그리고 심지어 지속할 가치도 없다고 생각하는) 경향이 있다. 반면 손상을 지닌 이들 중 많은 이들은 그런 손상을 지닌 삶이 시작할 가치가 있다고 생각하는 (그리고 확실히 지속할 가치는 있다고 생각하는) 경향이 있다. 그 지배적인 견해에는 자기중심적인(self-serving) 면이 확실히 있는 것 같다. 그 견해는 시작할 가치가 있는 삶의 질의 문턱 수준을, 손상을 지닌 삶보다는 높게 설정하고는 보통의 인간 삶보다는 낮게 설정한다. 그러나 손상을 지닌 이들이 그들의 삶의 질 바로 밑에 문턱 수준을 설정하는 것은 덜 자기 중심적인 데가 있는가? 장애권 옹호자들은 무엇이 최소한의 품위 있는 삶의 질에 해당하는가를 대부분의 사람들이 판단할 때 설정하는 문턱이 지나치게 높다고 주장한다. 그러나 이렇게 판단이 구구하다는 현상은 (적어도 우리 중 일부는 그 문턱을 통과하도록 하기 위해) 보통의 문턱이 지나치게 낮게 설정되었다는 주장과도 동등하게 양립 가능하다. 그것이 지나치게 낮게 설정되었다는 견해는 어떠한 괴로움도 곤경도 겪지 않는 아주 행복한 삶을 사는 외계인에 의해 내려지리라고 상상할 수 있는 바로 그러한 판단이다. 그 외계인은 우리 종을 측은한 마음으로 바라보며, 모든 인간 삶을 특징짓는 실망, 고뇌, 비통, 고통, 그리고 괴로움을 보고는, (이례적 손상 없는 인간인)우리가 아파서 계속 누워 있는 사지 마비 환자의 존재를 비존재라는 대안보다 더 못한 것으로 판단하듯이 우리의 존재를 판단할 것이다. 괴로움의 받아들일 수 있는 한계에 해당하는 것이 무엇인가에 대한 우리의 판단은 내가 3장에서 기술한 심리 현상에 의해 심대하게 영향받는다. 따라서 그것들은 신뢰할 수 없다. 그러나 지배적인 판단만 신뢰할 수 없는 것은 아니다. 손상이 있는 이들의 판단 역시 신뢰할 수 없다. 3장에서 개진한 논증은 우리가 생각하는 것보다 모든 실제 삶이 훨씬 더 못하며, 우리의 삶 중 어느 것도 시작할 가치가 없다는 점을 보여주었다.

이 결론은 표현주의 논증에 흥미로운 함의를 갖는다. 표현주의 견해에 따르면 손상을 지닌 사람을 존재케 하는 것을 피하려는 시도는, 그러한 사람들이 없어야 하며 그러한 삶은 시작할 가치가 없다는 모욕적인 견해(offensive view)를 표현한다는 점을 상기하라. 어떤 면에

서는 나의 결론은 '모욕적인' 메시지 범위를 단순히 확장하여 모든
사람들에게 적용할 뿐이다. 그리하여 나는, 손상을 지닌 삶들은 시작
할 가치가 없다는 점에서는 표현주의 논증에 대한 반대자들과 의견을
같이하지만, 그 반대자들이 좋아할 만한 방식으로 의견을 같이하는
것은 아니다. 나는 어떠한 삶도 시작할 가치가 없다고 보기 때문이다.
그러나 기묘하게도 이 점이 나의 견해를 장애권 활동가들에게 더 모
욕적이기보다는 덜 모욕적으로 만든다. 이는 내가 그들의 삶뿐만 아
니라, 나의 삶을 포함하여 모든 사람들의 삶에 관하여 그 주장을 하기
때문이다.

　자기 자신의 삶과 같은 삶이 더 이상 있어서는 안 된다는 메시지는,
일부 사람들이 생각하듯이 꼭 인격적으로 위협이 되는 것은 아니다.
왜 그런지를 이해하기 위해서는, 미래 삶 사안과 현재 삶 사안 사이에
내가 2장에서 그은 구분을 다시 고려해 보면 된다. 미래 삶 사안에 관
해 우리가 내리는 판단—어떤 삶이 시작할 가치가 있는가에 관한 판
단—은 현재 삶 사안에 관한 판단—어떤 삶이 지속할 가치가 있는가
에 관한 판단—과는 다른 수준에서 내려진다(그리고 내려져야 한
다). 질적으로 자기 자신의 삶과 같은 또 다른 삶이 시작할 가치가 없
다고 말하는 것은, 자기 자신의 삶이 지속할 가치가 없다고 말하는 것
은 (꼭) 아니다. 또한 그것은 자신의 삶이 자기에게 갖는 가치를 훼손
하는 것도 아니다. 물론 자기 자신의 삶을 시작하지 않았더라면 더 좋
았을 것이라고 말하는 것이기는 하지만, 그것은 자신이 존재한 적 없
기를 자신이 이미 존재하고 있는 관점에서 생각해 보기 때문일 뿐이
다. 즉 현재 삶의 관점에서 자기 자신의 삶에 관한 미래 삶 판단을 내
리는 식이 되어 버리는 것이다. 그러나 이것은 오류다. 이것은 주체가
(아직) 존재하지 않으며 그래서 존재하게 되는 것에 아무런 이익도

갖지 않는 반사실적인 사안을 진정으로 생각해 보지 않는 것이다.

불법행위로 인한 삶

2장과 3장에서 제시한 논증만을 고려할 때는, 이례적으로 심각한 손상을 갖고 태어난 이뿐만 아니라, 누구라도 불법행위로 인해 출생했다는 이유로 소를 제기할 수 있는 것처럼 보인다. 그러나 내가 이 장에서 앞서 논했듯이, (적어도 지금으로서는) 출산의 자유에 대한 (법적) 권리가 있어야만 한다. 비록 이 권리가 복멸될 수 있음은 틀림없지만, 그 권리의 존재 자체를 훼손하는 논거 없이는 일상적으로 복멸될 수는 없다. 만일 이것이 참이라면, 상대적으로 좋은 삶을 살 것이 합당하게 기대되는 아이를 낳을 법적 권리가 있어야 한다. 만일 그러한 권리를 찬성하는 논증이 강력하다면, 누구에게라도 불법행위 출생 소송을 허용하는 것을 찬성하는 논거는 약화된다. 그러나 그 논거는 전적으로 사라지지는 않는다. 비록 사람들이 아이를 가질 법적인 자격은 가져야 한다고 하더라도, 그들은 존재하게 되어서 불행한 아이들이 있다면 민사소송에서 면제되어서는 안 된다. 그러나 이것은 승소하기 어려운 사건이 될 것이다. 불법행위로 인한 출생이라는 점이 충분한 근거를 가지려면, 피고가 비합당하게 행위를 하였다는 증거가 있어야 하는데, 아이를 가질 법적 권리를 위한 논거가 바스러뜨려지지 않는다면 그 증거를 보이기 힘들 것이다. 그러한 권리의 적합성 (appropriateness)이 궁극적으로는 합당한 의견 불일치의 가능성에 기댄다는 점을 기억하라.

상대적으로 좋은 삶을 사는 사람들이 제기하는 불법행위 출생 소송에 대해서는 이쯤 하기로 한다. 손상을 지닌 이들은 그러한 조건에서 존재하도록 죄책을 지는 방식으로(culpably) 행위를 한 이들에 대하여 불법행위 출생 소송을 할 수 있는가? 그러한 소송을 찬성하는 논거는 만일 아이를 가질 것이라면, 그 삶이 더 못하게 진행될 아이보다는 더 잘되어 갈 아이를 가져야만 한다는 그럴 법한 견해에 의존하고 있다. 그러나 여기서 우리는 조심스러워야만 한다. 장애권 논증은 손상이 없는 사람들이 손상을 가진 삶이 얼마나 나쁜가를 과대평가하는 경향이 있음을 지지한다. 그런데 명백히 불법행위 출생 소송을 하는 이들은 자기 삶의 질이 과대평가되었다고 생각하지 않아 소송을 하는 것이다. 그러나 불법행위 출생 소는 소를 제기할 능력이 없는 사람들을 대신하여(on behalf of) 흔히 제기된다. 그러한 사건에서는 손상이 없는[24] 판사와 배심원이 그들 자신의 신뢰할 수 없는 규준에 의해 판단할 진정한 위험이 있다. 불법행위로 인해 출생한 바로 그 사람이 직접 소를 제기하는 경우라 할지라도 판사와 배심원은 그들의 편향 때문에, 그러한 장애를 가진 다른 이들과 원고의 견해가 다르다고 할지라도, 원고의 견해에 동조할 가능성이 높다. 어떤 사람들은 삶의 질에 대한 원고의 판단을 결정적인 것으로 여기기 때문에 이를 문제로 여기지 않을지도 모르겠다. 이 경우 손상을 지닌 다른 사람들의 견해는 무관한 것으로 여길지도 모르겠다. 그러나 불법행위 출생 사건이 죄책 있는 당사자가 비합당했다는 점을 입증해야 하기 때문에, 그러한 조건에 처한 다른 사람들의 견해는 유관하다. 만일 불법행위 출생 소송이 이례적인 곤경의 사안에만 허용된다면, 이례적으로 좋지 못한 삶의 질에 해당하는지에 관한 판단은 특이해서는 안 된다.

장애권 논증은 불법행위 출생 소송에 또 다른 문제를 제기한다. 만

---

24 즉 손상이라고 통상 여기는 것이 없는 이들.

일 손상을 지닌 삶이 다른 사람들의 삶보다 약간 더 못할 뿐이라면, 그것들은 불법행위 출생 소송의 목적에서는 보통의 삶과 구분될 만큼 아주 나쁘지는 않을 수 있다. 실제로 신체 장애(impediments)와 심리 장애는 없으면서도 손상이 있는 일부 삶보다 오히려 더 못한 삶이 있을 수 있다. 예를 들어 극단적으로 가난한 삶은 합당한 자원에 접근권이 있는 눈이 먼 사람의 삶보다 더 못할 수 있다. 두 다리가 마비되었지만 만족하고 행복한 사람의 삶은 몸이 건강하지만 만족하지 못하고 불행한 운동선수의 삶보다 질이 더 높을 수 있다.

　앞의 고려 사항에도 불구하고 불법행위 출생 소송이 적용될 일부 범위가 있을 수도 있다. 그 논거의 강도를 판단하기 위해 우리는 방금 언급한 종류의 오류를 통제해야 한다. 그러나 우리는—악의나 과실이 아니고서는 예상되고 피할 수 있었던—괴로움이 어마어마해서 불법행위 출생 소송이 전적으로 적합한 삶을 상상할 수 있다.

보조 생식술과 인공 생식술

장애 및 불법행위 출생에 관한 질문은 여기까지 하고, 이제 보조 생식술과 인공 생식술에 관한 질문을 살펴보겠다. 2장과 3장의 내 논증이 이 질문에 얼마간의 관련이 있다.

　'보조 생식술'과 '인공 생식술'은 흔히 같은 뜻으로 사용하기는 하나 이 둘은 동의어가 아니다. 인공 생식술은 성교가 아닌 수단에 의한 생식을 가리킨다.[25] 여기서 작동하는 것은 성교가 정자를 난자와 결합

25　이 해명에 골치 아픈 사례는 처녀생식이다. 처녀생식에서는 난자가 스스로 분열을 한다. 그러나 우리는 이러한 경우는 산월에 이르지 않는다는 근거로 무시할 수 있다.

하게 하는 자연스러운 방법이라는 관념이다. 만일 정자와 난자가 어
떤 다른 수단으로 결합한다면, 이것은 자연스럽지 않고 인공적이다.
그래서 정액 인공 주입은 인공적이다. 왜냐하면 정액 주입이 (자연적
인) 신체 부위 이외의 인공물을 수단으로 실행하기 때문이다. 배아 이
전이 뒤따르는 시험관 수정도 이 기준에 의하면 인공적이다. 정자와
난자의 결합을 아예 포함하지 않고 기술적 개입으로 달성하는 인간
복제도 인공적이다.

　　보조 생식술은 그 용어가 시사하듯이 생식 활동이 보조를 받아 이
루어지는 경우를 가리킨다. 비록 인공 생식술 대부분이 보조 생식술
이기도 하지만, 그 모두 보조 생식술인지는 보조(assistance)를 무엇
으로 이해하느냐에 따라 달려 있다. 정액 인공 주입으로 생식하는 커
플은 전혀 보조를 받을 필요가 없다. 정액 주입 기구를 유관한 형태의
보조로 여기지 않는다면 말이다. 인공 생식술이 아니면서 보조 생식
술인 사안들도 가능하다. 예를 들어 발기부전 치료는 (비록 그것이 다
른 목적을 실제로 갖고 있기는 하지만) 생식과 관련하여 사람들을 보
조하는 것으로 여길 수 있는데, 그래도 통상 이해되는 바의 인공 생식
술 범위에는 속하지 않을 것이다.

생식 윤리와 성 윤리

　　어떤 사람들은 인공 생식술을 비윤리적이라고 판단한다. 왜냐하면
그들은 수용할 수 있는 유일한 임신 방법은 결혼한 부부가 서로 사랑
하는 성적인 표현을 통한 방법뿐이라고 생각하기 때문이다. 이 견해에
의하면 생식하는 당사자가 결혼했고, 서로 사랑하고 그들이 사랑의 표
현으로 생식하려고 한다는 것만으로 충분하지 않다. 커플의 성적으로
표현된 서로간의 사랑이 아이의 임신에 가장 가까운 원인이어야만

한다는 것이다. 나는 이 마지막 요건을 어떻게 적합하게 옹호할 수 있는지 이해하지 못하겠다. 아이를 낳는 윤리적으로 수용 가능한 필요조건으로 사랑의 성적 표현이 그렇게 중요한 이유가 무엇인가?

생식이 성적이어야 한다는 견해는 이것으로 그만 다루겠다. 우리는 그 견해를 '생식 윤리에 관한 성적 견해'(sexual view of reproductive ethics)라고 할 수 있을 것이다. 이 견해를 받아들이는 이들 중 많은 수는 그러지 않는 다른 사람들과 함께 반대의 조건도 받아들인다. 즉 성적 상호작용은 출산(procreation)을 위한 것이어야 한다는 조건 말이다. 우리는 이것을 '성 윤리에 관한 생식 견해'(reproductive view of sexual ethics)라고 할 수 있겠다. 이 견해에 의하면 섹스는 생식을 목적으로 하고 있을 때만 도덕적으로 수용 가능하다. 이것은 아이를 낳는 모든 성행위가 도덕적으로 수용 가능하다는 것은 아니다. 예를 들어 강간과 간통도 후손을 낳을 수 있지만, 도덕적으로 수용 가능하지 않은 전형적인 경우이다. 생식 가능성은 섹스가 수용 가능하기 위한 필요조건이지 충분조건이 아니다. 성 윤리에 관한 생식 견해는 아이를 실제로 낳지 않는 모든 성교 행위가 그르다고 주장하지 않는다. 많은 성적 생식 시도는 실패하고 만다. 대신 성 윤리에 관한 생식 견해는 성행위가 생식 행위의 일종이어야만 한다고 주장한다. 이 요건은 구강 섹스나 항문 섹스를 비롯한 비성교 섹스를 배제한다. 그 견해가 부부 중 하나가 불임인 결혼 커플의 성교를 배제하는 것으로 생각되지 않는다는 점은 기이하며 해명할 수 없는 부분이기도 하다.

내가 이 견해를 언급한 것은 그 견해를 고수하는 이들이 많기도 하고 나의 논증이 그 견해에 이례적인 도전을 제기하기 때문이다. 나의 논증은 성적 윤리에 관한 생식 견해를 거꾸로 뒤집어 놓는다. 생식 견해를 거부하는 이들 대부분은 그들이 섹스는 도덕적으로 수용 가능하기 위해서 생식 가능성을 가질 필요가 없다고 생각하기 때문이다. 나의 논증은 훨씬 더 강한 결론을 산출한다. 즉 섹스가 도덕적으로 수용 가능하기 위해서는 그것은 생식적이어서는 안 된다. 다른 말로 하자면 섹스는 그것이 생식적이지 않는 경우에만 도덕적으로 수용 가능할 수 있다. 우리는 이것을 '성 윤리에 관한 반생식 견해'(anti-reproductive view of sexual ethics)라고 할 수 있겠다. 명확히 하자면 이 견해는 모든 비생식적 섹스가 도덕적으로 수용 가능하다고 주장하지 않는다. 비생식(non-reproduction)은 필요조건이지 충분조건이 아니다. 또한 그 견해는 성교가 그르다고 주장하지도 않으며, 단지 재생산이 방지되지 않은 성교 행위는 그르다고 할 뿐이다. 그러나 재생산이 '방지되지 않은'이란 어떤 의미인가? 그 문구는 피임 조치가 없어서 (또는 형편없어서) 새로운 사람이 존재하게 되는 결과를 낳을 수 있는 사안을 가리킨다고 할 수 있다. 또한 그것은 신뢰할 수 있는 피임 방법이 사용되었지만 일부 경우에 우연히 실패하게 된 그러한 사안들도 가리키는가? 사람들 행위의 극히 드문, 단순히 가능한 결과를 이유로 사람들에게 책임을 지우는 것은 확실히 난점이 있는 것 같다. 내 브레이크가 고장 날 수도 있고 그래서 보행자가 죽을 수 있기 때문에 내가 차를 모는 행위 자체가 그른 것인가, 아니면 내가 차를 계속 잘 점검하고 정비하지 않고 몰고 다니다가 결과적으로 통제력을 잃어 보행자를 죽였을 때에만 책임을 지는가?

드문 피임 실패에 관한 질문은 만일 존재하게 되는 해악이 수정 시에 가해진다면 더 절박한 문제였을 것이다. 그러나 내가 (낙태에 관한) 다음 장에서 논할 바와 같이 수정 시 가해진다고 보는 것은 존재하게 되는 해악의 시점을 잘못 짚는 방식이다. 피임 실패는 여전히 임신 중절의 가능성을 남겨 둔다. 물론 세계에는 임신 중절 가능성이 제한된 곳들이 있다. 그러한 경우에는 수정을 방지할 의무는 더 강해지겠지만, 그러한 시도에도 불구하고 실제로 수정이 이루어지는 경우에는 낙태를 금지하는 이들이 새로운 사람들이 존재하게 되는 것에 도덕적 책임을 지게 될 것이다.

　이전 문단을 요약해 보자. 나는 생식 윤리에 관한 성적 견해도 거부하며, 성 윤리에 관한 생식 견해도 거부한다. 나는 그것들을 우리가 '중립적 견해'라고 할 수 있는 통상적인 대응에 따라서가 아니라 이례적인 방식으로 거부한다. 즉 생식 윤리와 성 윤리 각각에 관한 반생식적 견해를 통해서 거부한다(표 4.1과 4.2를 보라).

표 4.1 생식 윤리

성적 견해	중립적 견해	반생식 견해
생식은 성적일 때에만 도덕적으로 수용 가능하다.	생식이 성적으로 이루어지건 아니건 아무런 도덕적 차이가 없다.	생식은 결코 도덕적으로 수용 가능하지 않다.

표 4.2 성 윤리

생식 견해	중립적 견해	반생식 견해
섹스는 생식적일 때만 도덕적으로 수용 가능하다.	섹스가 생식적이건 아니건 아무런 도덕적 차이가 없다.	섹스는 생식적이지 않을 때만 도덕적으로 수용 가능하다.

　만일 새로운 사람들을 존재케 하는 것이 그르다면, 그들을 성적인 방법으로 존재케 하건 다른 방법으로 존재케 하건 아무런 차이가 없

다. 만일 새로운 사람들을 존재케 하는 것이 그르다면, 아이를 만드는
섹스(child-producing sex)는 그르다.

출생의 비극과 산부인학(gynaecology)의 도덕[26]

생식 윤리에 관한 반생식 견해의 적용 범위는 생식을 하는 사람들
뿐만 아니라 그 일과 관련하여 그들을 보조하는 사람들에게까지 미친
다. 즉 나의 논증은 불임 의술과 이를 시술하는 의사들에게 도전을 제
기한다. 더 구체적으로 말해서 나는 누군가를 존재하게 하는 해악을
가하는 누군가를 돕는 것은 그르다고 주장한다. 이로부터 불임 치료
(fertility treatment)를 제공하는 것이 불법화되어야 한다는 결론이
따라 나오는 것은 아니다. 만일 출산의 자유에 대한 소극적 권리가 있
어야만 한다면, 임신 촉진 보조를 구하려는 개인의 시도 또는 다른 사
람들이 기꺼이 도움을 제공하려는 것에 국가나 다른 이의 간섭은 배
제된다. 그렇다고 해서 불임 치료 전문가들이 새로운 사람들을 존재
케 하는 일을 도우면서 아무런 잘못도 저지르지 않는다는 것은 아니
다. 단지 그들이 그렇게 잘못을 저지를 법적 자유가 있어야만 한다는
것뿐이다. 의사들의 이 자유는 출산의 자유에 대한 환자들의 소극적
권리에서 파생하는 것이다.

그러나 출산에서 보조를 구하는 것이 방해받지 않을 소극적 법적
권리는 그러한 보조에 대한 어떠한 적극적인 법적·도덕적 권리도 근
거 짓지 않는다. 또한 만일 내 논증이 건전하다면 그러한 권리가 어떤
다른 방식으로 정당화될 것 같지도 않다. 그래서 사람들은 권리의 문

---

26 이 제목은 프리드리히 니체의 『비극의 탄생과 도덕의 계보』(*The Birth of Tragedy and the Genealogy of Morals*)를 따서 언어 유희를 한 것으로 앨런 뷰캐넌(Allen Buchanan)이 제안해 주었다.

제로서 관련된 전문가와 함께 의사가 새로운 사람들을 존재케 하는 일에 보조를 제공해야 한다고 요구할 수 없어야 한다. 또한 그들은 그러한 서비스를 위한 자원이나 기반이 되는 연구를 국가가 제공해야 한다고도 요구할 수 없다. 실제로 국가는 그러한 자원을 제공하지 않아야 한다. 자원이 제한되어 있지 않은 곳에서조차도 국가는 해를 입히는 것을 도와서는 안 된다. 자원이 제한된 곳에서는 그 자원들은 해악을 야기하는 것이 아니라 해악을 방지하고 완화하는 데 바쳐져야 한다.

미래 사람들을 단지 수단으로 대우하기

존재하는 아이를 구하기 위해 새 아이를 가지는 몇몇 사례가 있다. 예를 들어 한 커플의 아이가 백혈병이 발병한다. 골수 이식이 필요하지만 적합한 골수 기증자가 아무도 없다. 그래서 커플은 골수 기증자가 될 수 있는 새 아이를 낳기로 한다. 때때로 그 계획은 그저 로또에 불과하다. 부모는 그저 적합한 기증자가 되기를 그저 희망하면서 아이를 임신해서 분만한다. 적합한 기증자가 되건 안 되건, 부모는 새 아이를 사랑하고 기른다. 그러나 때때로 이보다 자세한 계획이 있기도 한다. 배아를 검사해서 장차 적합한 기증자가 된다고 결과가 나온 경우에만 착상시킨다. 아니면 태아를 검사해서 적합한 기증자로 자랄 것이 아니라면 낙태하기도 한다.

이 선택지는 각각 그저 희망하면서 출산하는 사안보다 더 논란의 여지가 많다. 어떤 사람들은 첫 번째 선택지도 문제가 된다고 생각한다. 즉 적합한 기증자가 되기를 희망하기는 하지만 그렇게 되도록 보장하지는 않으면서 아이를 갖는 선택지도 문제가 된다고 보는 것이다. 그 반론은 그렇게 하는 것은 미래 아이를 현재 존재하는 아이의 목적에 단지 수단으로 대우하는 것이며, 따라서 사람을 단지 수단으로 대우하지 말라는 칸트적 요청을 위반하는 것이라고 한다.

이 동일한 반론이 복제 생식(reproductive cloning)*에도 제기되었다. 복제인간은 자신을 위해서는 존재케 될 수 없고, 보통 유전자가 복제되는 사람을 포함한 다른 이들을 위해서 존재케 된다고 이야기되었다. 복제인간은 유전자가 복제되는 사람의 목적을 위한 단지 수단으로 대우 된다. 그것은 수용 불가하다고 이야기된다.

칸트적인 반론을 제기하는 이들이 일상적으로 무시하는 것은 그 반론이 복제인간과 아이를 구하기 위해 새 아이를 낳는 사안에 적용되는 만큼 아이를 낳는 보통의 사안에도 적용된다는 점이다. 이것은 한 사람이 존재하게 되는 것이 항상 심각한 해악인지 여부와 무관하게 참이다. 복제인간과 형과 누나의 삶을 구하기 위해 출산되는 아이들은 그들을 위해 존재케 되는 것이 아니다. 그러나 이 점은 아이 출산의 여하한 경우와도 다르지 않다. 아이들은 형이상학적 빈 공간에서 유예되어 삶의 기쁨이 부인되고 있는 가련한 비존재(non-being)에 삶이라는 혜택을 가져다주려고 하는 위대한 이타주의 행위로 인하여 존재케 되는 것이 아니다.[27] 아이들이 존재케 되는 것이 누군가를 위하는 측면이 있다고 해도 그것은 결코 그 아이들을 위해서는 아니다.

그래서 복제는 적어도 이 면에서는 보통의 생식보다 더 문제가 되는 것은 아니다. 그런데 복제가 유전자가 복제되는 사람을 위해 이루어질 때 그것은 자기도취(narcissism) 행위이기도 하기 때문에, 때때

---

* 　역자 주: 미수정란의 핵을 체세포의 핵으로 바꿔 놓아 유전적으로 똑같은 생물을 얻는 기술.

27　Benatar, David, ˈCloning and Ethicsˈ, *QJMed*, 91 (1998) 165-6.

로 더 나쁘다고 주장할 수 있다. 자기 유전자로 복제하는 사람은 그 자신의 신체적인 복제품을 원한다. 그래서 복제인간은 자기 유전자로 복제하는 사람의 **자기도취적** 목적에 대해 수단으로 다루어지는 것이다. 그런데 이것은 자기도취적 이유에서 자기 유전자로 복제하는 사람의 경우에는 실제로 맞는 말일지는 모르겠지만, 다른 사람들은 다른 이유로 자기 유전자로 복제하고 싶어 할지도 모른다(아마도 그것이 생식의 유일한 기회거나 최고 확률을 갖는 기회이기 때문에 그럴지도 모른다). 더군다나 자기도취에 근거한 논증은 보통의 생식이 자기도취적이지 않다고 가정한다. 그러나 왜 그런 가정이 항상 참이라고 봐야 하는가? 후손을 낳고자 하는 욕구에도 자기에게 아첨하는(self-adulating) 면이 충분히 있을 수 있다. 아이를 입양하거나 아이를 낳지 않는 이들은 비복제 생식자들이 복제를 비판할 때만큼 큰 (또는 그만큼 작은) 힘을 가지고서 비복제 생식에 자아도취라는 반론을 제기할 수 있다. 그들은 자신들의 유전자 혼합물에 의해 결합된 상으로 아이를 창조하기를 원하는 커플은 자아도취적이라고 논할 수 있다. 요지는 복제와 통상적인 생식법 모두 자아도취적일 수 있지만, 각 종류의 생식이 꼭 이런 방식으로 특징지어질 필요는 없다는 것이다.

그러므로 복제는 이 면에서는 보통의 생식보다 더 문제가 되는 것은 아니다. 그리고 그것은 덜 문제가 되는 것도 아니다. 이와는 달리 아이를 구하기 위해 아이를 갖는 경우에는 보통의 생식 사안보다는 덜 문제가 된다. 보통의 생식에서 사람들은 (a) 그들의 출산 이익이나 부모 되기 이익을 충족하려고 (b) 존재하는 아이에게 동생을 안겨 주려고 (c) 그들의 종, 국가, 부족, 가족을 번식시키려고 (d) 아니면 아무런 이유도 없이 아이를 낳는다. 이것들은 모두 존재하는 사람의 삶을 구한다는 목표보다는 아이를 낳는 이유로서는 명확히 더 약한 이유들이다. 아이를 아무런 이유도 없이 갖는 것은 수용 가능한데, 다른 사람의 삶을 구하려고 아이를 갖는 것은 그르다고 생각하는 것은 확실히 이상하게 보인다. 만일 후자가 정당화하는 이유 없이 다른 사람의 목적을 위한 수단으로 한 사람을 대우하는 것이라면, 이러한 논리는 그보다 더 강한 힘을 갖고서 아이를 갖는 모든 다른 사안의 경우에도 적용될 수밖에 없다.

5

낙태:
'친-죽음' 견해

내가 태어난 날이 저주받았더라면: 어머니가 나를 낳은 날이 축복받지 않았더라면. 그 사람이 저주받았더라면. … 그는 내가 자궁에 있을 때 소멸시키지 않았으니, 그래서 내 어머니가 나의 무덤이 되고 그녀의 자궁이 항상 훌륭할 수 있는 기회를 놓쳤으니. 왜 나는 자궁에서 나오게 되어 노고와 비애를 보았던가?

예레미야 20:14-18

그리고 욥이 입을 열어 말했다. "오, 내가 태어난 날이 그리고 "아이를 임신시킨 남자가 있노라"라고 말한 그 밤이 사라졌더라면. 그날이 어둠이었다면. … 그 밤이 어둠에 사로잡혔더라면. … 그 어둠은 내 어머니의 자궁의 문을 닫지는 않았으니. 왜 나는 자궁에서 죽지 않았나? 어찌하여 내가 어머니의 배에서 나올 때 숨지지 않았던가? … 내가 그렇게 때 이르게 태어나지 않았던들 나는 가만히 조용하게 … 숨은 채로 누워 있을 텐데. 빛을 한 번도 보지 않은 유아처럼."

욥 3:2-4, 6, 10, 11, 13, 16.

나는 존재한 적이 없는 것이 낫다고 논증했다. 그러나 나는 이때까지 존재하게 되는 때가 언제인지―즉 인간 발달 과정의 어떤 단계인지―에 관해서는 아무것도 말하지 않았다. 지금 나는 이 질문(과 관련된 쟁점)을 살펴보려 한다. 많은 것이 이 질문에 대한 답에 걸려 있다. 몇몇 흔한 그리고 매우 설득력 있는 답변을, 존재한 적이 없는 것이 더 낫다는 견해와 결합시키면, 낙태 문제에 꽤 래디컬한 함의를 낳게 된다.

현 상태로는 대부분의 사람들은 낙태를 하거나 시술하려면 어떤 이유가 필요하다고 생각하는 경향이 있다. 낙태의 옹호자들은 적어도 임신의 이른 단계에서는 적정한 이유는 낙태하는 여성의 선호 이상의 것일 필요가 없다고 주장한다. 그럼에도 불구하고 여기서도 임신을 지속하는 것을 찬성하는 추정을 그 선호가 복멸하는 모양새는 그대로 남는다. 낙태를 하거나 시술하는 이들 중 일부는 설사 정당화가 가능할 때조차도 낙태를 유감스러운(regrettable) 일로 본다.

만일 (1) 존재하게 되는 것이 해악이고, 그리고 (2) 특정한 임신 단계에서 낙태를 할 때 누군가 아직 존재하게 되지 않은 경우라면 그 도덕적 추정(moral presumptions)은 뒤집혀야 한다. 만일 이 조건 양자 모두 충족된다면, 입증 책임(the burden of proof)은 (그 특정 임신 단계에서) 낙태하지 않으려는 사람에게로 옮겨 간다. 방어되어야 하는 것은 낙태하지 않는 것이다. 존재의 해악이 더 클수록, 낙태하지 않는 것을 방어하기는 더 힘들어진다. 만일 세 번째 조건이 충족된다면, 즉 (3) (보통의 사안에서) 존재하게 되는 해악이 내가 주장한 것처럼 커다란 해악이라면, (그 특정 임신 단계에서는) 낙태하지 않는 것은 결코 또는 거의 결코 정당화될 수 없을 것이다.

나는 조건 (1)과 (3)을 이전의 장에서 이미 살펴보았다. 그래서 나는 여기서는 오직 조건 (2)에만 초점을 맞출 것이다. 수정 시에 존재하게 된다는 보수적 견해를 채택하는 이들은 누군가 아직 존재하게 되지 않은 시점은 임신 단계에서는 없다고 주장할 것이다. 존재하게 되는 것이 임신 과정의 꽤 늦은 시점이라는 논증을 개진하면서 나는 그 보수적 견해를 다른 견해와 함께 거부할 것이다.

임신 과정의 상대적으로 늦은 단계에서 존재하게 된다는 주장을 옹호하기 전에 나는 내가 '존재하게 됨'(coming into existence)이라는 말로 의미하는 바를 명확히 하려고 한다. 이 문구는 상이한 의미가 있다. 여기에는 우리가 생물학적 의미(biological sense)라고 할 수 있는 것과 도덕적으로 유관한 의미(morally relevant sense)라고 할 수 있는 것을 포함한다. 생물학적 의미란 새로운 유기체의 시작을 뜻한다. 그리고 도덕적으로 유관한 의미란 존재자(entity)의 도덕적으로 유관한 이익의 시작을 의미한다. 내가 활용하는 의미는 후자의 뜻이다. 그렇게 후자의 뜻을 활용한다고 하더라도 심지어 인간조차도 어떤 존재자가 이와 다른 의미에서 존재하게 되는 시점은 다름이 틀림없다고 전제하는 것은 아니다. 이 두 뜻은 그저 그 문구에 의해 의미 될 수도 있는 두 가지일 뿐이다. 그것들이 동일 시점을 가리키는지 상이한 시점을 가리키는지는 별도의—내가 곧 살펴볼—문제다.

우리가 수정 시에 생물학적 의미에서 존재하게 된다는 견해에 관하여 이야기해야 할 바가 있다. 수정 이전에는 오직 정자와 난자만이 있다. 이것 둘 다 누군가를 존재하게 하기 위해 필수적이다. 그러나 그것들이 수정 시에는 별개의 존재자이기 때문에, 존재하게 될 존재와는 동일할 수 없다. 둘은 하나와 동일할 수 없다. 그래서 우리는 수정 이전에 존재하게 된 새로운 유기체에 관해 이야기할 수 없다. 달리 표현하자면 우리 각자는 한때 수정란(受精卵)이었지만, 우리 중 누구도

정자였다거나 (수정이 되지 않은) 난자였다고 할 수는 없다.[1] 비록
(생물학적 의미에서) 수정 이전에는 존재하게 되었을 수는 없지만, 단
일한 새 유기체가 발생하는 시점이 바로 수정 시라는 데에는 의문의
여지가 있다. 이것은 수정 이후 약 14일 동안 지속되는, 일란성 쌍둥
이 발생이 가능하기 때문이다. 샴쌍둥이 현상을 고려하고 싶다면, 가
역 불가능한 생물학적 개별성의 시작 시점을 그보다 더 뒤로 미뤄야
할 것이다.[2]

그러나 생물학적 의미에서 존재하게 되는 때가 언제냐는 질문을 놓
고 지체할 필요는 없겠다. 이 질문은 내가 그런 것처럼 도덕적으로 유
관한 뜻에 관심이 있다면, 그리고 내가 논할 바와 같이 도덕적으로 유
관한 의미에서 존재하게 되는 것이 생물학적 의미에서 존재하게 되는
가장 늦은 시점으로 평가되는 때보다도 뒤라면 다루지 않고도 넘어가
도 된다.

도덕적으로 유관한 의미에서 존재하게 되는 때가 언제인지를 결정
하는 데 필수적인, 도덕적으로 유관한 이익을 언제 획득하는지 결정
하려면 우리는 '이익'의 상이한 뜻을 검토할 필요가 있다.

이익의 네 종류

철학자들은 이익이 무엇인가, 그리고 어떤 종류의 존재자가 이익을

---

1 이것은 그들의 수정에 관하여 아버지와 소풍을 간 뒤 어머니와 돌아온 것을 기억
한다고 말하는 농담을 어리석은 것으로 만드는 부분이다.
2 이에 관하여 더 자세한 내용은 Singer, Peter, Kuhse, Helga, Buckle, Stephen,
Dawson, Karen, and Kasimba, Pascal (eds.) *Embryo Experimentation* (Cam-
bridge: Cambridge University Press, 1990) pp. 57-9, pp. 66-6.

가질 수 있는가에 관한 다양한 해석을 제시해 왔다. 나는 다른 철학자들의 분류가 내 것과 어떻게 연관되는지를 보이기 전에 점점 증강하는 내용을 갖는 '이익'의 네 뜻(four incremental senses)을 구별하겠다. 그러고 나서 나는 어떤 종류의 이익이 도덕적으로 유관한 종류의 이익인가를 살펴보겠다.

1. 기능적 이익(Functional interests): 첫 번째 종류의 이익은 차나 컴퓨터 같은 인공물이 때때로 갖는다고도 이야기되는 이익이다. 인공물이 기능이 있기 때문에, 어떤 것은 기능을 증진할 수도 있고 다른 것들은 기능을 저해할 수도 있다. 인공물의 기능을 촉진하는 것들은 그 인공물에 좋다고 또는 그 인공물에 이익이 된다고 이야기된다. 그리고 그 기능을 훼손하는 것은 그 인공물에 나쁘다거나 그 이익에 반한다고 이야기된다. 그러므로 녹이 스는 것은 차에 나쁘며 바퀴를 다는 것은 좋다.

2. 생물적 이익(Biotic interests): 식물은 이와는 다른 종류의 이익을 갖는다. 인공물처럼 식물은 기능한다. 그리고 그들의 기능은 촉진되거나 손상될 수 있다. 그러나 인공물과는 달리 식물은 살아 있다. 그들의 기능과 관련된 이익은 생물적이다.

3. 의식적 이익(Conscious interest): 의식적 동물 역시 기능한다. 그리고 식물과 마찬가지로 그들의 기능은 생물적이다. 그러나 의식적인 존재처럼 느낀다는 무엇인가가 있다. 이와 연관된 이익을 나는 의식적 이익이라고 할 것이다. 그러나 이 용어는 명료화가 필요하다. 의식적 이익이라는 말로 나는 주체가 의식적으로 갖는 이익—자신이 갖고 있다고 명시적으로 자각하고 있는 이익—을 의미하지는 않는다. 그게 아니라 의식적인 존재에 의해서만 보유할 수 있는 이익을 의

미한다. 예를 들어 그런 이익을 갖고 있다고 자각하지 않으면서도 고통을 피하는 데 이익을 가질 수 있다.

4. 반성적 이익(Reflective interests): 일부 동물들은—전형적으로 대부분의 인간들은—의식적일 뿐만 아니라 여러 더 고차적인 (higher-order) 인지 능력으로 특징지어지기도 한다. 이러한 능력에는 자기 인식, 언어, 상징화, 추상적 추론 등이 포함된다. 그런 동물들은 의식적일 뿐만 아니라 '반성적'이기도 하다. 그들은 그들의 이익에 명시적으로 관심이 있다(interested in)는 반성적인 의미에서 이익을 갖는다.

나는 앞에서 이익의 네 뜻이 증강하는 것(incremental)이라고 진술했다. 그 말로 의미하는 바가 무엇인지를 설명하겠다. 그 이익은 점차 상승하는 순서로 열거한 것이다. 고차적인 종류의 이익은 저차적인 종류의 이익을 포함한다. 그리하여 인공물은 '단지'(기능적) 이익만을 갖는다. 살아 있는 것들은 생물적 이익을 갖는다. 의식적 존재는 의식적인 생물적 이익을 갖는다. 그리고 '반성적' 존재는 자기 의식적인 생물적 이익을 갖는다.[3]

몇몇 철학자가 활용한 이익의 분류는 앞의 구분 중 일부를 무너뜨린다. 예를 들어 레이먼드 프레이(Raymond Frey)는 (인간이 아닌)

---

[3] 반례로 의식적이거나 자의식적인 인공물—인공지능—이 생길 전망을 지적하고 싶을지도 모르겠다. 비록 이 사안은 명백히 상당한 논의를 요하지만, 나는 여기서는 진정으로 의식적인 어떠한 인공물도 의식이 있다는 것 때문에 살아 있음의 조건을 충족한다고 주장할 것이다. 설사 그것이 누군가의 후손이 아니라 누군가의 인공물이라 할지라도 말이다. 나는 의식적인 기계를 존재케 하는 것에 대해서도 의식적인 인간이나 동물을 존재케 하는 것과 마찬가지로 동일한 우려를 갖고 있다.

동물이 도덕적 지위가 있다는 점에 반대하여 논하면서 (a) 복지로서의 이익(interest as well-being)과 (b) 소망으로서의 이익(interest as want)을 구분했다.[4] 이익이라는 단어는 "X가 Y의 이익이 된다"(X is in Y's interest)고 말할 때에는 복지로서 이익의 뜻으로 쓰인다. 그리고 "Y가 X에 이익을 갖고 있다"(Y has an interest in X)*고 말할 때에는 소망으로서 이익의 뜻으로 쓰인다. 프레이 견해에서는 첫 번째 뜻의 이익은 인공물, 식물,[5] 그리고 동물에 사태가 이런 존재자 중 어느 것에라도 좋거나 나쁠 수 있다는 점을 고려하면, 귀속될 수 있다. 그러나 그는 소망(으로서의 이익)은 오직 언어 능력이 있는 (어른과 말하는 아이) 인간과 같은 존재에게만 귀속될 수 있다고 한다.[6] 그는 다음과 같이 논증한다:

(1) X를 소망하거나 욕구하기 위해서는 X를 현재 갖지 않고 있다고 믿어야만 한다.

(2) X를 갖지 않고 있다고 믿는 것은 '나는 X를 갖는다'가 거짓임을 믿는 것이다.

(3) 언어가 세계와 어떻게 연결되는지를 알지 못한다면 그런 믿음을 가질 수 없다.

---

4   Frey, R. G., 'Rights, Interests, Desires and Beliefs', *American Philosophical Quarterly*, 16/3 (1979) pp. 233-9.

*   역자 주: 여기서 interest는 어떤 사태의 성립과 불발에 대한 이해관심(利害關心)을 의미한다.

5   그는 명시적으로 식물을 언급하지는 않는다. 그러나 그의 논증을 감안했을 때 우리는 식물을 이 범주에 확실히 포함할 수 있다.

6   이익의 점진적으로 증가하는 성격을 고려할 때, 언어를 가진 존재는 명백히 ((b)-의미의) 소망으로서 이익뿐만 아니라 ((a)-의미의) 복지로서 덜한 이익도 가진다.

(4) 언어를 갖고 있지 않다면 언어가 세계와 어떻게 연결되는지 알
수 없다.

(5) 그러므로 언어를 갖지 않은 존재는 욕구를 가질 수 없다.

프레이 교수의 복지로서 이익은 내가 구별했던 것 중 첫 세 뜻의 이
익을 포괄한다. 프레이의 소망으로서 이익과 내가 반성적 이익이라고
한 것은 동일한 종류의 존재가 가질 수 있는 것이다. 설사 이익의 이
두 뜻이 동일하지 않다고 하더라도 말이다. 즉 '소망으로서 이익' 과
'반성적 이익' 은 동일한 의미를 갖지는 않지만, (프레이 교수의 견해
에서는) 동일한 종류의 존재가 그것들을 가질 수 있다.

환경 철학자인 폴 테일러(Paul Taylor)도 (a) X가 Y의 이익임과
(b) Y가 X에 이익을 가짐을 구분한다.[7] 그러나 그는 그가 이 상이한
뜻의 이익을 귀속시키는 존재자의 종류 면에서 레이먼드 프레이와 견
해를 달리한다.[8] 그렇게 하면서 그는 프레이 교수와는 다른 방식으로
나의 분류를 무너뜨린다. 테일러 교수는 인간뿐만 아니라 의식 있는
동물도 (b)의 의미에서 이익을 갖는다고 주장한다. 그러나 인간 및 의
식 있는 동물과 마찬가지로 의식 없는 동물(non-conscious animals)
과 식물도 그들 자신의 좋음은 가질 수 있다고 한다. 사태는 그들에게
(for them) 좋거나 나쁠 수 있다. 그들은 (a)의 뜻의 이익을 가질 수
있다. 같은 것이 단순한 사물과 인공물에는 성립하지 않는다고 그는
말한다. 기계에 좋은 것에 관하여 우리가 이야기할 때 우리는 기계 자
체의 목적을 언급하는 것이 아니라 그것을 만들거나 사용하는 이에

---

7   Taylor, Paul W., *Respect for Nature* (Princeton: Princeton University Press,
1986) p. 63.

8   Ibid. pp. 60-71.

의해 설정된 목적을 언급해야만 한다. 이 견해에 의하면 단순한 사물
과 인공물은 어떤 뜻에서도 이익을 가질 수 없다.

폴 테일러가 단순한 사물과 인공물만 (모든 의미에서) 이익이 없다
고 하지만, 조엘 파인버그는 식물 같은 의식이 없는 생물 존재자도 이
익이 없다고 한다.[9] 즉 그는 기능적인 뜻이나 생물적인 뜻에서 이익이
있을 수 있다는 점을 부인한다. 이는 파인버그가 인공물이나 식물이
(설사 우리가 때때로는 마치 그들이 좋음을 갖는 것처럼 이야기한다
고 하더라도) 진정으로 좋음을 가질 수 있다고 보지 않기 때문이다.
파인버그 교수는 (a) 뜻의 이익과 (b) 뜻의 이익 사이에 구분을 긋지
않으므로, 따라서 그 구분을 암묵적으로 무너뜨린다. 바로 이 근거에
서 톰 레이건(Tom Regan)[10]이 파인버그에게 이의를 제기한다. 레이
건은 (a) 뜻의 이익과 (b) 뜻의 이익 사이의 구분을 옹호한다. 그리고
그것들 각각을 이익$_1$과 이익$_2$라고 지칭한다. 그는 우리가 인공물과 식
물이 일정한 종류의 좋음—의식적 좋음 또는 '행복'—을 갖지 않는
다는 사실에서 그것들이 어떤 종류의 좋음도 갖지 않는다는 결론을
추론할 수 없다고 주장한다. 레이먼드 프레이처럼 톰 레이건은 인공
물, 식물, 동물, 그리고 인간이 모두 어떤 뜻 아니면 다른 뜻에서 이익

9 Feiberg, Joel, 'The Rights of Animals and Unborn Generations', *Rights, Justice and the Bounds of Liberty* (Princeton: Princeton University Press, 1980) pp. 159-84. (이 논문은 William T. Blackstone (ed.) *Philosophy and Environmental Crisis* (Athens: University of Georgia Press, 1974) pp. 43-68)에 처음 실렸다. 파인버그 교수를 따라 보니 스타인보크(Bonnie Steinbock)는 같은 견해를 취한다. 그녀의 *Life Before Birth* (New York: Oxford University Press, 1992) pp.14-24를 보라.
10 Regan, Tom, 'Feinberg on What Sorts of Beings Can Have Rights', *Southern Journal of Philosophy*, 14 (1976) pp. 485-98. Robert Elliot offers a defence of Joel Feinberg in his 'Regan on the Sorts of Beings that Can Have Rights', *Southern Journal of Philosophy*, 16 (1978) pp. 701-5.

을 가질 수 있다고 생각한다(비록 이 두 철학자가 어떤 종류의 이익이
도덕적으로 유관한지에 관하여 의견을 달리하기는 하지만 말이다).

앞의 분류 사이의 관계는 그림 5.1에서 보이는 도식적 형태로 더 명
확하게 나타낼 수 있다.

(a) X가 Y의 이익이 된다. (이익$_1$)	(b) Y는 X에 이익을 갖는다. (이익$_2$)	
인공물 식물 동물	인간	레이먼드 프레이
식물	(의식 있는) 동물 인간	폴 테일러
(의식 있는) 동물 인간		조엘 파인버그
인공물 식물	(의식 있는) 동물 인간	톰 레이건

그림 5.1

어떤 종류의 존재자가 도덕적으로 고려해야 할 대상인가(morally
considerable)의 질문을 단지 그것이 이익을 가졌는지 여부로만 결정
하려는 것은 오류다. 이익을 갖는 것은 도덕적 지위(moral standing)
를 갖기 위한 필요조건이기는 하지만 충분조건은 아니다. 만일 어떤
존재자가 이익을 갖고 있지 않다면 그것은 해를 입을 수도 이득을 얻
을 수도 없어 도덕적 지위를 갖지 않는다. 그러나 존재자가 이익을 가
지면서도 오로지 도덕적으로 무관한 이익만 갖는 것도 논리적으로 가

능하다. 결정적인 질문은 그렇다면 어떤 종류의 이익이 도덕적으로 유관한가이다.

우리가 살펴보았듯이 이 질문에 관해서는 상당한 의견 불일치가 있다. 레이먼드 프레이는 이익$_2$만 도덕적으로 유관하다고 생각한다. 반면 폴 테일러는 이익$_1$과 이익$_2$ 모두 도덕적으로 유관하다고 생각한다. 조엘 파인버그는 모든 이익이 도덕적으로 유관하다고 생각하지만 이는 그가 매우 제한된 '이익' 개념을 취하기 때문이다.

이익의 성긴 분류(sparse taxonomies)—오직 한두 종류의 이익만을 인정하는 분류—는 구분되어야 할 종류의 이익을 함께 뭉뚱그리거나 자의적으로 일부 종류의 이익을 배제한다. 이런 이유에서 나는 네 종류의 분류를 제시했다. 이 분류는 '이익' 개념이 흔히 거론되는 상이한 방식을 모두 탐지한다. 그다음 우리는 이 중 어떤 종류의 이익이 도덕적으로 유관한지를 물을 수 있다. 물론 내 것보다 더 종류가 많은 분류—예를 들어 의식이나 자의식의 정도를 인식하는 분류—를 제시하는 것도 가능하다. 그러나 그러한 분류는 너무 복잡해서 다루기 힘들며 덜 유용하다. 더군다나 그런 분류는 종류의 차이가 아니라 정도의 차이를 집어내는 것이다. 나중에 분명하게 될 바와 같이 정도의 차이는 어떤 종류의 이익이 도덕적으로 고려할 대상인지를 살펴보고 난 뒤에 효과적으로 검토할 수 있다.

어떤 이익이 도덕적으로 유관한가?

네 종류의 이익 중 어느 것이 도덕적으로 유관한지를 어떻게 결정하는가? 이것은 간단한 문제가 아니다. 이런 뜻 또는 저런 뜻의 이익을 찬성하는 논증은 그 뜻의 이익을 받아들이는 것을 찬성하는 논증이라기보다는 그 뜻의 이익이 도덕적으로 유관하다는 직관에 대한 설명인 것 같다. 달리 표현하자면 자신의 직관과 다른 직관을 가진 이들에 반대하여 어떻게 논증할지 알기란 어렵다. 의식적 이익이 도덕적으로 유관한 종류의 최소한도 이익이라고 생각하는 이유를 보여줌으로써 그 논증 방식을 분명하게 드러내겠다. 여기에 그런 하나의 논증—몇몇 저자[11]가 여러 형태로 개진했던 논증—의 형식화된 판본이 있다.

(1) 이익이 도덕적으로 유관하다는 것은 그것이 (도덕적으로) 중요하다(matters)는 것이다.

(2) 어떤 이익이 도덕적으로 중요하려면 그 이익의 주체인 존재자에게 중요해야만 한다.

(3) 어떤 존재자의 이익이 그 존재자에게 중요하려면 그 존재자가 되는 것이 어떻다는(즉 어떻게 느껴진다는) 무엇인가가 있어야만 한다.

(4) 그 존재자가 의식이 있을 때에만 특정한 존재자가 되는 것이 어떻게 느껴진다는 무엇인가가 있을 수 있다.

(5) 그러므로 오직 의식 있는 존재만이 도덕적으로 유관한 이익을 갖는다.

오해를 피하기 위하여 존재자의 이익이 존재자에게 중요하다(mat-

11　예를 들어 Feinberg, Joel, Rights, *Justice and the Bounds of Liberty*, p. 168; Thompson, Janna, 'A Refutation of Environmental Ethics', Environmetnal Ethics, 12/2 (1990) pp. 147-60 (특히 p. 159를 보라.); Steinbock, Bonnie, *Life Before Birth*, 14; Boonin, David, *A Defense of Abortion* (Cambridge: Cambridge University Press, 2003) p. 81.

ter)는 말의 의미를 명확하게 하고 싶다. 그것은 주체가 주체의 이익이 되는 것을 소망한다(wants)는 의미가 아니다.¹² 그보다는 그것은 그 이익이 만족되거나 저해되는 것이 어떻다는 무엇인가가 있음을 의미한다. 이 점을 인식하면 "Y가 X에 이익을 갖는다"(Y has an interest in X)라는 문구에 모호함이 있을 수 있음을 알게 된다. 이 문구는 "X가 Y에게 중요하다"(X matters to Y)를 의미할 수도 있고 "Y가 X를 소망한다"(Y wants X)를 의미할 수도 있다. 그래서 동물들이 소망을 갖지 않는다는 점에서—나는 이를 부정하지만—설사 레이먼드 프레이와 의견을 같이한다 하더라도—동물들은 여전히 도덕적으로 고려할 이익을 가질 수 있다. 다시 말해서 (a) 복지로서의 이익과 (b) 소망으로서의 이익 사이의 중간적인 종류의 이익이 있다고 이야기할 수 있다. 이것은 (식물이 아마도 그러듯이) 그저 그 자신에게의 좋음 (a good of one's own)을 가지는 것보다는 더 많은 것을 포함하지만, 자기 의식적으로 갖는 욕구와 같은 것까지는 꼭 포함할 필요는 없는 그런 종류의 이익이다.

그런데 문제는 내가 앞에서 (1)에서 (5)까지 개진했던 것 같은 논증과 같은 어떠한 논증도 그 결정적인 전제—이 경우 전제 (3)—가 그 결론에 구현된 직관을 공유하지 않는 이들은 다툴 전제라는 것이다. 전제 (3)은 나에게는 전적으로 합당한 것으로 보인다. 어떠한 존재자라도, 그러한 존재자가 되는 것이 어떻게 느껴진다는 게 아무것도 없다면 그 복지나 자신의 일부 측면에 어떻게 신경을 쓸 수 있단 말인가? 그러나 문제는 나의 직관을 공유하지 않는 이들은 간단히 그 전제

12 이것은 돈 마퀴스가 보니 스타인보크에 대한 그의 비판에서 취하는 바로 그 해석이다. 그의 'Justifying the Rights of Pregnancy: The Interest View', *Criminal Justice Ethics*, 13/1 (1994) pp. 73-4를 보라.

를 부인한다는 것이다. 그들은 존재자의 복지가 그 존재자에게 중요할
수 있는 비의식적인 방식이 있다고 한다(예를 들어 물이 부족하면 그
결과로 식물이 시들고 죽는다는 점에서 식물에 중요할 수 있다고 한
다). 또는 그들이 "식물이 되는 것이 어떻다는 무엇인가가 있다"(there
is something that it *is* like to be a plant)를 "식물이 되는 것이 어떻게
느껴지는 무엇인가가 있다"(there is something that it *feels* like to be
a plant)를 등치시키지 않는다면 식물이 되는 것이 어떻다는 무엇인
가가 있다고 주장할 수도 있다. 그 논지는 다른 방식으로 표현할 수
있다. 우리 중 대부분에게 식물에는 (그들이 의식이 없으므로) 잔인
하거나 친절할 수 없다는 것은 결정적으로(crucial) 보인다. 그러나
다른 이들은 왜 오직 잔인함과 친절함만이 유관하다고 생각하는가 하
고 물을 수 있다.[13] 만일 우리가 식물을 다른 방식으로 해악을 가하거
나 이득을 줄 수 있다면, 왜 이 다른 방식은 유관하지 않아야 하는가?

나는 비의식적인 생물적 이익(non-conscious biotic interest)이 도
덕적으로 유관하다고 생각하는 이들의 견해를 논박하고 약화할 어떠
한 결정적인(decisive) 논증도 알지 못한다. 그러나 기능적 이익이 도
덕적으로 유관하다는 견해에 그런 논증이 없다는 것은 참이 아니다.
이 견해는 기능적 이익은 실제로는 비유적인 뜻에서만 그 인공물의
이익이라는 근거에서 결정적으로 거부할 수 있다.[14] 그러나 나는 이
논증의 세부 사항을 상세히 설명하지는 않을 것이다. 그 주된 이유는
기능적 이익은 수정란, 배아, 태아가 인공물이 전혀 아니기 때문에 그

---

13   Regan, Tom, ʻFeinberg on What Sorts of Beings Can Have Rightsʼ, p. 490.
14   톰 레이건은 (ʻFeinberg on What Sorts of Beings Can Have Rightsʼ에서) 이
를 부인한다. 그러나 로버트 엘리엇(Robert Elliot)은 (ʻRegan on the Sorts of
Beings that Can Have Rightsʼ에서) 강력한 답변을 제시한다.

저 기능적 이익만 갖는 것은 결코 아니라는 점을 고려하면, 낙태에 관한 논의에서 건너뛸 수 있기 때문이다.

비의식적인 생물적 이익의 도덕적 유관성에 반대하는 결정적 논증을 제시할 수 없기 때문에, 나의 논증 전략은 생물적 이익을 도덕적으로 유관한 것으로 여기는 일의 함의를 지적하고, 친생명론자 전부는 아닐지라도 대부분은 그 함의를 받아들이지 않는다는 점을 보이는 것이 될 것이다.

내가 이후에 보일 바와 같이 태아는 임신 기간의 꽤나 후기에 가서야 의식을 갖게 된다. 만일 의식적 이익이 가장 기본적인 도덕적으로 유관한 이익이라면, 태아는 오직 매우 늦은 시점에만 도덕적으로 유관한 이익을 획득하게 된다. 친생명 논증을 근거 짓는 한 가지 방식은 생물적 이익(biotic interests)도 도덕적으로 유관하다는 주장일 것이다. 그러나 만일 생물적 이익을 도덕적으로 중요하게 여긴다면, 평등 원칙은 동등한 생물적 이익을 동등하게 중요하게 여길 것을 요한다. 그리하여 도덕적으로 유관한 것을 인간의 생물적 이익에만 한정할 수 없다. 식물, 박테리아, 바이러스 등의 이익도 인간 배아와 의식을 갖기 전의 태아의 생물적 이익만큼이나 중요한 것으로 여겨야 한다. 그러나 이러한 함의는 (설사 있다손 치더라도) 아주 극소수의 친생명가들만이 수용할 함의다. 그렇다면 일관성의 요구는 친생명가들이 그들의 견해를 생물적 이익의 도덕적 유관성 주장에 근거 짓지 않을 것을 명한다(물론 이는 친생명 입장을 지지할 다른 방식이 없다는 것을 의미하지는 않으며, 나는 그 다른 논증을 이후에 검토할 것이다).

생물적 이익이 도덕적으로 유관하다고 여기는 이들은 의식적인 이익 역시 유관하다는 것을 부인하지는 않는다. 그들은 단지 생물적 이익보다 위에 유관성의 문턱을 설정하는 데만 반대한다. 의식적 이익을 도덕적으로 유관한 이익의 최소한(minimum morally relevant in-terests)으로 여기는 이들에 대한 또 다른 도전이 있다. 이 도전은 의식적 이익 위에다가, 즉 반성적 이익 수준에 문턱을 설정하는 이들에게서 나온다. 그러나 이 견해의 함의 역시 설득력이 없다. 만일 반성적 이익만을 도덕적으로 중요하게 여긴다면, 의식적이지만 자기 의식적이지 않은 존재를—대부분의 동물과 모든 인간 신생아들을—고문하는 일에는 (직접적으로는) 그른 바가 아무것도 없을 것이다. 우리는 반성적 이익만이 중요하다는 견해를 거부할 수 있다.

의식은 언제 시작되는가?[15]

우리 중 누구도 우리가 처음 의식을 갖게 된 때를 기억하지 못한다. 그러므로 비록 우리가 모두 한때는 태아와 유아였다고 하더라도 우리는 인간 발달 과정에서 언제 의식이 시작되는지를, 우리 자신의 경험을 기억해 내어 해결할 수는 없다. 의식이 언제 시작되는지를 결정하기 위해서 우리는 태아의 마음과 유아의 마음을 '타인의 마음'(other minds)으로 다루어야 한다. 1인칭(first person) 접근을 하지 못하므로, 우리는 그것을 3인칭(third-person)의 관점에서 접근 가능한 정보로부터 그 마음이 어떠한지를 추론할 수밖에 없다.

첫째로, 뇌파전위기록술(electroencephelography; EEG)에 의해 제공되는 의식의 간접적인 기능적 증거를 살펴보자. 뇌파전위기록술은 뇌의 전기적 활동을 기록하는 것으로, 의식이 있기 위해 요구되는 기

---

15 이 절의 내용은 마이클 베너타(Michael Benatar)와 내가 공동 저술한 다음 논문에서 인용한 것이다. 'A Pain in the Fetus: Endign Confusion about Fetal Pain', *Bioethics*, 15/1 (2001) pp. 57-76.

능적 능력—깨어 있음(wakefulness)—에 관한 자료를 제공한다. 적
어도 신경학적인 어법상에서 깨어 있음은 의식 그 자체와 혼동되어서
는 안 된다는 점이 강조되어야 한다. 그보다는 깨어 있음은 (여러 단
계의) 수면과 대비되는 각성 상태(a state of arousal)이다. 각성은 뇌
간과 시상(視床)에서 상향 각성 체계(ascending arousal system)의 한
상태이다. 그것은 대뇌피질의 상태가 아니다. 상향 각성 체계가 온전
한 기능적 피질과 연결되는 경우, 그 활동은 임상적으로 그리고 뇌파
전위기록술상으로 분별되는 피질에서 변화를 일으킨다. 의식이 피질
의 기능에 속발적이기는 하지만, 의식은 오직 깨어 있음 상태에서만
가능하다. 이런 의미에서 뇌간과 시상은 의식을 오직 간접적으로만
뒷받침한다. 왜냐하면 각성 상태—깨어 있음과 수면—는 뇌간과 시
상의 상태이고, (비록 그것들이 통상 피질의 결과를 갖기는 하지만 말
이다.) 의식은 피질의 활동이라서 깨어 있음과 의식은 분리할 수 있기
때문이다. 깨어 있기는 하지만 의식이 없을 수 있다. 이러한 경우는
상향 각성 체계가 깨어 있음 양태(mode)에 있지만 피질은 특정한 방
식으로 손상되었을 때 발생한다. 예를 들어 계속된 식물인간 상태에
있는 몇몇 환자는 뇌파전위기록술 패턴 상으로는 깨어 있음을 보여주
지만 의식은 없다.[16]

　깨어 있음이 의식의 존재 충분조건은 아니지만, 깨어 있음이 부재
하면 의식은 가능하지 않다고 가정하는 것이 합당한 것 같다. 비록 잠
들어 있는 사람이 때때로 그들의 환경에 반응하기는 하지만—즉 그
들은 자극에 반응할 수 있지만—그들은 자각적이거나 의식적이지는

16　Multi-Society Task Force on PVS, Medical Aspects of the Persistent Vegeta-
tive State, *New England Journal of Medicine*, 330/21 (1994) pp. 1499-508.

않다. 만일 이 가정이 타당하다면 깨어 있음 능력을 결여한 존재는 의
식을 위한 능력도 결여할 것이다. 그러므로 뇌파전위기록술은 비록
의식 그 자체의 증거는 제시하지 않더라도 그것 없이는 의식이 가능
하지 않은 한 조건—깨어 있음—의 증거를 제공한다.

비록 임신 20주만큼 어린 태아에서 뇌파전위기록 상의 간헐적인 움
직임이 보이기는 하지만, 약 30주가 되어서야 수면—깨어 있음 사이
클을 뇌파전위기록술이 보여준다. 출생 후 첫 몇 달간은 태아적인 뇌
파전위기록 패턴이 점차 성인의 패턴을 훨씬 더 가깝게 닮은 패턴에
자리를 내어준다. 뇌파전위기록의 성숙은 출생 후 첫해 전반에 걸쳐
계속되고, 또 이보다는 덜한 정도로 유년기와 청소년기 전반에 계속
되기는 하지만 말이다.

태아의 뇌파전위기록과 성인의 뇌파전위기록 사이의 상대적으로
큰 차이에 대한 적어도 두 가지 설명이 있다. 한 가지 설명은 의식에
필요한 종류의 깨어 있음이 아직 발달되지 않았다는 것이다. 다른 설
명은 뇌파전위기록 상의 차이는 태아 신경 체계의 일반적인 미성숙
(그리하여 차이)의 결과지만, 의식에 필수적인 신경 기능의 부재에
관해서는 아무것도 시사하지 않는다고 한다. 이 견해에 의하면 태아
의 깨어 있음은 상이한 뇌파전위기록을 낳을지는 모르지만 여전히 의
식을 가능하게 할 수도 있다는 것이다. 이 가능한 설명 중에 어떻게
선택을 해야 하는가?

한 가지 방법은 깨어 있음의 기능적 증거가 아니라 고통처럼 의식
있음과 의식적 상태의 행동 증거(behavioural evidence)를 찾는 것이
다. 예를 들어 케네스 크레이그(Kenneth Craig)와 그 동료들[17]이 한

---

17   Craig, K. D., Whitfield, M. F., Grunau, R. V., Linton, J., and Hadjistavro-

연구를 살펴보자. 이 연구에서는 신생아의 얼굴 표정 코딩 체계(Neo-
natal Facial Coding System; NFCS)가 유독 자극(noxious stimulus)
과 비(非)유독 자극에 대한 조산아의 반응을 평가하는 데 사용되었다.
태어난 후 지난 기간이 다양한 신생아들이 발뒤꿈치를 닦고 찌르는
과정 전, 동안, 후의 모습을 비디오테이프에 담았다. 발뒤꿈치 닦기는
비유독 자극을 제공하는 반면 발뒤꿈치 찌르기는 성숙한 신경 체계를
가진 의식 있는 존재에게 고통스러울 유독 자극을 제공한다. 임신 20
주 이후 유아들은 찌르기에는 고통스러운 자극에 노출된 유아와 성인
에게 특징적이기도 한 다른 것과 구별되는 일련의 얼굴 움직임(facial
movements)을 보이지만, 닦기에는 그러지 않는 것이 발견되었다. 이
얼굴 움직임은 이마 내리기, 눈 꽉 감기, 팔자 주름을 깊게 패게 하기,
벌어진 입술과 입, 긴장되어 컵 모양이 된 혀를 포함한다.[18] 또한 이
연구의 저자들은 이 얼굴 움직임이 미성숙한 유아가 찌르기를 당할
때 잠들었는가 깨어 있는가에 따라 달라진다는 사실을 관찰했다. 깨
어 있음이 의식을 그리하여 고통을 가능케 한다는 점을 고려할 때 이
관찰은 주목할 가치가 있다. 임신 28주가 지난 인간에게서 두드러지
는 이 관찰과는 대조적으로, 25주에서 27주 사이의 유아들은 기준선
(baseline)과 충분히 다른 반응을 보이지 않았다.[19]

태아의 고통이 있다는 걸 회의하는 이들은 이 더 나이든 조산아들

poulos, H. D., 'Pain in the Preterm Neonate: Behavioural and Physiological
Indices', *Pain*, 52/3 (1993) pp. 287-99.

18   Ibid.

19   이 연구의 저자들은 이 더 어린 나이 집단의 행동상 변화를 탐지하지 못한 것이
단지 연구된 유아들 수가 적기 때문에 생긴 현상이 아닌가 하는 의문을 불식시키도록
주의를 기울였다.

에게서 관찰된 얼굴 움직임은 단지 반사작용(reflexes)에 지나지 않는
것이며 아무런 (불쾌한) 정신 상태를 반영하지 않는다고 서둘러 말할
지도 모르겠다. 그러한 의문을 결정적으로 논박할 방법은 없다. 그럼
에도 불구하고 이 행동의 복잡하고 조율된 성격은 그것을 단순한 반
사작용에 불과하다고 기각해 버리는 것을 더 어렵게 만든다.

　반사작용적 행동(reflexive behaviour)은 의식 있는 마음으로부터
결과하는 것이 아닌 행동이다. 그래서 유독 자극으로부터 움츠리는
것이 고통스러운 느낌의 결과가 아니라면 반사작용이다. 만일 그것이
그러한 느낌의 결과라면 반사작용이 아니다. 이로부터 반사작용의 존
재와 고통의 존재가 상호 양립 불가능하다는 결론이 내려져서는 안
된다. 예를 들어 척추 반사작용은 고통을 일으키는 충격(impulse)이
아직 피질에 도달하기 전에도, 유독 자극의 원천에서 팔다리를 움츠
리는 결과를 낳을 수 있다. 움츠림 움직임은 그 자체가 반사작용이다.
이에 수반되는 고통스러운 감각(painful sensation)이 없다는 결론이
따라 나오지는 않는다. 설사 그 감각이 반사작용의 결과가 아니고 반
사작용보다 천분의 수초 이후에 발생하는 것일지라도 말이다. 반사작
용이기도 하면서 고통스러운 경험이 동반되지 않는 행동과, 반사작용
적이건 아니건 고통이 동반되는 행동을 구별하는 것은 추론에만 따라
서도 이루어질 수 있다. 부분적으로는 신생아를 관찰함으로써 도출된
상식은 후기 임신 단계와 초기 신생아 단계의 인간은 의식이 있다고
시사한다. 지배적인 과학적 의견은 이 상식을 강화한다.

　그렇다면 결론적으로 28주에서 30주의 임신 단계에서는 태아는 적
어도 최소한의 뜻에서 의식이 있다고 생각할 무시할 수 없는 증거가
있다. 그 증거와 발달 과정의 점진적인 성격을 고려하면, 가장 초기
의식의 징후가 완전한 형태를 갖추었을 가능성은 높지 않다. 의식 수

준이 점차 발달하는 것일 가능성이 훨씬 더 높다. 실제로 인간에게 의식은 자의식(self-consciousness)으로 점진적으로 발달한다. 그러므로 의식적 이익은 갑작스럽게 발생하지 않는다. 그게 아니라 그 이익은 항상적인 속도는 아니지만, 점진적으로 출현한다.

존재 계속의 이익

만일 어떤 주체가 28주에서 30주의 임신 기간에야 도덕적으로 유관한 의미에서 존재하게 된다면, 그 단계 이전에는 누군가 존재하게 되는 것은 여전히 낙태라는 수단으로 방지될 수 있다. 그러므로 존재한 적이 없는 것이 낫다면, 그 시기 전에는 분만하기보다는 낙태를 하는 것이 더 낫다.

이로부터 28주에서 30주 이후의 그 어떤 시점에서의 낙태가 (잠정적으로라도) 그르다는 결론이 따라 나오지는 않는다. 왜냐하면 최소한의 의식만 있는 존재자가 도덕적으로 고려할 이익을 갖는다는 점을 인정하더라도, 그 존재자가 존재 계속(continured existence)에도 도덕적으로 고려할 이익(morally considerable interest)을 갖는다는 점은 부인할 수 있기 때문이다. 그래서 의식 있는(그러나 자의식은 없는) 존재자에게 고통을 가하는 것은 잠정적으로 그르지만, 그 존재자를 고통 없이 죽이는 것은 그르지 않을 수도 있다는 논증을 제기할 수 있다.

마이클 툴리(Michael Tooley)가 이 견해의 지지자 가운데 한 사람이다.[20] 그의 논증(그 논증의 일부는 내가 앞서 개관했던 레이먼드 프

---

20   Tooley, Michael, 'Abortion and Infanticide', *Philosophy and Public Affairs*,

레이의 논증을 닮았다)[21]은 다음과 같이 제시할 수 있다:

(1) "A가 경험을 비롯한 정신 상태(mental states)의 주체로서 존재를 계속할 권리를 갖고 있다"는 진술은 "A가 경험을 비롯한 정신 상태의 주체이고, A는 경험을 비롯한 정신 상태의 주체로서 계속 존재하기를 욕구할 능력이 있으며, 만일 실제로 그러한 존재자로서 계속 존재하기를 욕구한다면, 다른 이들은 그가 계속 존재하는 것을 막지 않을 잠정적 의무(prima facie obligation)를 진다"와 대략 같은 뜻이다.[22]

(2) 욕구를 갖는 것은 어떤 명제가 참이기를 소망하는 것이다.

(3) 어떤 명제가 참이기를 소망하기 위해서는 그 명제를 이해해야만 한다.

(4) 주어진 명제에 포함된 개념을 갖지 않으면 그 명제를 이해할 수 없다.

(5) 그러므로 주체가 가질 수 있는 욕구는 주체가 보유한 개념에 의해 제한된다.

(6) (어떠한 발달 단계에 있는) 태아도 어린 유아도 경험을 비롯한 정신 상태의 주체로서 그 자신에 대한 개념을 갖지 못한다.

(7) 그러므로 태아도 유아도 계속 존재할 권리를 가질 수 없다.

툴리 교수는 존재자가 계속 살 권리를 가질 수 있을 때가 언제인지에 관해 이야기한다. 그리고 그는 때때로 이런 종류의 진지한(seri-

---

21   비록 내가 역순으로 제시하기는 했지만, 툴리의 논문은 프레이의 논문 이전에 출간되었다.

22   Tooley, Michael, 'Abortion and Infanticide', p. 46.

ous) 권리에 관해 이야기한다. 나는 (관련된) 이익 개념보다 권리에는 덜 관심을 기울이고 있기 때문에, 나는 그의 논증을 왜 태아와 유아가 존재 계속에 이익을 가질 수 없는지에 관한 논증으로 논하겠다.

그의 논증에는 극도로 논란의 여지가 많은 전제 몇 가지가 있다. 첫째로, 존재 계속에 대한 이익(또는 권리)을 분석해 보았을 때, 존재 계속에 대한 욕구를 언급해야만 한다는 것은 명백한 것과는 거리가 멀다. 주체가 그것이 만족되기 위해서는 계속되는 삶이 필요한 무엇인가 다른 것을 욕구하는 것으로도 확실히 충분할 것이다. 그러므로 그저 의식 있는 어떤 존재가 그것이 방금 가졌던 동일한 유쾌한 경험을 더 원한다면, 그리고 만일 그 욕구와 그 욕구가 발생시킨 이익이 도덕적으로 고려할 대상이라면, 이 존재는 설사 약한 것이라고 해도 계속된 삶에 이익을 가질 수 있다.

이에 대한 대응으로 어떤 태아도 어린 유아도 아무런 욕구도 가질 수가 없다고 이야기할지도 모르겠다. 그러나 존재 계속의 이익이 분석되었을 때, 어떠한 욕구라도 언급해야만 한다는 전제 역시 논란의 여지가 덜한 것이 아니다. 주체가 그것을 욕구하지 않더라도 주체의 이익이 계속된 삶으로 꾀해지는 것이 전적으로 가능하다. 툴리 교수가 자신의 분석을 수정하여 "X에 대한 개인의 권리는 그가 X를 욕구하는 때뿐만 아니라 (i) 그가 정서적으로 불안정한 상태에 있거나 (ii) 일시적으로 의식이 없거나 (iii) X의 부재를 욕구하도록 조건화된 경우 중 하나가 성립하는 경우 그 상황에 처하지 않았더라면 그가 지금 X를 욕구하였을 때에도 침해될 수 있다"고 말할 때 실제로 이 문제를 다루고 있는 것이다.[23] 이러한 수정은 몇몇 난처한 반례를 피하게 해

23　Tooley, Michael, k 'Abortion and Infanticide', p. 48.

준다. 그러나 왜 다음과 같은 규정이 추가될 수 없는지 의아해할 수 있다: (iv) 필요한 개념을 결여하고 있다. 첫 세 조건을 추가한 동인이 된 것은 계속된 삶이 그 세 조건을 충족하는 이들의 이익이 된다는 한 뜻(sense)이다. 그러나 우리 대부분은 경험의 주체로서 그 자신에 대한 개념을 결여하고 있는 의식 있는 주체에도 계속된 삶이 동일한 뜻에서 이익이 될 수 있다고 생각한다. 몇몇 경우를 욕구 해명에 집어넣으려고 한다면, 다른 것도 쉽게 또 집어넣을 수 있다. 그러나 더 나은 접근법은 중요한 것은 욕구가 아니라 (의식 있는 존재의) 이익이라고 말하는 것이다.

욕구를 위한 능력이 필수적이라 할지라도 우리는 여전히 두 번째 전제를 다툴 수 있다. 즉 욕구를 갖는다는 것은 어떤 명제가 참이기를 소망한다는 것이라는 전제 말이다. 우리는 아기가 배고픔과 음식 및 그 둘의 관계에 관한 명제를 의미 있게 이해하지 못한다고 하더라도 고픈 배를 채우고 싶어 하는 아기의 욕구에 관해 꽤나 의미 있게 이야기할 수 있다. 두 번째 전제가 무너지면 논증의 나머지도 무너진다.

툴리 논증이 거부되어야 한다고 생각하기는 하지만, 그의 견해는 지지되어야 하는 진실의 일면(a kernel of truth)을 갖고 있다. 내가 주장했듯이 최소한도로 의식 있는 존재자가 존재 계속에 이익을 갖는다고 말하는 것은 그 이익이 자의식적인 존재자의 이익과 같이 강한 무엇이라고 말하는 것은 아니다. 계속된 삶에 대한 이익(the interest in continued living)은 추가적인 유쾌한 경험에 대한 꽤 가장 기본적인 이익에서 파생되는 것인 경우, 자의식과 기획과 목표가 등장하는 경우보다는 훨씬 더 약한 것이다. 자의식, 기획, 목표가 등장하는 경우에는 존재는 그 자신의 삶에 훨씬 더 많이 투자한 것이며, 그래서 죽거나 죽임을 당함으로써 훨씬 더 많은 것을 잃을 지위에 있게 된다.

그러나 가장 초기 이익이 약한 것이라는 사정은 그것들이 전혀 이익이 아님을 의미하지는 않는다.

내 견해의 장점 하나는 도덕적 지위(moral standing)가 똑같은 것으로 주체가 갖거나 갖지 않는 무엇인가가 아니라고 한다는 점이다. 도덕적 지위에는 다양한 정도가 있을 수 있다. 도덕적 지위가 의식이나 자의식과 같은 다른 속성에 속발하는 것임을 고려할 때, 그리고 이 다른 속성이 갑자기 발생하는 게 아니라 점진적으로 발달한다는 점을 고려할 때, 도덕적 지위를 정도의 문제라고 하는 것이 이치에 닿는다. 어떤 존재를 발달 단계의 일정한 단계에 이르기 전까지는 죽이는 것이 전혀 그른 일이 아닌데 갑자기 그 존재를 죽이는 게 심각하게 그른 일이 된다는 것은 매우 기이하다.

이 점을 고려했을 때 우리는 주체가 도덕적으로 유관한 이익을 획득하기 시작할 때가 언제인가는, 낙태가 도덕적으로 선호할 만한가를 살펴볼 때 유관한 유일한 질문이 아님을 알 수 있다. 존재 계속에 대한 이익이 얼마나 강한가 역시 중요하다. 약하고 제한된 이익은 다른 고려 사항에 의해 더 쉽게 물러나게 될 것이다. 이 고려 사항은 다른 이들의 이익을 포함하지만, 태아나 어린 유아에서 발달하게 될 그 사람의 미래 삶의 질 같은 요인도 포함한다.

존재자가 그 자신의 삶에 최소한도로 투자가 된 한(invested in its own life), 이 이익은 미래 해악의 전망으로 인해 더 쉽게 물러난다. 존재하기의 이익이 강해질수록 그 이익을 물러나게 하기 위해 요구되는 해악의 정도는 점점 심각해져야만 한다. 그래서 만일 특별히 고통스러운 존재의 계속을 방지하기 위해서라면 일부 임신 후기 낙태—의식 발달 이후의 낙태—그리고 심지어 유아 살해의 몇몇 경우조차도 도덕적으로 바람직할 수도 있다.

사는 것에 관한 이익을 포함하여 도덕적으로 유관한 이익이 점진적으로 출현한다는 견해를 위협하는 두 가지 꽤 유명한 노선의 논증이 있다. 첫 번째 노선의 논증은 R. M. 헤어(Hare)의 황금률 논증이고, 두 번째 노선의 논증은 돈 마퀴스(Don Marquis)의 우리의 것과 같은 미래(Future-Like-Ours) 논증이다. 이 두 논증 모두 낙태가 임신의 가장 초기 단계에서조차도 잠정적으로 그르다는 점을 보이려는 것이다. 나는 이 논증들을 차례로 살펴보고 거부할 것이다.

황금률

리처드 헤어(Richard Hare)는 낙태에 반대하는 잠정적인 논거를 제시하기 위하여 '황금률'을 활용하였다.[24] 황금률은 (그 적극적인 형태에서는) "우리는 다른 사람이 우리에게 했으면 하는 대로 다른 사람에게 행해야 한다"고 말한다.[25] 이를 논리적으로 확장하면 "우리가 우리에게 행해졌음을 기뻐하는 대로 다른 사람에게 행해야 한다"는 규칙을 낳는다고 한다.[26] 이를 고려하면 '우리가 어느 누구도 우리의 출생으로 귀결된 임신을 중지하지 않았다는 점을 기뻐하기 때문에, … 우리는 다른 사정이 동일하다면, 우리의 것과 같은 삶을 가질 사람의 출생으로 귀결될 어떠한 임신도 중절하지 않아야 할 것이 명해진다.'[27]

24　Hare, R. M., 'Abortion and the Golden Rule', *Philosophy and Public Affairs*, 4/3 (1975) pp. 201-22.

25　Ibid. p. 208. 그 소극적인 형태로는 그 격률은 우리가 다른 사람들이 우리에게 하기를 원치 않는 것을 다른 이들에게 행해서는 안 된다고 말한다.

26　Ibid. p. 208.

27　Ibid.

이 논증의 약점에 관하여 많은 것이 이야기될 수 있고 많은 것이 이야기되어 왔지만, 나는 내가 존재하게 되는 것의 해악에 관하여 개진한 논증에 의해 강조되는 그 논증의 결점들을 논하겠다.

물론 모두가 낙태되지 않아서 기뻐한다는 것은 참이 아니다. 헤어 교수는 그러한 사람들이 자신의 논증에 제기하는 도전을 검토한다. 그러나 그는 그들이 태어난 것을 기뻐했더라면, 어느 누구도 그들을 낙태하지 않았기를 바라야만 한다고 논한다. 이 대응의 문제는 태어나서 좋다는 선호를 도덕적 시금석(the moral touchstone)으로 삼는다는 것이다. 그가 태어나지 않았기를 바라는 선호를 규준으로 삼았다면, 태어난 것을 기뻐하는 사람들은 그들이 기뻐하지 않았더라면 누군가 그들을 낙태했어야 했다고 바라야 한다고 이야기할 수 있게 된다. 이 중 어느 쪽의 사람이라도 그가 실제로 가진 것과 반대의 선호를 가졌다면, 황금률은 그의 선호가 실제로 그러한 경우에 산출할 것과는 반대의 결론을 산출하리라는 것은 명백하다. 태어나서 기쁘지 않은 사람들의 경우에는 헤어 교수의 대답은 작동하지 않을 것이다.

그렇다면 어떤 선호가—태어난 것이 좋다는 선호와 태어난 것이 좋지 않다는 선호—이겨야 한다고 어떻게 결정할 것인가? 태어나서 좋다는 선호를 찬성하여 개진할 수 있는 논증 하나는 대부분의 태아들은 이 선호를 가지는 사람으로 발달한다는 것이다. 그래서 이 선호가 귀결될 것이라는 가정 위에서 작업하는 것이 통계적으로 더 신뢰할 만하다고 한다. 그러나 통계적 신뢰성(statistical reliability)에도 불구하고 이 선호로 사안을 결정해서는 안 되는 두 이유가 있다.

첫째 이유는 조심성의 원리(a principle of caution)이다. 이 원리를 따르는 이들은 만일 누군가 태어나지 않았으면 하는 선호를 잘못 추정하더라도 아무도 괴로움을 겪지는 않지만, 태어났으면 하고 바라는 선호를 잘못 추정하면 실제로 사람들이 괴로움을 겪게 된다는 점을 인식한다. 어떤 사람이 한 태아가 태어난 것에 기뻐할 누군가로 발달하리라고 추정한다고 상상해 보자. 그래서 그 사람은 태아를 낙태하지 않는다. 만일 그 사람의 추정이 잘못되었다면, 그래서 이 태아가 태어나지 않은 것에 기뻐하지 않는 누군가로 발달한다면, 잘못된 추정이 이루어진 대가로 (일생 동안) 괴로움을 겪는 누군가가 있게 된다. 이제는 반대의 추정을 한다고 해보자. 즉 태아가 태어난 것을 기뻐하지 않는 누군가로 발달하리라고 추정한다고 해보자. 그래서 그 사람은 태아를 낙태한다. 만일 이 추정이 잘못되었다고 해도 그리하여 이 태아가 태어난 것을 기뻐했을 누군가로 발달했을 것이라 해도, 잘못된 추정으로 괴로움을 겪을 누구도 존재하지 않게 된다.

후자의 추정으로 괴로움을 겪을 누군가가 있다고, 즉 낙태되는 태아가 바로 그 사람이라고 반론을 제기할지도 모르겠다. 이에 대응하여 두 논점을 지적할 수 있다. 첫째, 이 노선의 대답은 헤어 교수에게는 열려 있지 않다. 헤어 교수는 낙태가 행해지는 경우에 "보통의 성인과 심지어 아이도 갖고 있으며 성인과 아이를 죽이지 않을 우리의 이유가 되는 그 속성들을 획득하기도 전에 어쨌거나 죽을 것이라는 점을 고려하면, 태아는 지금, 즉 현재 시점에 그것을 죽이지 않을 이유들인 속성을 갖고 있지 않다"[28]고 생각한다. 헤어 교수의 논증은 명시적으로 태아로서 가진 여하한 속성이 아니라 태아의 잠재성에 관한

---

28 Hare, R. M., 'A Kantian Approach to Abortion', *Essays on Bioethics* (Oxford: Clarendon Press, 1993) p. 172.

* 역자 주: 숙지된 선호는 합리적 선택을 하기 위해 필요한 관련 정보를 모두 안 상태에서 형성된 선호이다.

것이다. 둘째로, (헤어 교수와는 달리) 태아가 실제로 지금 태아를 낙태의 피해자로 만들 수 있는 속성들을 보유한다고 주장하는 것은 황금률 논증과 같은 잠재성 논증의 목적을 약화시키는 것이다. 잠재성에 근거한 논증의 전체 목적은 설사 태아가 그를 죽이지 않은 이유인 속성들을 태아로서는 갖지 않는다고 하더라도 낙태는 그를 수 있다는 점을 보이는 것이기 때문이다.

　태어나지 않았기를 바라는 선호를 찬성하는 두 번째 이유는, 존재하게 되는 것이 내가 2장과 3장에서 논한 바와 같이 항상 심각한 해악이라는 것이다. 만일 그 논증들이 건전하다면, 존재하게 됨으로써 이득을 보았다고 생각하는 사람들은 잘못 판단한 것이며, 존재하게 되어 좋다고 보는 선호는 따라서 잘못된 신념에 기반하고 있다. 잘못된 전제에 기대어 황금률 (또는 칸트적) 논증을 활용하는 것은 상당히 기이하다. 만일 어떤 선호가 숙지되지 않은 것(uninformed)이라면 우리가 다른 사람들을 어떻게 대우해야 하는가를 왜 그 선호에 따라 결정해야 하는가?* 예를 들어 흡연의 위험에 대한 무지에 기반을 둔 담배를 알게 되어 기쁘다고 하는 널리 퍼진 선호를 생각해 보라. 헤어 교수의 규칙을 활용하면서 그러한 욕구를 가진 사람은 다음과 같이 추론할 수 있다: "나는 흡연하도록 장려되어 기쁘다. 그리고 나는 다른 사람도 흡연하도록 장려하겠다." 그러한 추론은 흡연하도록 장려되어서 좋다는 선호가 흡연의 위험에 대한 온전한 지식을 갖춘 상태에서 정식화되었을 때에도 충분히 문제가 있다. 그러나 그 선호가 숙지된 것이 아닐 때에는 모든 것을 고려한 (정확한) 판단이라고 주장조차 할 수 없으며, 따라서 훨씬 더 문제가 있다. 마찬가지로 많은 사람들이 존재하게 되어 기뻐한다는 사실은 다른 이들을 존재하게 만들 좋은 이유가 아니다. 특히 존재를 향한 그러한 선호가 존재하게 됨으로써 자신이 이득을 보았다는 잘못된 신념에서 나왔을 때는 말이다.

태어났기를 바라는 선호가 잘못된 판단이라는 점은 헤어 교수의 논증에 대한 (독립적으로) 매우 강력한 또 다른 비판에 추가적인 뒷받침을 해준다. 그의 논증의 첫 번째 전제—황금률의 논리적 확장 (the logical extension)—가 거짓이라는 점이 지적되어 왔다. 누군가 어떤 사람을 위해 무엇인가를 해줘서 어떤 사람이 기쁘다는 것과, 그렇게 해준 사람이 해준 대로 했어야 할 의무가 있었다고 생각하는 것 사이에는 차이가 있다. 우리가 행해지기를 바랄 수 있는 (또는 행해져서 기뻐하는) 많은 것들이 모두 행해져야 한다고 (또는 행해졌어야 한다고) 생각하는 무엇인가는 아니다. 다른 사람들이 그 방식으로 우리를 대우할 (또는 우리가 그들을 그렇게 대우할) 의무가 없다는 점을 인정하면서도 그 방식으로 대우받기를 바랄 수 있다.[29] 선호가 결함이 없을 때에도 이는 참이다. 그 논지는 우리의 선호가 숙지된 것이 아니라 잘못 판단하여 형성한 것일 때에는 한층 더 강력해진다.

만일 내가 주장한 바와 같이 존재하게 되는 것이 해롭다면, 그리고 (적어도 임신의 초기 단계에서는) 도덕적으로 유관한 의미에서 아직 존재하게 되지 않았다면, 합리적 당사자들은 그들이 낙태되었기를 의욕할 것이다. 황금률의 적용은 그렇다면 그들이 다른 이들에게도 마찬가지로 할 것을 요구할 것이다.

---

29   Boonin, David, 'Against the Golden Rule Argument Against Abortion', *Journal of Applied Philosophy*, 14/2 (1997) pp. 187–97.

'우리의 것과 같은 미래'

낙태에 반대하는 돈 마퀴스의 논증은[30] 우리—성인인 인간(또는 적어도 그들을 죽이는 것을 허용되는 일로 만들 어떠한 행위도 저지르지 않은 지속할 가치가 있는 삶을 가진 성인 인간)을 죽이는 것은 그르다는 가정에서 출발한다.

이것이 그른 이유에 대한 최선의 설명은, 주체의 삶의 상실은 그 주체의 미래 가치를 주체로부터 박탈한다는 점이라고 한다. 주체가 죽임을 당할 때, 주체는 모든 미래 쾌락, 그리고 주체의 현재와 미래의 목표와 기획을 추구할 능력을 박탈당한다. 그런데 대부분 태아는 우리와 같은 가치 있는 미래가 있다. 마퀴스 교수는 이로부터 이 태아들을 죽이는 것도 그름이 틀림없다는 결론을 도출한다.

마퀴스 교수는 그의 논증이 몇 가지 장점이 있다는 점을 지적한다. 첫째, 그의 논증은 종차별주의(speciesism)의 문제를 피한다. 즉 그의 논증은 인간 태아의 삶이 그것이 단지 인간이라는 이유로 가치 있다고 주장하지 않는다. 가치 있는 미래를 갖는 인간이 아닌 동물이 있다면, 그들을 죽이는 것 역시 그를 것이다. 그리고 미래 삶의 질이 너무나 궁핍하여 가치 있는 미래를 갖고 있지 않은, 태아를 포함한 인간들을 죽이는 것은 꼭 그르게 되는 것은 아니다. 둘째, 우리의 것과 같은 미래 논증(future-like-ours argument)은 '인격체인 사람'(persons)—합리적이고 자의식적인 존재—을 죽이는 것만이 그르다는 견해에서 발생하는 문제를 피하게 해준다. 우리의 것과 같은 미래 논증에 의

30   Marquis, Don, 'Why Abortion is Immoral', *The Journal of Philosophy*, 86/4 (1989) pp. 183-202.

하면, 아주 어린 아이들 및 유아를 죽이는 것은 명백히 그르며 또한 이는 성인을 죽이는 것이 그른 것과 동일한 이유로 그르게 되지만, 인격체인 사람임(personhood) 기준에 의하면 그렇지 않다고 한다.* 셋째, 우리의 것과 같은 미래 논증은, 낙태가 **잠재적 사람들**을 죽이는 일을 포함하기 때문에 그르다고 말하지 않는다. 그러한 논증은 왜 잠재적 사람들이 실제 사람들과 동일한 대우를 받을 자격이 있는지 설명할 수 없다. 우리의 것과 같은 미래 논증은 태아의 실제 속성 ─ 즉 우리의 것과 같은 미래가 있다는 속성 ─ 에 기반을 두지 어떤 잠재적 속성에 기반에 두고 있지 않다.

   마퀴스 교수는 그의 우리의 것과 같은 미래 해명에 대한 두 대안을 살펴보고는 거부한다. '욕구 해명'(desire account)에 따르면 우리를 죽이는 것이 그른 점은 그것이 사람들이 가진 계속 살고자 하는 중요한 욕구를 좌절시킨다는 점이라고 한다. 그러나 이 해명은 살 의지를 잃어버린 우울증에 걸린 사람들, 또는 자고 있거나 혼수상태여서 죽임을 당하는 시점에 계속 살고자 하는 욕구가 있다고 이야기할 수 없는 사람들을 죽이는 것도 그른지를 설명할 수 없다고 마퀴스 교수는 말한다. 비록 다른 사람들이 낙태를 허용하는[31] 우리의 것과 같은 미래 논증의 수정된 욕구 판본(modified desire version)을 옹호하기는 했지만, 나는 그보다는 돈 마퀴스가 '중단 해명'(discontinuation account)이라고 한 것을 옹호하고자 한다. 이 해명에 의하면 우리를 죽이는 것은 가치 있는 경험, 활동, 그리고 삶의 기획의 중단을 포함하기 때문에 그르다. 임신의 꽤 후기 직전까지는 우리가 살펴보

---

* 역자 주: 이하에서 'person'을 간단히 '사람'으로 번역했다.

31   Boonin, David. *A Defense of Abortion*, pp. 62-85.

았듯이 태아는 아무런 경험이 없으며 한층 더 강력한 이유로 (여하한 유관한 의미에서)³² 기획이나 활동을 갖지 않는다. 그래서 낙태는 의식의 발달 이전에는 중단 해명에서는 그르지 않다.

돈 마퀴스는 그른 것이 그저 경험의 중단일 수는 없다고 말한다. 만일 미래의 경험이 순전한 괴로움이라면, 중단은 실제로 선호할 만할 수 있다고 한다. 그래서 중단 해명은 그것이 중단될 경험의 **가치**를 언급하지 않고서는 작동할 수 없다고 한다. 더군다나 바로 직전의 과거 경험의 성격은 유관하지 않다고 그는 말한다. 그 사람이 참을 수 없는 고통 속에 있었는지, 혼수상태에 있었는지, 가치 있는 삶을 향유하고 있었는지는 아무런 차이를 가져오지 않는다고 한다. 그는 그 사람의 미래 가치만이 중요한 것이라고 결론 내린다. 만일 그렇다면 중단 해명은 우리의 것과 같은 미래 해명으로 정리된다고 말한다.

그러나 이 추론은 지나치게 성급하다. 중단 해명은 비록 미래의 가치가 (가치 있는 미래를 가진 이들의) 살해의 그름을 설명하는 데 필요조건이기는 해도 충분조건은 아니라고 말할 수 있다. 그러한 [조건이 붙은 중단] 해명은 도덕적으로 유관한 이익을 가진 존재만이 가치 있는 미래에 도덕적으로 유관한 이익을 갖는다고 주장할 수 있다. 그래서 그른 것은 이미 도덕적으로 유관한 이익을 가진 존재의 삶의 중단이다. 다시 말해서 살해가 그른 일이 되려면, 그 미래는 가치 있는 것이어야만 하지만, 또한 그 미래는 이미 도덕적으로 중요한 존재의 미래이기도 해야 한다.

이에 대해 돈 마퀴스는 우리의 것과 같은 미래를 가진 **모든** 존재자

---

32   활동으로서 '자라기', 자궁 안에서 '차기' 등을 열거하기를 원하는 사람들이 있을까 봐 이 조건을 부가하였다.

들은 그러한 미래를 가진 덕택에 도덕적으로 고려해야 할 이익—그 미래를 향유하는 이익—을 가진다고 응수할지도 모르겠다. 그러나 왜 그는 (상대적으로 미발달한) 인간 태아가 지금 그러한 이익을 가진다고 생각하는가? 그의 답변은 우리가 그때에도 그 미래를 나중에 향유하게 될 존재자를 고유하게 식별할 수 있다는 것으로 보인다. 이것은 왜 피임은 우리의 것과 같은 미래 논증에 의해서 배제되지 않는가에 관한 그의 논의에서 드러난다. 피임은 우리의 것과 같은 미래를 막지만, 피임의 경우에 우리는 박탈된 미래의 주체를 (비자의적으로) 집어낼 수 없다고 그는 말한다. 그는 해악의 네 가능한 주체를 살펴본다: (1) 어떤 정자 또는 다른 정자 (2) 어떤 난자 또는 다른 난자 (3) 한 정자와 난자 따로 (4) 한 정자와 난자 함께. 마퀴스는 (2)를 마찬가지로 쉽게 선택할 수도 있기 때문에 (1)을 선택하는 것은 자의적이라고 한다. 그리고 (2) 역시 자의적인데 마찬가지로 쉽게 (1)을 선택할 수 있기 때문이라고 한다. 주체 (3)을 미래가 박탈될 주체라고 집어내는 것은 옳을 수가 없는데, 이는 피임이 실행되지 않았을 경우 결과로 오게 될 그 사람의 한 미래가 아니라 지나치게 많은—그 정자와 난자의—미래가 있을 것이기 때문이라고 한다. 마지막으로, 그는 (4)도 타당할 수 없다고 한다. 이는 정자와 난자의 실제 결합이 없기 때문이라고 한다. 그것이 가능한 결합에 불과하다면, 우리는 모든 가능한 결합 중에서 어느 결합인지를 이야기할 수 없다고 한다.

나는 낙태나 피임의 도덕성이 생물학적 의미에서 존재하게 되는 때가 언제인지의 쟁점과는 달리, 존재자의 동일성에 달려 있다고 생각하지 않는다. 돈 마퀴스는 명백히 이에 관해 의견을 달리하지만, 그가 그렇게 의견을 달리하기 때문에 그의 견해는 기이한 함의를 갖는다.

이 점을 보기 위해서 인간의 생식 생물학이 지금과 약간 다르다고 상상해 보자. 정자와 난자가 새 유기체를 위해 각각 유전형질의 반을 제공하는 대신, 이 중 하나가 모든 DNA를 제공하고 다른 하나는 단지 영양분이나 세포 분화를 시작하기 위한 자극만을 제공한다고 해보자. 예를 들어 만일 정자가 모든 유전형질을 담고 있고 오직 영양분을 위해서만 난자가 필요하다고 해보자.[33] 그 경우 정자와 난자의 관계는 상대적으로 수정란과 자궁 사이의 현재 관계와 닮을 것이다. 그 경우에 앞의 (1)은 피임의 피해자로 이야기할 수 있으며 그리하여 피임은 우리의 것과 같은 미래 논증에 의해서는 그른 일이 될 것이다. 그래서 마퀴스 교수의 견해에 의하면, 도덕적 쟁점은 정자가 유전형질을 반만 전하는지 전부 전하는지에 달려 있다.

그러나 피임이 도덕적으로 살인에 가까운지 여부에 그것이 어떻게 차이를 만들어낼 수 있는지 이해하기란 어렵다. 다시 말해서 어떻게 하여 단순한 유전적 개별화가, 우리의 것과 같은 미래를 막는 일이 그른지 아닌지에 모든 차이를 만들어낼 수 있단 말인가? 만일 중요한 것이 정말로 우리의 것과 같은 미래라면, 왜 그것은 유전적으로 온전한 유기체의 미래여야만 하는가? 나의 대안적 제안은 이 견해의 기이한 함의를 피하는 것으로서, 중요한 것은 도덕적으로 유관한 이익을 가진 존재자의 가치 있는 미래라는 것이다. 그 삶에서 도덕적으로 유관한 이익을 가진 존재의 가치 있는 삶을 중단하는 것은 (잠정적으로) 그르다.

나의 해명은 우리의 것과 같은 미래 해명보다 또 하나의 우위점이

---

33 이것은 아리스토텔레스와 같은 고대인들이 가졌던 견해였다. 아리스토텔레스는 정자가 축소인간(homunculus)이며 여성의 기여는 오직 그 축소인간을 잉태하는 것에 불과하다고 생각했다.

있다. 만일 미래의 가치가 중요한 모든 것이라면, 30세를 죽이는 것보다 태아를 죽이는 것이 더 나쁠 것이다. 이것은 태아가 다른 사정이 모두 동일하다면, 더 긴 미래를 가질 것이며, 따라서 더 많은 것을 박탈당할 것이기 때문이다. 더 큰 박탈은 우리가 30세와 90대의 죽음을 비교할 때에는 이치에 닿는다. 이 경우 대부분의 사람들은 30세의 죽음을 더 못한 것으로 여긴다. 이에 대한 최선의 설명은 태아는 아직, 30세가 가진 그 자신의 존재에 대한 이익을 획득하지 않았다는 것이다. 30세와 90대의 사안은 다음 두 방식 중 하나로 설명할 수 있다. 둘다 지속되는 삶에 동등한 이익이 있을 수 있지만, 90대는 남아 있는 삶이 더 적다. 또는 일부 경우만이기는 하지만, 90대의 삶에 대한 이익이 아마도 삶이 나이를 먹고 노화함에 따라 더 못하게 되었다거나 해서 이미 줄어들기 시작했기 때문일 수도 있다.

태아, 젊은 사람, 늙은 사람을 죽이는 일의 상대적 나쁨에 관한 직관을 설명하는 연관된 방법이 있다. 그 방법 중에 제프 맥마핸(Jeff McMahan)의 시간 상대적 이익(time-relative interests)이라는 관념이 있다. 이 관념을 그는 삶의 이익(life interests)과 구분한다. 삶의 이익은 "시간적으로 연장된 존재로서 자기 자신을 위해 더 낫고 못하게 되는 것에 관심을 갖는다.; 그 이익은 자기 삶 전체를 위해 더 낫고 못한 것을 반영한다."[34] 이와는 대조적으로 시간 상대적 이익은 특정 시기의 주체의 이익이다. 즉 특정 시기에 '신경 쓸 자기 본위적인 이유를 가지고 있는'[35] 이익이다. 이 두 종류의 이익은 동일성이 자기 본위적 관심의 기반인 한에서 동연적(coextensive)이다. 그러나 맥머

---

34 McMahan, Jeff, *The Ethics of Killing: Problems at the Margins of Life* (New York: Oxford University Press, 2002) p. 80.

35 Ibid.

핸 교수가 (파피트 교수를 따라)[36] 심리적 연속성이 동일성보다 더 중
요하다고 생각하기 때문에, 삶의 이익과 시간 상대적 이익은 갈라지
게 된다. 이 이익 각각에서 발생하는 것이, 죽음의 나쁨에 관한 경쟁
하는 해명들이다. '삶 비교적 해명(Life Comparative Account)'에 따
르면, 죽음은 그것이 끝내는 삶의 총 가치가 그러지 않았더라면 있었
을 가치보다 적은 정도만큼 더 못하다.[37] 이 해명에서 태아의 죽음은
30세의 죽음보다 훨씬 더 못하다. 왜냐하면 태아의 삶의 총 가치는 30
세에 죽는 이의 삶의 총 가치보다 더 작기 때문이다.* 그러나 시간 상
대적 이익 해명(Time Relative Interest Account)에 의하면, 죽음의
나쁨은 피해자의 시간 상대적 이익에 따라 평가된다.[38] 맥머핸 교수는
이 해명을 선호하는데, 그 이유 중 일부는 그것이 30세의 죽음이 태아
의 죽음보다 더 못하다는 점을 설명해 준다는 것이다.[39] 태아는 자신
의 미래의 자아―우리의 것과 같은 그것의 미래―에 분별을 가지고
서 연결되어 있지 않다. 반면 30세는 자신의 미래 자아에 분별을 가지
고서 연결되어 있다.

결론

태아가 임신의 초기 단계에서 도덕적 지위를 결여한다는 나의 견해는

---

36   Derek Parfit, *Reasons and Persons*, Part 3.
37   McMahan, Jeff, The Ethics of Killing, p. 105.
*   역자 주: 그 시점에 죽지 않았다면 있었을 삶의 총 가치(A)-죽은 시점까지의 삶
의 총 가치(B)의 값이므로 빼는 값(B)이 작을수록 죽음이 더 나쁘게 되는 것이다.
38   Ibid.
39   Ibid. p. 105, p. 165 ff.

친선택 입장의 옹호자들 사이에서는 흔한 것이다. 비록 내가 주장한 것만큼 긴 기간 동안만큼이나 태아가 그 어떠한 도덕적 지위도 결여한다고는 덜 흔하게 주장되기는 하지만 말이다. 임신 초기 단계에서 태아가 도덕적 지위를 결여한다는 견해를 존재하게 되는 것은 항상 해악이라는 견해를 결합시키면, 낙태에 대한 현재의 지배적인 추정을 거꾸로 뒤집어 놓게 된다. 임신을 지속하는 것을 찬성하는 추정 대신 우리는 적어도 임신의 초기 단계에서는 태아를 분만할 때까지 임신하는 것에 반대하는 추정을 채택해야 한다. 이것은 낙태에 관한 '친죽음' (pro-death) 견해이다. 이 견해에 의하면 (임신의 초기 단계에서는) 정당화를 필요로 하는 것이 낙태가 아니라 낙태하지 않는 일이다. 왜냐하면 낙태하지 않는다는 것은 누군가가 존재하게 되는 심각한 해악을 겪도록 하는 일이기 때문이다.

　임신의 어느 기간에서 태아가 도덕적 지위를 획득하기 시작하는가에 관해서는 의견 불일치가 있을 수 있다. 의식이 적합한 기준이라는 견해에 의하면, 꽤 진행이 된 임신 단계가 그 시점임을 증거가 뒷받침한다는 점을 나는 보였다. 존재 계속에 대한 최초의 이익이 강하다고 생각하는 이들은 사전 예방적 근거에서 태아를 그보다 다소 더 이른 단계에서부터 가장 기본적인 도덕적 지위는 갖춘 것으로 대우하는 것이 최선이라고 생각할 수도 있겠다. 이것은 그러한 이익을 잘못 좌절시키는 것을 막는 완충 기간을 제공할 것이다. 지속된 존재에 대한 최초의 이익은 약하며 보통의 삶의 괴로움이 매우 나쁘다고 생각하는 이들은 더 어린 태아들이 여하한 도덕적 지위가 있다고 볼 필요가 없다고 생각할지도 모른다. 나는 이 쟁점을 해결하지는 않겠다. 나에게는 그러한 판단을 내리기 위해 요구되는 세밀한 평가적 눈금 매기기에 관하여 합당한 사람들이 의견을 달리할 수 있는 것으로 보인다. 낙

태의 압도적인 다수가 의식이 발생하기 훨씬 이전에 이루어지고 있고
또 이루어질 수 있다는 점을 고려하면, 나는 임신이 도덕적 회색지대
에 이를 때까지 진행되도록 낙태를 고의로 또는 과실로 미루는 것에
는 무엇인가 문제가 있다고만 결론을 내릴 필요가 있을 뿐이다.

나의 결론은 (초기 단계에서) 임신한 여성들이 낙태할 자격이 있다
는 데 그치지 않았다. 나는 (그 단계에서는) 낙태가 태아를 분만할 때
까지 임신하는 것보다 선호할 만하다는 더 강한 주장을 하였다. 이것
은 낙태가 사람들에게 강제되어야 한다고 주장하는 것과 같지 않다.
내가 4장에서 보였듯이 적어도 지금으로서는 우리는 생식의 자유에
대한 법적 권리를 인정해야 한다. 이 논증은 적어도 임신할 자유를 저
지하는 만큼의 힘은 가지고서 (더 큰 힘은 아니더라도) 낙태하지 않
을 자유에 대하여도 적용된다. 그래서 나의 결론은 임신한 여성이 낙
태할지 말지를 선택할 자유를 어떻게 사용해야 하는가에 관한 권고로
여겨야 할 것이다. 나는 그녀가 낙태할 것을 권고하고 있으며, 낙태하
지 않으려면 아주 좋은 이유를 필요로 한다고 주장한다. 그러한 어떠
한 이유도 없다고 내가 생각한다는 점이 분명해졌으리라.

친죽음 견해는 그것을 받아들이지 않는 이들에게도 흥미를 끌 수밖
에 없다. 그것의 가치 있는 특성 중 하나는 그것이 낙태에 대한 법적
권리를 거부하는 친생명가들에게 독특한 도전을 제기한다는 것이
다.[40] 법적 친선택 입장이 친생명가들에게 낙태할 것을 요구하지 않음
에 반해—그 입장은 선택을 허용한다—법적인 친생명 입장은 친선

---

40   모든 친생명가가 정의상 낙태에 대한 법적 권리를 반대한다고 생각하지 않도록
나는 친생명 입장을 타당한 도덕적 입장으로 수용하면서도 사람들이 선택할 법적 권
리를 가져야 한다고 생각할 수 있다는 점을 지적하고자 한다. 그 구분은 자신의 개인
적인 도덕적 견해와 법이 무엇을 말해야 한다고 생각하는지 사이의 구분이다.

택가들이 낙태하는 것을 정말로 막는다. 법이 친생명 입장을 구현해
야 한다고 생각하는 이들은 4장에서의 나의 논증과는 반대로, 대신
출산 자유의 제한에 대한 친생명가들의 헌신과 정신의 결을 같이하여
법이 친죽음적인 것이 되어야 한다고 권고하는 로비 그룹에 관하여
그들이 무엇이라고 이야기할 것인지를 자문(自問)해 볼 만하다. 법적
친죽음 정책은 친생명가들조차도 낙태할 것을 명한다. 이 발상에 직
면하여 법적 친생명가들은 선택의 자유에 대하여 새로 발견한 관심을
가질지도 모른다.

6

인구와 멸종

만일 아이들이 순수 이성의 행위로만 세계에 오게 된다면, 인
류가 계속 존재하겠는가?

아르투어 쇼펜하우어[1]

엄청난 수의 의식적 존재가 지구에 살고 있다. 그보다 어마어마하게
더 많은 수가 이미 이 지구 위에 살았다. 얼마나 더 많은 수의 삶이 있
을 것인가는 열린 질문이다. 그러나 결국에는 모든 삶은 끝이 나게 될
것이다. 이것이 곧 일어나느냐 나중에 일어나느냐는 얼마나 많은 삶
이 있을 것인가에 영향을 미칠 한 요인이다. 그때까지 수많은 요인이
지구에 거주하는 존재의 수에 영향을 미칠 것이다. 인간의 경우에는
개별 사람들의 생식 결정(또는 결정의 부재), 그리고 국가 및 국제기

1 Schopenhauer, Arthur, 'On the Suffering of the World', in *Complete Essays of Schopenhauer*, trans. T. Bailey Saunders, 5 (New York: Wiley Book Company, 1942) p. 4.

구의 인구 정책(또는 정책의 부재)이 한 역할을 할 것이다.[2]

이 장에서 나는 두 연결된 질문 집합을 검토할 것이다. 첫 번째 집합은 인구와 관련되어 있고, 두 번째 집합은 멸종과 관련되어 있다. 인구에 관한 중심적인 질문―상당한 철학적 관심을 끌어왔던 질문―은 '얼마나 많은 사람들이 있어야 하는가?' 이다. 지금쯤은 이 질문에 대한 내 답이 '0' 이라는 것이 놀랍지 않을 것이다. 비록 이 답변이 타당하다고 여기는 (명백히 그렇다고 생각하는 사람들을 포함하여) 몇몇 사람들이 있기는 하지만, 내 답변이 명백히 틀렸다고 생각하는 더 많은 수의 사람들이 있다. 그러므로 나의 목적 중 일부는 나의 '0' 답변이 전형적으로 받는 것보다 더 진지한 고려를 받을 자격이 있다는 점을 보이는 것이다. 이 목적을 위해 나는 이 답변이 인구에 관한 철학 이론의 난제를 어떻게 해결하는지를 보이겠다.

멸종에 관한 중심적 질문은 인간에 적용되었을 경우에는 '인간의 멸종이라는 전망은 유감스러워해야 할 것인가?' 이다. 나는 비록 멸종 과정이 유감스러울 수 있지만, 그리고 비록 인간 멸종의 전망이 어떤 면에서는 우리에게 나쁠 수도 있지만, 모든 것을 고려했을 때에는 더 이상 사람이 없다면 (그리고 정말로 더 이상 의식적인 삶이 없다면) 더 나을 것이라고 답할 것이다. 멸종에 관한 부차적인 질문은 미래에 멸종이 있을 것을 고려할 때, 이 멸종이 더 일찍 오는 것이 나은가 아니면 더 나중에 오는 것이 나은가 하는 점이다. 여기서 나는 비록 매우 임박한 멸종은 우리에게는 더 못할 수 있지만, 그럼에도 더 이른 멸종이 더 나중의 멸종보다는 낫다고 논할 것이다. 이는 더 이른 멸종

---

2   또한 인간은 얼마나 많은 수의 동물들이 있을 것인가도 결정하는 데 한 역할을 한다. 그런 역할을 하는 가장 명백한 경우는 인간이 동물을 번식시키는 상황과 인간이 동물을 불임화하는(할 수 있는) 상황이다.

이 그렇지 않았더라면 시작했을 미래 삶이라는 중대한 해악을 오지 않도록 보장하기 때문이다. 그러나 나는 일부 견해에서는 제한된 수의 새로운 사람들의 창조가 정당화될 수도 있다는 점을 보일 것이다. 만일 그렇다면 비록 멸종이 최대한 일찍 일어날 필요는 없지만 그래도 여전히 나중에 오는 것보다는 이르게 와야 한다. 이에 따라 이 더 완화된 결론도 더 흔한 감상적인 견해인 모든 사정이 동일할 때 인간들이 가능한 한 오래 존속하는 것이 최선이라는 견해에 심히 적대적이다.

비록 인구 질문과 멸종 질문이 연결되어 있기는 하지만, 그것들은 별개의 질문이다. 그 이유 가운데 하나는 인구 규모와 멸종 때까지의 시간이 꼭 상관되어 있지는 않기 때문이다. 명백히 인간들이 더 오래 있으면 더 많은 인간들이 있을 수 있지만, 그렇다고 해서 인간이 더 오래 있다고 해서 더 많은 인간들이 있으리라는 결론이 따라 나오지는 않는다. 멸종 때까지의 시간을 변화시키는 것은 사람의 수에 영향을 미칠 수 있는 한 변수지만, 생식률을 변화시키는 것도 또 하나의 변수이다. 그리하여 만일 멸종이 아마 지구를 갑자기 거주 불가능한 곳으로 만드는 소행성의 충돌 결과로 지금으로부터 약 12년 후에 일어난다고 한다면, 지금의 생식률에 따르면 추가로 약 10억 명의 사람들이 호모사피엔스의 종말 전에 더 있게 될 것이다. 만일 그 생식률이 반으로 줄어든다면, 미래 사람들의 총수 증가 없이 멸종 때까지의 시간은 두 배—즉 소행성이 지금으로부터 12년 뒤가 아니라 24년 뒤에 충돌—가 될 수 있다. 사람들의 수와 멸종 때까지의 시간 간의 관계는 꼭 우연적인 것은 아니다. 그 둘은 상호작용할 수 있다. 그래서 우리는 더 적은 수의 인간들을 낳는 것이 더 많은 수의 인간들이 더 긴 시간 동안 있게 하는 여건을 상상해 볼 수 있다. 아마도 너무 많은 인간들을 갖는 것은 종의 멸종을 야기할 전쟁을 일으킬 수도 있을 것이다.

과잉인구

이 글을 쓰는 지금 약 63억 명의 사람들이 살아 있다.[3] 아주 많은 사람들이 이 수가 너무 많다고 생각한다. 즉 우리는 이미 과잉인구의 문제를 갖고 있다고 생각한다. 다른 사람들은 우리가 인구 증가에 관하여 무슨 조처를 하지 않으면 (또는 무슨 일이 일어나지 않으면) 곧 아주 지나치게 많은 수의 사람들이 곧 있게 될 것이라고 생각한다. 다음 한두 세기 동안 예측되는 인구 규모가 그렇게 크리라고 생각하지 않는 이들도 너무 크게 되는 어떤(some) 인구 규모는 있다고 확실히 생각한다. 어느 누구도 지나치게 큰 어떤 인구가 있다는 점, 또는 다른 말로 해서 과잉인구가 있을 수 있다는 점을 합당하게 부인할 수는 없다.

과잉인구 관념은 규범적이지 기술적이거나 예측적이지 않다. 있을 수 있는 것보다 더 많은 사람은 결코 없을 것이다.[4] 그러나 있어야 하는 사람보다 더 많은 사람은 있을 수 있다. 그러나 인구가 얼마나 많아야 과잉인구가 되는가? 이 질문은 (a) 누적 인구에 관해서도 던질 수 있고 (b) 임의의 시점의 인구에 관해서도 던질 수도 있다. 후자의 질문 — 임의의 어느 시점에서 얼마나 많은 사람이 있어도 되는가? — 이 보통 던지는 질문이다. 이는 임의의 어느 시점에 사는 사람들의 수가 그 사람들 (그리고 그 이후의 사람들)의 후생에[5] 또는 (일

---

3 10억은 1,000,000,000이다.

4 그러나 상당히 오래 유지될 수 있는 것보다는 더 많은 사람들이 있을 수 있다.

5 예를 들어 Kates, Carol A., 'Reproductive Liberty and Overpopulation', *Enviromental Values*, 13 (2004) pp. 51-79.

부 환경주의자가 논하곤 하듯이) 지구에 충격을 줄 수 있기 때문이다. 인간 중심적으로 생각할 때는 나눠 줄 충분한 식량이 없을 수 있으며, 세계가 그냥 지나치게 붐빌 수도 있다. 환경적인 면에서 생각할 때는 아주 많은 인구의 생태 '발자국'은 지나치게 클 수 있다.[6] 그래서 보통 하는 우려는 지나치게 많은 사람들을 한 시점에 또는 어느 특정 기간 내에 갖는 것을 피하는 것이다. 그것은 합당한 우려다. 그러나 내가 지적했듯이 우리는 누적 인구에 관해서도 인구 질문을 던질 수 있다. 즉 전 시기에 걸쳐 얼마나 많은 인구가 있어도 되는가의 질문 말이다.[7] 대부분의 사람들이 이 질문을 이해할 수 있는 한 그것은 현재의 인구, (가능한) 인류의 지속 기간, 그리고 인류의 각 시기의 여건의 함수이다. 다시 말해서 '얼마나 많은 사람들이 전 시기에 걸쳐 있어도 되는가'의 질문에 대한 그들의 대답은 인류의 가능한 지속 중 연속되는 각 기간에 대해 던진 '이 기간 내에 얼마나 많은 사람이 있어도 되는가'의 질문에 대한 답변들을 더한 것이다.[8] 그러나 내가 살펴볼 바와 같이 누적 인구 규모에 관한 그 질문은 다른 방식으로 던질 수 있고 답할 수 있다.

존재하는 것이 항상 큰 해악이라는 나의 논증은 (그 두 형태 모두의) 인구 질문에 래디컬한 답변을 함의한다. 나의 논증은 누적 인구로 한 명만 되어도 과잉인구라고 시사한다. 이는 지구를 위해 너무 많은

---

6 생태 발자국은 명백히 인구 규모의 함수일 뿐만 아니라 1인당 충격의 함수이기도 하다. 적은 수의 인구가 환경에 커다란 충격을 미칠 수도 있다.

7 이 질문을 던지는 사람들은 보통 다음과 같이 묻는다: '예전부터 그리고 앞으로 (ever) 얼마나 많은 사람들이 있어야 하는가?'(e.g., Derek Parfit, Reasons and Persons, p. 381).

8 중첩되는 인구를 고려하는 방식으로 말이다.

사람이 있어서도 아니고, 지구가 지탱하기에는 너무 많은 사람들이 있어서도 아니다. 오히려 그것은 존재하게 되는 것이 심각한 해악이기 때문이다. 그리고 하나의 그러한 심각한 해악도 지나치게 많은 하나가 되는 것이다.

그러나 사실 나의 규준에 의하면 이미 아주 많은 수의 지나치게 많은 사람들이 있다. 얼마나 많은 수인가를 확정하는 것은 다른 문제다. 예를 들어 언제부터 우리는 세기 시작해야 하는가? 얼마나 많은 수의 사람들이 있었는지를 알기 위해서 우리는 얼마나 오랜 기간 동안 인간이 있었는지를 알 필요가 있어야 하는데, 일정한 범위 내에서 이 질문에 대해서는 명백히 과학적 의견 불일치가 있다.[9] 또한 우리는 얼마나 많은 사람들이 인류 역사 대부분의 기간 동안 있었는지를 알 필요가 있지만 또한 알지 못한다. 그러나 한 영향력 있는 측정치에 의하면, 그동안 1천60억 명이 넘는 사람들이 있었다고 한다.[10] 그 중 거의 6퍼센트가 오늘날 살아 있다.[11] 초기 인구는 작았다. 한 저자는 "생태학적 추론과 인류적 관찰을 결합하면, [인간이 기원한] 동아프리카와 남아프리카의 사바나는 약 5만 명의 초기 인간들을 먹여 살렸을 것이다"라고 한다.[12] 1만 년 전에 이르러 농업의 출현으로 인구는 5백만

---

9 나는 여기서 약 6천 년 동안에만 인간이 존재해 왔다는 조야한 창조론자들의 명백히 틀린 견해는 무시하였다.

10 Carl Haub, ʾHow Many People Have Ever Lived on Earth?ʾ, originally published in *Population Today* in February 1995. 내 통계는 웹의 갱신된 판본에서 나온 것이다: <http://www.prb.org/Content/ContentGroups/Ptarticle/OctDec02/How_Many_People_Have_Ever_Lived_on_Earth_htm> (accessed 5 October 2004).

11 Ibid.

12 McMichael, Anthony, *Human Frontiers, Environments and Disease* (Cambridge: Cambridge University Press, 2001) p. 188.

명 정도까지 증가했다.[13] 산업 혁명기의 여명에는 5억 명으로 불어났다.[14] 세계 인구 증가는 이후 엄청나게 가속화되었다. 10억 명에서 20억 명으로 증가하는 데는 한 세기(1804-1927) 넘게 걸렸다. 그러나 그 뒤를 이어 10억 명이 각각 추가될 때마다 점점 더 적은 시간이 걸렸다. 1960년에 세 번째 10억 명이 추가될 때까지 33년이 걸렸고, 1974년 네 번째 10억 명이 추가될 때까지는 14년, 1987년에 다섯 번째 10억 명이 추가될 때까지는 13년, 그리고 1999년에 여섯 번째 10억 명이 추가될 때까지 12년이 걸렸다.[15]

　1천60억 명이 넘는 사람들 중 어느 누구도 존재하게 되지 않았더라면 더 나았겠지만, (당신과 내가 포함되는) 이 사람들이 존재하게 되는 것을 막기에는 이미 늦었다. 이 이유 때문에 많은 사람들은―미래의 어떤 특정된 시기에서가 아니라 누적된 수의 의미에서―얼마나 더 많은 사람들이 있어도 되는지의 질문에 초점을 맞추고 싶어 할지도 모른다. 여기서 이상적 답은 다시금 '0'이다. 비록 그 이상이 매초마다 위반되고 있지만 말이다.[16]

인구에 관한 도덕 이론의 문제를 해결하기

존재하게 되는 것이 항상 심각한 해악이라는 나의 논증이 만일 받아들여진다면, 인구에 관한 도덕 이론에서 일련의 문제들에 대한 흥미

13　Ibid.

14　Ibid.

15　<http://www.peopleandplanet.net>(accessed 5 October 2004).

16　현재 인구는 매일 20만 명씩 증가하고 있다. (그리고 이것은 매일의 사망을 감안한 뒤의 수치다.)

로운 해결을 제공해 준다. 몇몇 저자는 더 이상 사람들이 있어서는 안 된다는 견해를 그러한 문제에 대한 해결이 아니라 또 다른 문제로 보았다. 그러나 그것은 그들이 더 이상 사람들이 있어서는 안 된다는 결론만을 보고는 그 결론을 뒷받침하는 논증은 살펴보지 않았기 때문이다. 다시 말해서 내가 살펴볼 바와 같이 몇몇 도덕 이론은 더 이상 사람들이 있어서는 안 된다고 함의한다는 점이 주목되고는 그러한 (소위 터무니없다고 하는) 함의를 가진다는 근거에서 거부되어 왔다. 그러나 더 이상 사람들이 있어서는 안 된다는 견해를 뒷받침하는 독립적 논증을 이제 내가 제시했으므로, 어떤 도덕 이론이 이러한 함의를 갖는다는 것은 약점이 아니라 강점으로 여겨야만 한다.

파피트 교수의 인구 문제들

인구에 관한 도덕 이론화의 전거가 되는 글은 데릭 파피트의 『이유들과 사람들』의 4부다. 그의 논의는 길고 복잡해서 그 모든 특성이 여기서 제시될 수는 없다. 그러나 나는 그의 중심적 논증의 간략한 개요를, 내 논증이 그의 논의와 무슨 관련을 갖는지를 보이기 전에 제시하고자 한다.

파피트 교수는 비동일성 문제를 논의한다. 이 문제는 2장에서의 논의에서 언급된 것인데, 나쁜 질의 삶을 발생시키는 일의 유일한 대안이 그 삶을 전혀 발생시키지 않는 것일 때 제기된다. 비동일성 문제는 그러한 삶을 시작되게 하는 것은 그르다는 상식적 판단을 설명하는 문제이다. 파피트 교수는 그가 도덕에 관한 '사람에게 미치는 영향' 견해라고 하는 것은 그러한 삶을 시작되게 하는 것이 왜 그른지를 설명할 수 없다고 논한다. 사람에게 미치는 영향 견해(a person-affecting view)는 어떤 행위를 그것이 사람들에게 어떻게 영향을 미치는지에 따라 도덕적으로 평가하는 견해다. 사람에게 미치는 영향에 관한 그의 첫 번째 진술에서 파피트 교수는 그 견해를 "사람들이 더 못하게 영향받으면 그것은 나쁘다"는 내용으로 기술한다.[17] 그러한 견해는 비동일성 문제를 풀 수 없다고 그는 말한다. 왜냐하면 비동일성 사안에서 존재하게 되는 이들은 그러지 않았다면 존재하지 않았을 것이므로 그러지 않았다면 처했을 처지보다 더 못하게 될 수 없기 때문이라고 한다.

이렇게 사람에게 미치는 영향 견해가 비동일성 문제를 풀 수 없다고 보았기 때문에 파피트 교수는 찾아내기 힘든 이론 X를 찾아 나서게 되었다. 이론 X란 비동일성 문제를 풀면서도 그 와중에 발생하는 다른 문제도 피하는 이론이다. 파피트가 사람에게 미치는 영향 견해가 비동일성 문제를 풀 수 없다고 믿기 때문에, 그는 그 대안, 비개인적 견해(impersonal views)를 검토한다. 사람에게 미치는 영향 견해가 어떤 것이 누군가에게 더 못할 때에만 나쁘다고 주장하는 반면, 비개인적 견해는 구체적인 사람들에게 미치는 영향에는 관심을 갖지 않는다. 대신 비개인적 견해는 결과를 더 비개인적인 방식으로 검토한다. 만일 사람들의 삶이 한 가능한 결과에서 다른 가능한 결과에서보다 더 잘되어 간다면, 그 더 나은 결과는 설사 어느 누구도 그 시나리오에서 더 나아지지 않는다고 하더라도 선호되어야만 한다.

이 견해는 나쁜 질의 삶을 가질 사람을 존재하게끔 하는 것이 왜 그른지를 설명할 수 있다. 그런 행위는 그 결과가 그 사람이 존재하게 되지 않는 대안적인 결과보다 못하기 때문에 그르다. 비개인적 견해에서는 존재하게 되는 사람이 그러지 않았더라면 처했을 처지보다 더

---

17   Parfit, Derek, *Reasons and Persons*, p. 370.

못하게 되지 않는다는 점은 중요하지 않다. 그가 존재하게 된 결과가 그가 존재하게 되지 않은 결과보다 (비개인적으로) 더 못하다는 것만 으로 충분하다. 다시 말해서 비개인적 견해는 비동일성 문제를 풀 수 있다.

그러나 비개인적 견해는 이론 X가 될 수 없다. 왜냐하면 비록 그 견해가 비동일성 문제를 풀기는 하지만, 그 자체의 심각한 문제가 있기 때문이다. 왜 그런지를 이해하기 위해서 우리는 두 종류의 비개인적 견해를 구분해야만 한다.

비개인적 총계 견해(Impersonal Total View):
"만일 다른 사정이 동일하다면, 가장 좋은 결과는 삶을 살 가치가 있는 것으로 만드는 것이 무엇이건 그것들이 가장 많은 양으로 있는 결과이다."[18]
비개인적 평균 견해(Impersonal Average View):
"만일 다른 사정이 동일하다면, 가장 좋은 결과는 사람들의 삶이 평균적으로 가장 잘되어 가는 결과이다."[19]

비개인적 총계 견해의 문제를 먼저 살펴보자. 이 견해에서는 더 낮은 삶의 질을 능가할 정도로 충분한 수의 추가적인 사람들이 더 많은 인구에 있는 한, 더 적은 인구가 더 높은 질의 삶을 사는 것이 더 많은 인구가 더 낮은 질의 삶을 사는 것보다 못하다. 데릭 파피트는 이 두 세계를 그림 6.1에서 보이는 바대로 나타낸다.[20]

---

18   Parfit, Derek, *Reasons and Persons*, p. 387.
19   Ibid. p. 386.
20   Ibid. p. 388. 그는 중간 범위의 세계 역시 나타낸다. 여기 포함된 그림의 구성

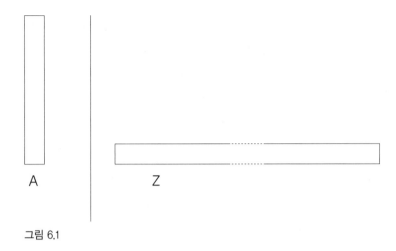

그림 6.1

　이 그림에서 막대기의 폭은 사람들의 수에 대응하고, 높이는 삶의 질에 대응한다. 인구―A는 매우 작지만 높은 질의 삶을 산다. 인구―Z는 매우 크지만 낮은 질의 삶을 산다. 실제로 Z의 삶은 겨우 살 가치가 있는 정도다. 그러나 Z의 좋음의 총량은 A의 좋음의 총량보다 더 크다. 그래서 비개인적 견해에 따르면 Z가 낫다. 이는 더 인구가 많은 세계에 사는 사람들이 더 낮은 질의 삶을 산다고 해도 그렇다. Z가 A보다 낫다는 결론은 혐오스러운 것이라고 데릭 파피트는 올바르게 주장한다. 그리하여 그는 그 결론을 '혐오스러운 결론'(Repugnant Conclusion)이라고 칭한다.[21]

부분들은 옥스퍼드 출판부의 허락 하에 게재한 것이다.
21　Ibid. p. 388. 모든 사람들이 이 결론을 혐오스럽다고 여기는 것은 아니다. 투르브왼 탠오(Torbjörn Tännsjö)는 예를 들어 대부분의 사람들이 겨우 살 가치가 있는 삶을 산다고 생각한다. 우리가 이 수준 위로 지내는 것은 오직 짧은 기간뿐이라고 한다. 만일 사람들이 Z에서 삶의 질이 그들의 삶과 동일한 질이라는 것을 깨닫는다면, 혐오스러운 결론이 정말로 혐오스럽다고 생각하지 않을 것이라고 할 것이다. (그의 *Hedonistic Utilitarianism* (Edinburgh: Edinburgh University Press, 1998) pp. 161-2를

비개인적 평균 견해는 혐오스러운 결론을 피한다. 왜냐하면 그 견해는 평균 복지를 확정하기 위하여 세계의 총 좋음을 그 세계의 사람들의 수로 나눌 것을 요구하기 때문이다. 더 많은 사람들이 사는 세계에서는 삶의 평균 질은 훨씬, 훨씬 더 낮다. 그러므로 인구가 더 적은 세계보다 그 세계는 더 못하다.

비록 비개인적 평균 견해도 비동일성 문제를 풀기는 하지만, 그것 또한 이론 X는 될 수 없다. 왜냐하면 그 견해는 다른 문제에 직면하기 때문이다. 왜 그런지를 보이기 위해 데릭 파피트는 우리에게 또 다른 두 세계를 상상해 보라고 한다. 첫 번째 세계에서는 모든 사람들이 매우 높은 질의 삶을 산다. 두 번째 세계에서는 이 똑같은 정도의 높은 질의 삶을 사는 이 사람들에 더하여, 그 정도로 잘살지는 않지만 그래도 살 가치가 꽤 있는 삶을 사는 추가적인 사람들이 존재한다. 이런 종류의 사안을 데릭 파피트는 '단순 추가'(Mere Addition) 사안이라고 한다. 더 자세히 설명하자면 단순 추가는 "두 결과 중 하나에서 (1) 살 가치가 있는 삶을 살고 (2) 다른 누구에게도 영향을 미치지 않으며 (3) 그 존재가 사회적 부정의를 포함하지 않는 추가적인 사람들이 존재할 때" 발생한다.[22]

그런데 비개인적 평균 견해는 평균 삶의 질이 더 낮기 때문에 두 번째 세계가 더 못하다고 말한다. 평균 삶의 질은 비록 행복하지만 원래 있던 사람들만큼 행복하지는 않은 추가적 사람들의 단순한 추가에 의해 낮아진다. 데릭 파피트는 이것이 그럴 법하지 않다고 여긴다. 그는

보라. 또한 그의 'Doom Soon?', Inquiry, 40/2, (1997) pp. 250-1도 보라.) 탠오 교수의 견해를 직접 다루지는 않겠지만, 내가 이미 개진한 논증과 앞으로 제시할 논증은 그의 논증에서 틀린 점이 무엇인지를 보여준다.

22   Parfit, Derek, *Reasons and Persons*, p. 420.

그것은 더없이 행복한 삶을 사는 아담과 이브에 더하여 그보다 약간 낮은 질의 삶을 사는 추가의 수십억 명의 사람들이 있다면 더 나쁠 것이라는 결론을 수반할 것이라고 그는 말한다. 또한 비개인적 평균 견해는 어떤 아이를 갖는 것이 그른가 여부가 이전의 모든 삶의 질에 관한 사실에 달려 있다는 결론을 수반한다고 말한다. 그래서 만일 "고대 이집트인들이 매우 높은 질의 삶을 살았다면, 지금 아이를 갖는 일이 나쁜 일이 될 가능성이 더 커진다."[23] 그러나 "이집트학 연구가 아이를 가질지에 관한 우리의 결정에 유관할 수는 없다"고 파피트 교수는 말한다. 이에 따라 그는 비개인적 평균 견해가 그럴 법하지 않다고 여긴다.

왜 반출생주의는 이론 X와 양립 가능한가

만일 내 논증이 진지하게 여겨진다면, 파피트 교수의 몇 가지 문제를 극복할 수 있다. 첫째, 2장에서 논한 바처럼 비동일성 문제는 해결될 수 있다. 이 해결이 이루어질 수 있는 한 방식이라고 내가 말한 것은 존재하게 되는 것이 존재한 적이 없기보다 그 사람에게 더 못할 수 있다는 조엘 파인버그의 논증을 활용하는 것이다. 그 외의 방법으로 설사 존재하게 되는 것이 더 못하지는 않다고 하더라도, 존재하게 되는 그 사람에게는 여전히 나쁠 수 있다고 나는 논했다. 존재하게 되는 것의 대안이 나쁘지 않기 때문에 존재하게 됨으로써 그 사람은 해를 입는다고 이야기할 수 있다. 이 대안적 논증은 만일 사람에게 미치는 영향 견해가 내가 이때까지 시사한 것처럼 어떤 것은 "사람들이 더 못하게 되도록 영향받는 경우에 나쁘다"[24]는 견해로 이해된다면 부적합

---

23   Ibid.
24   Ibid.

한 것으로 보일지 모르겠다.[25] 그러나 데릭 파피트의 그 첫 번째 정식*은 실제로 그럴 필요가 있는 것보다 더 제약적이다. 파피트가 이후에 사람에게 미치는 영향 원리의 두 종류—좁은 것과 넓은 것—를 구분할 때 그는 그들 중 하나를 다음과 같이 기술한다:

사람에게 미치는 영향의 좁은 견해(The Narrow Person-Affecting View):

"만일 Y의 발생이 아니라 X의 발생이 사람들-X에게 더 못하거나 또는 나쁘다면, X가 발생할 때 결과는 사람들에게 (좁은 의미에서) 더 못하다."[26]

'또는 나쁘다'는 조건을 추가하는 것이 비동일성 문제를 풀지 못한다고 파피트 교수가 생각한 이유는 사람들이 살 가치가 있는 삶을 사는 한 존재하게 되는 것이 그들에게 나쁘지 않다고 그가 생각하기 때문이다. 그러나 나는 '살 가치가 있는 삶'이라는 문구의 애매함을 상세히 해명하였으며, 그것이 '시작될 가치가 있는 삶'과 '지속할 가치가 있는 삶' 둘 중 어느 하나를 의미할 수 있다는 점을 지적했다. 이 구분을 염두에 두고 존재하게 되는 것이 항상 해악이라는 논증을 고려하면, (설사 일부 삶들은 지속할 가치가 있다고 하더라도) 어떠한 삶도 시작될 가치가 없다는 결론이 따라 나온다. 그래서 존재하게 되는 것은 설사 그 존재하게 된 사람을 위해 못하지 않다고 생각한다고 하더라도 그 사람에게 항상 나쁘다.

---

25   Ibid. p. 370(강조는 추가된 것).
*   역자 주: 바로 앞의 " "로 인용된 부분.
26   Ibid. p. 395(강조는 추가된 것).

사람에게 미치는 영향 견해가 실제로 이와 같이 비동일성 문제를 풀 수 있다는 점을 고려하면, 그 문제를 풀기 위하여 비개인적 견해에 호소할 아무런 필요도 없다. 어떤 사람들은 내 논증을 비개인적 견해에 반대하는 논거를 강화하는 것으로 여길지도 모르겠다. 예를 들어 혐오스러운 결론은 모든 사정이 동일할 때, 추가적인 삶을 갖는 것이 좋다는 견해를 취할 때보다 내 견해를 취할 때 한층 더 혐오스러운 것이다. 내 견해에서는 추가적인 삶을 더하는 것은 그것이 해를 입는 사람들의 수를 증가시키기 때문에 더 못하며, 특히 그 추가적인 삶들이 겨우 지속할 가치가 있을 때는 더욱더 못하다. 더 나쁜 질의 삶을 사는 더 인구가 많은 세계는 모든 면에서 더 나은 질의 삶을 사는 더 인구가 적은 세계보다 못하다.

다른 사람들은 만일 비개인적 총계 견해가 내 논증을 고려한다면, 혐오스러운 결론을 피할 수 있다고 주장할지도 모르겠다. 내 논증은 혐오스러운 결론이 지속할 가치가 있는 추가 삶을 갖는 것이 좋다는 잘못된 가정 때문에 발생한다고 설명하는 것으로 이해할 수도 있다. 비개인적 총계 견해는 이 잘못과 그 잘못에서 귀결하는 결론을 모두 피하도록 수정할 수 있다. 이러한 수정이 이루어질 수 있는 한 가지 방식은 비개인적 총계 견해의 범위를 실제로 존재하는 사람들에게만 적용하도록 제한하고, 얼마나 많은 사람들이 존재해야 하는가의 질문에는 적용하지 않는 것이다. 다시 말해서 그것은 존재하는 이들의 행복을 최대화하는 원리로 이해할 수 있지, 존재하는 이들의 수에 영향을 미치는 원리로는 이해할 수 없다고 하는 것이다. 그러나 이 수정은 명백한 대가를 치르고 나서야 이루어지는 것이다. 이 수정된 견해는 얼마나 많은 사람이 있어야 하는가에 대한 지침을 더 이상 제공해 주지 못한다.

또한 나의 논증은 비개인적 평균 견해도 얼마간 해명해 주는 바가

있다. 이 견해는 기억하다시피 단순 추가 문제(라고 하는 것)에 직면
한다.[27] 즉 비개인적 평균 견해는 만일 추가적인 삶을 더하는 것이 이
때까지 살아 왔던 모든 인간의 평균 복지를 낮춘다면 그 삶을 더하지
않아야 한다고 말한다. '살 가치가 있는' — '지속할 가치가 있는'의 뜻
인—추가적인 삶이 더해져서는 안 된다는 그 함의는 그럴 법하지 않
은 것으로 여겨진다. 그러나 내 논증은 그렇지 않다는 점을 보여준다.
만일 어떠한 삶도 시작될 가치가 없다면, 어떤 이론이 시작될 가치가
없는 새로운 삶을 더하는 것을 배제한다는 점은, 설사 그 삶들이 지속
할 가치는 있다고 하더라도, 그 이론의 약점이 아니다. 아담과 이브의
에덴적 삶에 아무런 사람들도 더해지지 않았다면 정말로 더 나았을
것이다.

그러나 이것은 비개인적 평균 견해를 지지하고자 하는 것은 아니
다. 왜냐하면 그 견해에 의하면 우리는 이때까지 살았던 모든 사람들
의 삶의 평균 질을 증가시키는 경우에는 새로운 삶이 시작되게 할 의
무가 있게 되기 때문이다. 이것은 나의 결론과 어긋나며, 여전히 이집
트학이 우리의 출산 결정과 유관하다고 함의할 것이다. 비개인적 총
계 견해와 마찬가지로 비개인적 평균 견해는, 얼마나 많은 좋음이 있
는지에 관심을 가지지, 사람들이 얼마나 잘사는가에 관심을 가지지
않는다. 두 비개인적 견해 모두 사람들을 오직 그들이 (총계 또는 평

---

27 데릭 파피트는 단순 추가 문제(Mere Addition problem)에서 더 나아가 단순
추가 역설(Mere Addition paradox)도 다룬다. 논의를 간단하게 하기 위해 나는 그
역설까지는 논하지 않겠다. 단순 추가 문제에 대한 나의 논급은 단순 추가 역설에까
지 확장하여 적용할 수 있다. 역설을 이미 아는 사람들을 위해 나의 해법은 데릭 파피
트의 A+가 A보다 못하지 않다는 점을 부인하는 것임을 일러둔다. 내 견해에 의하면
A+는 추가적인 삶(그리하여 추가적인 해악)을 포함하기 때문에 A+는 A보다 확실
히 더 못하다.

균) 행복을 증가시키는 정도만큼 가치 있다고 여기는 잘못을 범한다. 그 견해들은 행복의 가치가 기본적인 것이며 사람들의 가치는 그로부터 파생되는 것이라고 잘못 가정한다. 그러나 내가 2장에서 지적했듯이 추가적인 행복을 더하기 때문에 사람들이 가치 있다는 것은 참이 아니다. 오히려 추가적 행복은 그것이 사람들에게 좋기 때문에, 즉 사람들의 삶을 더 잘되어 가게 하기 때문에 가치 있는 것이다.

비개인적 총계 견해와 평균 견해는 이러한 잘못이 아무런 해가 되지 않도록 수정할 수 있다. 이 수정은 그들이 지닌 각각의 문제—혐오스러운 결론과 단순한 추가 문제—를 피하는 또 하나의 방식이다. 이 수정에 의하면 비개인적 견해는 최대의 총 행복이나 평균 행복을 추구하는 것이 아니라 최소의 총 불행이나 평균 불행을 추구하는 것이다. 다시 말해서 수정된 비개인적 견해는 총 불행이나 평균 불행의 최소화를 추구한다. 비개인적 견해를 이렇게 수정하는 것은 두 이점을 갖는다. 첫째, 그것은 얼마나 많은 사람들이 있어야 하는가에 관하여 지침을 제공하는 비개인적 견해의 능력을 보존한다. 둘째, 그 수정은 내가 논증했던 결론, 즉 이상적 인구 규모가 '0'이라는 결론을 낳는다. 불행을 최소화하는 방법은 어떤 사람들(또는 다른 어떤 의식적 존재)도 없게끔 하는 것이다. 최소 총 불행과 최소 평균 불행은 모두 0의 불행이다. 그리고 0의 불행은 적어도 실제 세계에서는 0의 사람들을 가짐으로써 달성된다.

이 지점에서 어떤 삶도 나쁨을 담지 않으며 담고 있는 좋음의 양만 서로 다른 그런 세계를 상상함으로써 혐오스러운 결론과 단순한 추가 문제를 부활시키고자 원하는 이들은 몇 가지 문제에 부딪힌다. 첫째, 삶에서 좋음과 나쁨의 상호작용을 고려할 때 그런 세계는 애초에 이해할 수 있는지조차 분명하지 않다. 내가 3장에서 보였듯이 아주 작은 좋음만을 담고 있는 삶은 얼마간의 나쁨—즉 좋음이 없는 긴 시간 동안의 지루함이라는 나쁨—을 담고 있어야만 한다. 이것을 피할 수 있는 유일한 방법은 삶의 지속 기간이 단축되는 것인데, 삶의 단축은 또 다른 나쁨이다.

만일 우리가 이 문제를 극복할 수 있다고 가정한다고 해도 두 번째 문제가 발생한다. 먼저 혐오스러운 결론을 살펴보자. 혐오스러운 결론에서 혐오스러운 점은 겨우 살 가치가 있는 많은 삶으로 채워진 세계가 훨씬 더 높은 질이지만 더 적은 수의 삶을 담고 있는 세계보다 더 낫다는 (비개인적 총계 견해에 의해 수반되는) 주장이다. 그러나 만일 그 삶들이 아무런 나쁨도 담고 있지 않다면 그리고 더 많은 좋음의 부재가 나쁘지 않다면 어떻게 그 삶들을 ('겨우 지속할 가치가 있는'의 뜻에서) 겨우 살 가치가 있는 삶이라고 할 수 있겠는가. 다시 말해서 오직 좋음만 담고 있고 아무런 나쁨도 담고 있지 않은 삶이 어찌하여 겨우 지속할 가치가 있는데 불과할 수 있는가? 만일 Z에서의 삶이 실제로 꽤나 살 가치가 있다면, A보다 Z를 선호하는 것은 (설사 그렇게 선호하는 것이 여전히 잘못되었다고 생각한다고 하더라도) 더 이상 혐오스러운 것은 아니다.

다음으로 단순 추가를 살펴보자. 만일 미래의 가능한 삶이 아무런 나쁨도 담고 있지 않다면, 비개인적 평균 견해의 불행 최소화 판본조차도 단순 추가를 배제할 수 없으리라는 것은 참이다. 그러나 질문은 이것이 문젯거리가 될 것인가 하는 점이다. 단순 추가를 문제로 여기는 이유 가운데 많은 부분은 비개인적 평균 견해가 단순 추가를 거부하는 것이 살 가치가 있는 추가적 삶을 갖는 것이 좋다는 암묵적인 가정에 반하기 때문이다. 비개인적 평균 견해는 (만일 추가 삶이 평균 복지를 낮춘다면) 살 가치가 있는 추가 삶을 갖는 것은 나쁠 수 있다

고 말한다. 삶이 얼마간의 나쁨을 담는 경우에는 나의 논증은 비개인
적 평균 견해가 단순 추가를 거부한다는 점에서는 옳다는 점을 나는
보였다. 비록 나의 논증이 비개인적 평균 견해가 추가 삶이 아무런 나
쁨도 담고 있지 않은 경우에는 단순 추가를 거부하는 것이 옳다는 점
을 보여주지는 않지만, 그럼에도 불구하고 나의 논증은 그 문제를 극
복하는 데 도움이 된다. 2장에서 나의 논증을 따르면 어떤 좋음은 담
고 있지만 아무런 나쁨도 담지 않는 (가상적) 삶은 존재한 적이 없기
보다 더 못하지 않지만, 그렇다고 해서 존재한 적이 없기보다 조금이
라도 더 낫지도 않다는 점을 기억하라. 내 논증을 따르자면 (a) 존재
한 적 없기와 (b) 아무런 나쁨도 담지 않은 삶으로 존재하게 되기 사
이에 선택할 아무런 방도도 없다. 이것은 단순 추가에 관한 비개인적
평균 견해의 판단을 덜 그럴 법하지 않은 것으로 만든다. 만일 살 가
치가 있는 추가 삶을 갖는 것이 더 낫다면, 그리고 비개인적 평균 견
해가 그것을 더 못하다고 주장한다면, 심각한 문제가 있는 것이다. 그
러나 한 기준에서 단순 추가를 찬성하거나 반대하여 선택할 아무런
방도가 없다면 그리고 비개인적 견해는 우리가 반대하여 선택해야 한
다고 주장한다면, 거기에는 아무런 모순도 있을 필요가 없다. 비개인
적 평균 견해는 단순 추가가 추가되는 사람들에게 더 낫지도 못하지
도 않다는 판단에 추가적인 (비개인적인) 조건을 두는 것으로 이해할
수 있다.

비동일성 문제를 해결하고 혐오스러운 결론과 단순 추가 문제를 피
하는 것에 더하여, 존재하게 되는 것이 항상 해악이라는 나의 논증은
또한 '그 비대칭성'(The Asymmetry)을 설명해 준다.

지속할 가치가 없는 삶을 가질 아이를 갖는 것은 그릇된 일인 반면,

지속할 가치가 있는 삶을 가질 아이를 가질 도덕적 이유는 없다.[28]

존재하게 되는 것은 (설사 그 삶이 지속할 가치는 있다고 하더라도) 항상 해악이라는 점을 고려할 때 아이를 가질 도덕적 이유는 결코 있을 수 없다. 또는 적어도 모든 것을 고려했을 때의 도덕적 이유는 있을 수 없다(부모가 될 사람의 이익 같은 그만큼의 잠정적(pro tanto) 이유[29]가 있을 수는 있다).

존재하게 되는 것은 해악이라는 나의 논증은 그래서 데릭 파피트가 이론 X가 할 필요가 있다고 생각한 일의 많은 부분을 해낸다. 그것은

1. 비동일성 문제를 푼다;
2. 혐오스러운 결론을 피한다;
3. 단순 추가 문제를 피한다; 그리고
4. 비대칭성을 설명한다.

그렇다고 내 견해가 이론 X라는 것은 아니다. 내 견해는 더 많은 사람들이 있어야 하는가에 관한 논증일 뿐이다. 반면 이론 X는 인구 문

---

28 비대칭성에 대한 이 표현은 데릭 파피트의 정식을 각색한 것이다(p. 391). 데릭 파피트의 정식을 이해하려면 그의 '비참한 아이'와 '행복한 아이' 사례를 알아야 한다. 또한 나의 정식은 '살 가치가 있는 삶'이라는 문구의 애매함의 문제도 피한다.

29 이것은 셸리 케이건(Shelly Kagan)의 용어다. 그 용어로 그는 "진정한 비중을 갖고 있지만 그럼에도 불구하고 다른 고려 사항에 의해 능가될 수 있는" 이유를 의미한다. 그는 그 용어가 칭하는 바를 더 흔히 사용되는 '잠정적 이유'(prima facie reason)와 구분한다. 케이건은 잠정적 이유를 '인식론적 제한 조건을 포함하는 것'으로 여긴다. 여기서 인식론적 제한 조건이란 "이유로 보이는데(appears), 실제로는 이유가 아닐 수도 있고, 또한 그것이 등장하는 사안 모두에서 다 비중을 갖지는 않을 수도 있다는" 것이다. (*The Limits of Morality* (Oxford: Clarendon Press, 1989) p. 17.)

제도 만족스럽게 다룰 수 있는 도덕에 관한 일반 이론이다. 그러나 내 논증이 다른 많은 논증과는 달리 이 모든 면에서 이론 X와 양립 가능한 것으로 보인다는 점은 내 논증을 진지하게 여길 추가 근거를 제공해 준다. 설사 많은 사람들에게 그 결론이 근본적으로 반직관적일지라도 말이다.

계약주의

계약주의[30]가 얼마나 많은 사람이 있어야 하는가에 관한 지침을 제공할 수 있는지 여부는 논란이 되는 주제다. 데릭 파피트는 계약주의가 이 기능을 수행할 수 없다고 생각한다.

이상적 계약주의 견해에서는 정의의 원리는 존 롤스가 '원초적 입장' —그들에 관한 구체적인 지식을 그 입장의 당사자들이 모르게 함으로써 불편 부당성이 확보되는 입장—이라고 한 상황에서 선택된다. 그러나 문제는 원초적 입장의 당사자들이 그들이 존재한다는 사실은 알아야만 한다는 점이라고 데릭 파피트는 말한다. 그러나 미래 사람들에게 영향을 미치는 원리를 선택할 때 우리가 확실히 존재하리라고 가정하는 것은 "여성에게 불리하게 될 원리를 선택할 때 우리가 확실히 남성이 되리라고 가정하는 것과 같다"고 그는 말한다.[31] 이것은 "우리가 어떤 선택된 원리를 정면으로 적용받게 될지를 알지 못한다"[32]는 점이 이상적 계약주의에 본질적이기 때문에 문제라고 한다.

---

30 여기서 나는 오직 이상적 계약주의(ideal contractarianism)만을 다룬다. 즉 도덕이 어떤 이상적인 여건 집합 하에서 선택될 원리에 있다는 견해만을 다루겠다. 왜냐하면 이것이 계약주의의 지배적이고 가장 설득력 있는 판본이기 때문이다.

31 Parfit, Derek, *Reasons and Persons*, p. 392.

32 Ibid.

그런데 계약주의에 대한 이 반론의 문제는 그 유비가 성립하지 않
으며, 오직 존재하는 이들만이 어떠한 원리라도 '정면으로 적용'(bear
the brunt)받을 수 있기 때문에 성립하지 않는다는 것이다. 어떤 가능
한 사람들이 결코 실재의 사람들이 되지 않는 결과를 초래하는 원리는
그 사람들에게 어떠한 비용도 부과하지 않는다. 어느 누구도 존재하게
되지 않음으로써 불리하게 되지 않는다. 립카 와인버그(Rivka Wein-
berg)는 다른 방식으로 동일한 논지를 짚는다. 그녀는 "존재는 분배
할 수 있는 이득"이 아니며 그래서 "사람들 일반도 구체적인 개인도
존재자의 관점을 가정함으로써 불리하게 되지 않는다"고 말한다.[33]

이 대답에 만족하지 못하는 이들은 원초적 입장을 당사자들이 존재
하게 될지를 알지 못하는 방식으로 변경할 수 있는지를 검토해 보고
싶을 수도 있겠다. 데릭 파피트는 그런 변경이 이루어질 수 없다고 생
각한다. 이는 "우리가 존재한 적이 없는 상이한 가능한 역사를 상상할
수는 있는 반면 … 실제 세계의 역사에서 우리가 존재한 적이 없다는
것이 참일 수도 있다고는 가정할 수 없기"[34] 때문이라고 그는 말한다.
그러나 나에게는 왜 이 점이 가능한 사람들이 원초적 입장의 당사자
가 될 수 없는 이유를 설명하는지 분명하지 않다. 왜 원초적 입장의
당사자들이 '세계의 실제 역사 속의' 사람들이어야만 하는가? 왜 그
들이 가능한 사람들이라고 대신 상상할 수 없는가? 어떤 이들은 가능
한 사람들이 원초적 입장을 점한다고 생각하는 것은 형이상학적으로
지나치게 공상적이라고 반대할지도 모르겠다. 그러나 원초적 입장의
전체 요점이 그것이 실제 입장이 아니라 가상적인 입장이라는 것이

33　Weinberg, Rivka M., 'Procreative Justice: A Contractualist Account', *Pub-
lic Affairs Quarterly*, 16/4 (2002) p. 408.
34　Parfit, Derek, *Reasons and Persons*, p. 392.

다. 왜 우리는 가상적 입장을 점하는 가상적 사람들을 상상해서는 안 되는가? 롤스의 이론은 "형이상학적인 것이 아니라 정치적인 것"[35]으로 의도되었으며, 원초적 입장은 공정한 정의의 원리를 결정하기 위한 설명 장치에 불과하다고 그는 강조한다. 이것들은 우리가 진정으로 불편부당하다면 채택하는 것이 합리적일 그러한 원리들이다.

어떤 규모의 인구가 원초적 입장의 당사자들이 선택한 원리에 의해 산출될 것인가? 이것은 명백히 원초적 입장의 여러 특성에 달려 있다. 만일 우리가 가능한 사람들을 원초적 입장에 허용한다면, 그렇지만 그 입장의 다른 특성은 롤스 교수가 기술한 대로 동일하게 유지한다면, 우리는 선택된 원리가 나의 이상적 인구, 0을 산출하리라는 점을 알게 된다. 롤스 교수는 원초적 입장의 당사자들은 최소 수혜자의 처지를 최대화할 것이라고 한다. 즉 그들은 최소를 극대화할 것이라고 한다. 소위 '최소 극대화'라는 것이다. 많은 저자들은 인구 규모의 질문들에 적용되었을 때, 이 원칙이 어떠한 사람도 없어야 한다는 함의를 갖는다는 점에 동의한다.[36] 이것은 출산이 지속되는 한 존재하게 되는 사람들 가운데 일부는 살 가치가 없는 ('지속할 가치가 없는'의 뜻에서) 삶을 살게 될 것이기 때문이다. 그들의 처지를 개선하는 유일한 방법은 그러한 사람들을 존재하게 하지 않는 것이며, 그러한 사람들이 존재하지 않도록 하는 유일한 방법은 어느 누구도 존재하게 하

---

35   Rawls, John, 'Justice as Fairness: Political not Metaphysical', *Philosophy and Public Affairs*, 14/3 (1985).

36   예를 들어 립카 와인버그(Rivka Weinberg)는 "최소 극대화는 출산 금지에 이르게 된다. 왜냐하면 어떠한 출산도 삶을 살 가치가 없는 것으로 만드는 치유할 수 없는 질병을 갖고 태어나는 것보다 나을 수 없기 때문이다"라고 말한다('Procrative Justice: A Contractualist Account', p. 415).

지 않는 것이다.

마이클 베일스(Michael Bayles)는 분배되는 것이 효용(utilities)일 경우에만 최소 극대화(maximin)가 이 결론을 낳는다고 생각한다. 만일 분배되는 것이 기초재(primary goods)—즉 다른 모든 좋음을 확보하기 위해 필요한 좋음—일 때 그는 반대의 결론이 나올 것이라고 말한다. 그는 "최소 수혜자들은 존재하지 않는 이들이다. 왜냐하면 그들은 어떠한 기초재도 받지 못하기 때문이다. 그다음 최소 수혜자 계층은 존재할 수도 존재하지 않을 수도 있는 이들로 구성된다. 그리고 만일 그들이 존재한다면 그들은 얼마간의 기초재를 받을 것이다. 결과적으로 되도록 많은 사람들을 존재하게끔 해야 한다."[37]

이 노선의 추론에 깔려 있는 것은 존재하지 않는 이(non-existent)가 부재하는 좋음들 때문에 나빠질 수 있다는 잘못된 가정이다. 그러나 우리가 2장(그림 2.1, 4 사분면)에서 보았듯이 부재하는 좋음들은 그 부재로 인해 박탈을 겪는 이가 아무도 없을 때에는 나쁘지 않다. 그래서 존재하지 않는 이들은 최소 수혜자가 아니다. 실제로 나의 논증은 존재하는 이들이 존재한다는 점 때문에 항상 최소 수혜자이며 그래서 최소 극대화는 정말로 0의 인구가 최적 규모라고 시사한다.

인구 질문들에 최소 극대화가 갖는 이 함의를 알게 된 사람들은 그것을 최소 극대화를 거부하는 근거로 여겨왔다. 즉 그들은 이 함의를 최소 극대화에 대한 귀류법적 논박으로 여긴다. 나의 논증은 그 기각이 잘못된 것이라는 점을 보인다.[38] 최소 극대화의 그 함의를 거부하

---

37 Bayles, Michael, *Morality and Population Policy* (University of Alabama Press, 1980) p. 117.

38 그러나 이에 관해서 더 많은 것을 이야기할 수 있다. 그 귀류법적 논박은 최소 극대화에 반대해서 개진되었을 뿐만 아니라, 또한 존재하게 되는 것이 항상 해악이라

는 이들은 흔히 중요한 것은 나쁜 결과의 확률이며 그래서 원초적 입장의 당사자들은 확률적으로 추론할 수 있어야 한다고 생각한다. 롤스 교수는 원초적 입장에 확률적 추론을 막는 조건을 부과한다. 나의 논증은 인구 문제에 관해서는 원초적 입장의 당사자들이 확률적으로 추론하든지 하지 않든지 아무런 차이가 없다는 점을 보여준다. 이는 존재하게 되는 것이 항상 매우 나쁘기 때문이다. 그래서 나쁜 결과의 확률은 100퍼센트다. 그 결과가 얼마나 나쁜가―몹시, 몹시, 몹시 나쁜가 아니면 그냥 몹시 나쁜가―는 확률의 문제다. 그러나 그것은 존재하게 되는 어떠한 결과도 존재하지 않는 결과보다 아무런 우위점이 성립하지 않는다는 점을 고려하면, 현재의 맥락에서는 중요하지 않다. 그래서 (a) 확률이 고려되어야 하며 (b) 부모와 아이들의 이익이 형량되어야 하고 (c) 출산은 '비합리적이지 않은 경우에만' 허용되어야 한다고[39] 생각하는 이들조차도 최소 극대화를 선택하는 이들과 동일한 결론에 이르게 된다. 만일 나의 논증이 옳다면, 존재하게 되는 것을 선호하는 것은 비합리적이다. 합리적이고 불편부당한 당사자들은 존재하지 않기를 선택할 것이며 그 결과는 0의 인구다.

단계적 멸종

나는 나의 논증이 인구에 관한 도덕 이론의 몇 가지 악명 높은 문제를 해결하는 데 도움이 된다는 점을 보였다. 실제로 이 문제들 중 몇몇은 정확히 존재하게 되는 것이 항상 심각한 해악이라는 점을 깨닫지 못

는 나의 논증에 반대해서도 개진된 것이다. 나는 이에 대해서는 7장 첫 절에서 더 이야기하도록 하겠다.

39 'Procreative Justice: A Contractualist Account', p. 420.

해서 생기는 것이다. 그러나 비록 내 견해가 통상 논의되는 이 인구 문제를 해결하는 데 도움이 되기는 하지만, 내 견해는 그 자체의 다른 문제에 직면한다. 나는 이제 이 문제를 살펴보고, 그것들을 어떻게 해결할 수 있는지 보이겠다.

'얼마나 많은 사람들이 있어야 하는가'에 대한 나의 답변은 '0'이다. 즉 나는 어떠한 사람도 있었어야 한다고 생각하지 않는다. 이미 사람들이 있었다는 점을 전제하면, 나는 그 이상 사람들이 있어서는 안 된다고 생각한다. 그러나 이 '0' 답변은 앞서 이야기했듯이 이상적 답변이다. 비이상적 실제 세계의 어떤 특성이 덜 엄격한 답변을 허용하는가?

감소하는 인구가 삶의 질을 감소시킬 때

우리가 이때까지 살펴보았던 인구 문제는 추가 사람들을 창조하는 일과 관련된 것이었다. 비동일성 문제는 왜 어떤 사람들을 창조하는 것이 그른가의 문제이다. 혐오스러운 결론은 추가 삶을 더하는 일이 삶의 질을 낮출 때 발생한다. 단순 추가 문제는 '살 가치가 있는' 추가 사람들의 '단순 추가'에서 발생한다. 나의 논증은 이 추가 사람들 가운데 누구도 존재하게 되어서는 안 된다는 점을 보임으로써 이 문제들을 푼다.

내 논증이 낳는 문제는 추가 사람들의 창조에서 발생하는 것이 아니라 추가 사람들을 창조하지 않아 발생하는 것이다. 많은 사람들에게는 내 견해를 보편적으로 받아들인 결과로 초래되는 멸종이 그러한 가장 큰 문제일 것이다. 이 장의 이후에서 나는 이 견해에 반대하여 논증할 것이며, 더 이상 사람들이 없게 되는 어떤 미래 상태에 유감스러운 점은 아무것도 없다는 점을 보일 것이다. 대신 더 큰 도전을 제기한다고 내가 생각하는 인구 문제는 멸종 그 자체가 아니라 멸종으로 이르는 길이다.

아주 인구가 많은 우리 세계에서 우리는 증가하는 인구가 감소하는 삶의 질과 상관되어 있다고 생각하는 데 익숙해져 있다. 그러나 다른 여건에서는 인구의 감소가 삶의 질 감소와 상관되는 것도 가능하다. 이것은 두 가지 연관된 방식 중 하나의 방식으로 일어날 수 있다. 만일 인구가 지나치게 급속도로 줄어들고 그러한 급속한 감소가 (특히 나이든 사람들의 더 높은 사망률이 아니라) 더 낮은 출생률의 결과로 일어난다면, 삶의 질은 감소할 수 있다. 왜냐하면 그 인구의 높은 비율이 나이가 많아 비생산적인 부분이 될 것이기 때문이다. 그러한 경우에 더 젊은 성인들은 전체 인구의 삶의 이전과 같은 질을 지탱하기에 충분할 정도로 생산하지 못할 것이다. 그러한 사안에서는 삶의 질을 낮추는 것은 감소한 인구의 절대 규모가 아니다. 대신 삶의 질 저하 원인은 떨어지는 출산율에 의해 초래된 인구 감소로부터 결과하는 젊은 사람과 늙은 사람들의 비율이다.

감소하는 인구가 삶의 질을 감소시킬 수 있는 이와는 다른, 관련된 방식은 한 세대가 상대적으로 이전 세대보다 그저 적어져서가 아니라 새 세대의 규모가 어떤 문턱 수준 이하로 떨어지는 바람에 생긴다. 그러한 경우에 (그저 상대적인 규모가 아니라) 절대적인 인구 규모가 너무 작아 삶의 질이 감소한다. 극단적인 경우로 가장 낮은 문턱 수준 근처를 살펴보자. 아담과 이브가 살았던 유일한 사람들이다(카인, 아벨, 세스는 태어난 적이 없다고 하자). 아담이 죽고 과부가 된 이브는 같이 지낼 어떤 인간도 없이 남겨진다.[40] 이브의 삶의 질은 인구가 이

---

40   어쨌든 이브는 뱀과 사이가 틀어졌다.

전의 50퍼센트가 되었기 때문에 감소한 것이 아니라, 그것이 어떤 문턱 수준, 이 경우에는 함께 지낼 사람이 있기 위해 필요한 문턱 수준 이하로 떨어졌기 때문에 감소했다. 그녀가 아이를 가졌더라면 아담의 죽음 이후에 적어도 함께 지낼 몇몇 인간 동료가 있었을 것이다.

사람들을 존재케 하는 것은 항상 존재하게 되는 사람들에게 심각한 해를 입힌다. 그러나 어떤 상황에서는 사람들을 존재하게 하지 않는 것이 존재하는 사람들의 삶을 그러지 않았더라면 처했을 바보다 훨씬 더 나쁘게 만들 수 있다. 이것이 우려의 원인이다. 그러나 우리는 존재하는 사람들에게 추가 해악을 막기 위하여 계속하여 새 세대를 더함으로써 더욱더 많은 해악을 가하는 오래 질질 끄는 퇴행을 피해야만 한다. 그래서 내 견해에서는 새로운 세대의 창조는 사람들이 단계적으로 사라지게 하는 것을 목적으로 할 때에만 아마도 수용 가능할 것이다.

인류가 갑자기 끝이 나지 않는다면, 마지막 사람들은 곧 존재하건 나중에 존재하건 큰 괴로움을 겪을 것이다.[41] 더 적은 수의 사람들이 이 운명을 겪도록 하는 것에는 무언가 이치에 닿는 면이 있다. 이것은 사람들의 수를 꾸준히 줄임으로써 이루어질 수 있다. 나는 아무런 환상 속에 있지 않다. 비록 사람들이 그들의 수를 감소시키려고 자발적으로 노력할 수도 있겠지만, 현재 여건에서는 멸종을 향해 다가가려는 의도를 갖고서는 결코 그렇게 하지 않을 것이다. 그래서 큰 인구를

---

41 출산하는 이들이 그들의 아이들이 겪을 괴로움을 생각해도 출산을 단념하지 않는다는 점을 감안하면, 그들이 더 먼 미래의 마지막 사람들의 괴로움을 생각해서 출산을 단념하지 않는다는 점은 놀라운 일이 아니다. 그러나 마지막 사람들의 괴로움이 충분히 크다면, 그 마지막 사람들은 자신의 부모와 그 이전의 조상이 새로운 사람들을 창조했기를 바랄지도 모른다.

출발선으로 하여 단계적 멸종의 질문을 살펴보면서 나는 언젠가 일어나게 될 일을 논하는 것이 아니라 무엇이 일어나야 하는가. 그리고 일어난다면 최선인 일이 무엇인가를 논할 뿐이다. 달리 표현하자면 나는 내 견해의 이론적 함의와 적용을 논하고 있다.

가까운 미래의 그림 6.2에 나타난 두 가능한 인구를 상상해 보자.

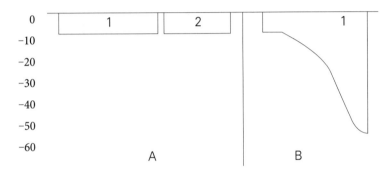

그림 6.2

그림 6.1에서처럼 1과 2의 폭(즉 수평축의 길이)은 인구 규모를 나타내며, 폭이 더 넓은 (그리고 추가의) 도형은 더 많은 사람들을 나타낸다. A는 출산이 지속되나 그 대체율이 75퍼센트일 경우 존재할 인구다. B는 우리가 즉각 출산을 중단할 경우 존재할 인구다. 두 미래에서 모두 모든 삶은 0의 질 수준 이하에 놓인다. 0의 수준으로 내가 의미하는 바는 (지속할 가치가 있게 되는 수준 바로 위가 아니라) 시작할 가치가 있게 되는 수준 바로 위를 의미한다. 이것은 그림 6.1에서 데릭 파피트가 나타낸 바와 달라진 점이다. 비록 그가 양의 척도 위에 놓이는 모든 삶이 살 가치가 있다고 생각하지는 않았지만 (그래서 그의 막대기 기준선이 삶이 살 가치가 있게 되는 수준을 나타내지는 않

지만)[42] 그의 일반적인 가정은 일부 삶은 살 가치가 있으며 이러한 모든 삶은 순 양의 가치가 있다는 것이다. 나의 견해를 전제하면, 모든 삶은 더 나쁘거나 덜 나쁠 뿐이지 더 좋거나 덜 좋은 것은 아니다. 이것이 내가 0의 질 수준 이하에 있는 음의 척도를 사용하는 이유다. 삶의 질이 더 나쁠수록 그것은 수직 축으로 더 아래로 연장된다.

사람들-1은 A와 B에서 동일한 사람들이다. A에서 사람들-1은 사람들-2가 존재하게 되기 전에 존재하는 사람들이다. 사람들-2를 존재하게 하는 것은 이미 존재하는 사람들의 삶을 그러지 않았을 경우보다 훨씬 덜 나쁜 것으로 만든다. B에서 사람들-2의 부재는 이미 존재하는 사람들의 삶을 훨씬 더 못하게 만든다. 그러나 B에서 사람들-1 모두에게 그런 것은 아니다. 이는 그들 가운데 일부는 사람들-2의 부재의 충격이 느껴지기 전에 죽을 것이기 때문이다. 사람들-2에게 가는 해악의 정도는 그들의 삶이 얼마나 나쁜가에 따라 결정된다. 이는 존재하게 되는 것의 해악이 시작되는 삶에서의 나쁨과 별개의 것이 아니기 때문이다. 다시 말해서 삶이 실제로 얼마나 나쁜가는 그러한 삶으로 존재하게 되는 것이 얼마나 나쁜가와 동일하다. 그림 6.2에서 나는 단순성을 위하여 새로운 삶은 이전의 삶과 동일한 질을 가진 것으로 가정한다. 즉 그들의 삶은 A에서 사람들-1의 삶만큼 (그러나 그보다 못하지는 않게) 나쁠 것이다. 만일 그들이 마지막 사람들이라면, 그들 가운데 많은 이들이 A의 사람들-1보다 훨씬 못한 삶을 살게 될 것이다. 대신 그들은 B에서 사람들-1의 삶과 비슷할 것이다. 단계적 멸종 윤리에 대한 어떠한 온전한 평가도 마지막 사람들까지 포함한 모든 세대가 입는 해악을 고려해야만 한다. 여기서 나는 오직

---

42 *Reasons and Persons*에서 '나쁜 수준'(Bad Level)에 대한 그의 언급을 보라.

하나의 새 세대에만 초점을 맞춤으로써 질문을 단순화했다.

사람들-2가 존재하게 됨으로써 해를 입는다는 견해에 의하더라도 그럼에도 불구하고 그들은 그들의 존재가 사람들-1 가운데 일부의 삶을 덜 나쁜 것으로 만드는 정도를 감안했을 때 존재하게끔 하는 것이 허용될 수 있는가? 더 일반적으로 말해 나의 반출생주의 견해는 다음과 같은 질문을 직면해야 한다:

1. 존재하는 삶의 질을 개선하기 위하여 새로운 삶을 창조해도 되는 경우가 있는가?
2. 만일 그렇다면 어떤 조건에서 그렇게 해도 되는가?

인구를 0으로 줄이기

이 질문들은 사람에게 미치는 영향의 좁은 견해(the narrow person-affecting view)로는 답할 수 없다. 그 견해는 기억하자면 다음과 같은 견해다:

"만일 Y가 아니라 X의 발생이 사람들-X에게 더 못하거나 나쁘다면, X가 발생할 때 결과는 사람들에게 (좁은 의미에서) 더 못하다."[43]

나는 이 견해가 비동일성 문제를 풀 수 있다는 점을 보였다. 사람에게 미치는 영향의 좁은 견해는 또한 왜 그림 6.2의 세계 B가 사람들-1에게 더 못한지 그리고 왜 세계 A가 사람들-2에게 더 못한지도 보여준다. 그러나 사람에게 미치는 영향의 좁은 견해는 우리 앞에 놓인 두

---

43   Parfit, Derek, *Reasons and Persons*, p. 395.

질문에는 답할 수 없다. 그것은 우리가 새로운 사람들을 존재케 하는
것이 이미 존재하는 사람들의 해악을 감소시킬 경우에 그렇게 함으로
써 해를 가해도 되는 경우가 있는지, 만일 그렇다면 어떤 조건 하에서
우리는 그렇게 해도 되는지에 관하여 아무런 지침을 제시해 주지 않
는다. 사람에게 미치는 영향의 좁은 견해는 그렇게 함으로써 사람
들-1(중 많은 수)의 해악을 감소시킬 것이라면 사람들-2를 존재케
하는 것이 허용되는지를 이야기해 주지 않는다.

사람에게 미치는 영향의 넓은 견해는 이와는 달리 우리의 두 질문
에 답할 수 있으며, A가 B보다 못한지 이야기할 수 있다. 그러나 내가
보일 바와 같이 그것은 존재하게 되는 것이 항상 심각한 해악이라는
견해를 진지하게 여기는 방식으로 이 질문에 답하지는 못한다.

사람에게 미치는 영향의 넓은 견해(The Wide Person-Affecting
View):

"만일 Y의 발생이 사람들-Y에게 그랬을 것보다 X의 발생이 사람
들-X에게 덜 좋다면, X가 발생할 때 결과는 사람들에게 (넓은 의미
에서) 더 못하다."[44]

사람에게 미치는 영향의 넓은 견해는 만일 존재하는 사람들이 새
사람들이 없어서 겪을 해악이 새로운 사람들에게 가해질 해악보다 더
크다면, 존재하는 사람들의 질을 개선하기 위해서 새로운 삶을 시작
해도 된다고 말한다.

그러나 어떤 조건에서 한 해악이 다른 해악보다 더 크다고 말할 수

---

44 Ibid. p. 396.

있는가? 그러한 비교를 어떻게 할 것인가? 데릭 파피트는 사람에게
미치는 영향의 넓은 견해의 두 판본을 제시한다. 두 판본은 각각 비교
를 하는 상이한 방식을 규정한다.

사람에게 미치는 총계 영향의 넓은 견해(Wide Total Person-Affect-
ing View):

"만일 X의 발생에 의해 사람들-X에게 주어지는 순 이득의 총계가
Y의 발생에 의해 사람들-Y에게 주어지는 순 이득의 총계보다 적다
면, X가 발생할 때 결과는 사람들에게 더 못하다."[45]

사람에게 미치는 평균 영향의 넓은 견해(Wide Average Person-Af-
fecting View):

"만일 X의 발생에 의해 사람들-X에게 주어지는 순 이득의 평균이
Y의 발생에 의해 사람들-Y에게 주어지는 순 이득의 평균보다 적다
면, X가 발생할 때 결과는 사람들에게 더 못하다."[46]

내 견해에서는 모든 사람이 해악을 입는다는 점을 고려하면, 이 원
리들을 '이득'보다는 '해악'이라는 용어로―적극적으로가 아니라 소
극적으로―표현하는 것이 더 나을 것이다:

사람에게 미치는 총계 영향의 넓은 소극적 견해(Negative Wide Total
Person-Affecting View):

만일 X의 발생에 의해 사람들-X에게 주어지는 순 해악의 총계가

---

45   Parfit, Derek, *Reasons and Persons*. (강조는 인용자).

46   Ibid. (강조는 인용자).

Y의 발생에 의해 사람들-Y에게 주어지는 순 해악의 총계보다 크다면, X가 발생할 때 결과는 사람들에게 더 못하다.

사람에게 미치는 평균 영향의 넓은 소극적 견해(Wide Average Person-Affecting View):

만일 X의 발생에 의해 사람들-X에게 주어지는 순 해악의 평균이 Y의 발생에 의해 사람들-Y에게 주어지는 순 해악의 평균보다 크다면, X가 발생할 때 결과는 사람들에게 더 못하다.

이 두 견해에서 모두 B는 A보다 못하다. 즉 두 견해 모두, 사람들-2에게 가는 해악이 사람들-1(중 많은 수)에게 사람들-2의 존재가 주는 해악 감소 효과에 따라 정당화된다고 말할 것이다.

이 두 견해 중에서 평균 견해가 덜 그럴 법하다. 추가적인 삶을 더 하는 것은 만일 새로운 사람들의 삶의 질이 그들 이전의 사람들의 삶의 질과 동등하거나 더 낮다면 1인당 평균 해악을 증가시키지 않는다. 그래서 120억 명의 나쁜 질의 삶은 60억 명의 동일한 정도로 나쁜 질의 삶보다 평균 견해에서는 더 못하지 않다. 그러나 두 배의 사람들에게 동일한 해를 가하는 것은 확실히 더 못함이 틀림없다. 총계 견해는 이 문제를 피한다. 120억 명의 나쁜 질의 삶이 있는 세계의 총 해악은 동일한 질의 60억 명이 있는 세계의 총 해악보다 더 크다. 그래서 사람에게 미치는 총 영향의 넓은 소극적 견해는 이미 존재하는 사람들에게 가는 해악을 감소시키기 위하여 추가적 삶들의 창조가 허용되는가에 대하여 하나의 답을 제시한다. 우리는 그렇게 함으로써 사람들이 겪는 총 해악을 최소화한다면 새로운 사람들을 창조해도 된다.

어떤 사람들은 이 답변이 해악이 얼마나 많이 있는지에만 관심을 가지고 해악이 어떻게 분배되며 어떻게 야기되는가에는 전혀 관심을 가지지 않는다는 근거에서 만족스럽지 못하다고 여길 것이다. 예를 들어 어떤 사람들은 더 많은 수의 사람들이 각자 더 적은 해악을 겪는 것, 또는 더 적은 수의 사람들이 각자 더 큰 해악을 겪는 것 사이에는 차이가 있다고 생각할 수도 있다. 이 견해에 의하면 설사 총 해악의 양은 같더라도 각자 더 적은 해악을 겪는 더 많은 사람들을 창조하는 것보다 각자 더 많은 해악을 겪는 더 적은 수의 사람들을 창조하는 것이 더 못할 수 있다. 다른 이들은 적어도 사람들을 존재하게 하지 않아서 초래되는 해악을 허용하는 것보다는 사람들을 존재하게끔 함으로써 해악을 야기하는 것이 더 못하다고 생각할 수도 있다. 이것은 해악을 능동적으로 야기하는 것이 수동적으로 야기하는 것보다 더 못하다고 생각하기 때문일 수 있다. 더 그럴 법한 것은 우리 자신의 삶을 덜 나쁜 것으로 만들기 위하여 새로운 사람들을 창조하여 그들에게 해를 입히는 것은 우리의 목적에 대한 단지 수단으로 그 새 사람들을 대우하는 것으로 생각한다는 것이다. 이 견해에서는 우리의 삶을 더 잘되어 가게 하기 위하여 새로운 사람들을 창조하는 데 반대하는 추정이 있을 수 있다. 비록 그 추정은 해악 감소가 충분히 커서 복멸될 수도 있지만, 사람들을 창조하는 해악은 이미 존재하는 사람들에게 가는 동등한 정도의 해악 감소만으로는 정당화할 수 없다.

몇몇 사람들은 사람에게 미치는 영향 견해가 전형적으로 (비개인적) 공리주의 견해에 대하여 제기되는―예를 들어 해악의 분배와 관련된―비판을 받을 수 있다는 점에 놀랄지도 모르겠다. 그러나 사람에게 미치는 총 영향의 넓은 견해와 사람에게 미치는 평균 영향의 넓은 견해 모두 사실은 사람에게 미치는 영향에 관한 것이 전혀 아닐 수 있다. 데릭 파피트는 그가 이 두 각각의 사람에게 미치는 넓은 견해가

"비개인적 원리를 사람에게 미치는 영향의 형태로 재진술한다"[47]거나 "사람에게 미치는 영향의 조건으로" 재진술한다고[48] 말할 때 이 점을 인정한다. 그 원리가 실제로 위장된 비개인적 견해라면 사람에게 영향을 미치는 견해라고 볼 수 있는 부분이 조금이라도 있는지 여부가 전혀 명확하지 않다. 비개인적 견해는 그것이 사람에게 미치는 영향에 관한 것처럼 들리는 방식으로 진술된다는 이유만으로 사람에게 미치는 영향에 관한 견해가 되지 않는다. 비개인적 원리는 행위가 구체적인 사람들에게 갖는 충격에 관심을 가지는 것이 아니라, 어떤 행위가 사람들 일반에게 갖는 충격에 관심을 가진다. 그러므로 그러한 견해가 존재하게 됨으로써 구체적인 사람들에게 가해지는 해악에 관하여 적정한 관심을 보이지 못한다는 점은 놀랍지 않다.

그렇다고 해서 가능한 모든, 사람에게 미치는 영향의 넓은 원리가 이 문제를 겪을 수밖에 없다고 말하는 것은 아니다. 아마도 진정으로 사람에게 미치는 영향에 관한 것인, 이 원리의 한 판본이 있을 수도 있다. 다시 말해서 구체적인 개별 사람들에게 가는, 충격을 고려하는 아마도 "사람들-Y에게 그런 것보다 …한 면에서 사람들-X에게 덜 좋다"의 빈 부분*을 채워 넣는 어떤 방법이 있을 수도 있다. 평균 하기와 총계 내기는 유일한 방법들이 아니다.

이것이 참이건 아니건, 해악들이 어떻게 분배되고 야기되는가에 관한 관심을 고려하는 몇몇 견해가 있다. 예를 들어 권리 견해 또는 의무론적 견해는 일부 해악은 너무 나빠 그것들을 가하지 않아서 다른 사람들에게 더 큰 해악을 초래한다고 해도 가할 수 없다고 말할 수 있

47   Parfit, Derek, *Reasons and Persons*, p. 400.
48   Ibid. p. 401.
*   역자 주: … 부분을 말함.

다. 그런 견해에 의하면 예를 들어 누군가의 건강한 신장을 동의에 의하지 않고 제거하는 것은 설사 신장 이식을 하지 않아 잠재적 피이식자에게 갈 해악이 신장 제거로 비자발적 기증자에게 갈 해악보다 더 크다고 하더라도 그른 일이 된다. 이것은 기증자가 그의 신장을 자신이 동의하지 않으면 적출되지 않을 권리를 갖고 있거나, 다른 사람들이 동의를 받지 않고 그것을 적출하지 아니할 의무를 지고 있기 때문이다. 존재하게 되지 아니할 권리—권리가 침해되었을 때에만 그 보유자가 있게 되는 권리—가 있다면, 설사 새로운 사람들을 창조하는 것이 현재 존재하는 사람들에게 가는 해악을 감소시키더라도 그렇게 하는 것은 그르다고 논할 수 있을 것이다. 존재하지 않는 존재들에게 존재하게 되지 않을 권리를 귀속시키는 것이 거리끼는 사람들은 이 주제에 관하여 그런 권리 대신 사람들을 존재하게 하지 않을 의무에 의거해서 생각하면 될 것이다. 이 의무는 사람들을 존재하게 함으로써 가하는 해악을 가하지 아니할 의무일 것이다. 이 의무론적 견해에서는 새로운 사람들을 존재케 하지 않을 의무가 있다. 이 의무는 설사 의무를 위반하여 가하는 해악이 새로운 사람들이 없어서 존재하는 사람들이 겪을 해악보다 적다고 하더라도 위반되어서는 안 될 것이다. 여기서 작동하고 있는 발상은 설사 마지막 사람들의 운명을 겪을 새로운 사람들의 수가 더 적다고 하더라도 (우리의 수가 더 많다고 할지라도) 우리가 그 동일한 운명을 피하기 위해서 새로운 사람들을 창조하는 것은 그르다는 것이다.

　권리와 의무가 절대적인 경우에는 이미 존재하는 사람들에게 가는 해악이 얼마나 훨씬 더 큰지는 문제 되지 않는다. 권리가 비절대적인 경우에는 권리가 막는 해악은 다른 사람들에게 가는 동등한 정도의 해악 감소만으로는 가하는 것이 허용되지는 않고, 다른 사람들에게 가는 상당히 더 큰 해악 감소를 이유로 해서만 가하는 것이 허용된다. 그 비절대적 권리가 더 강할수록* 다른 사람들에게 가는 해악 감소는 더 커야만 한다.

만일 우리가 나의 반출생주의 논증을 권리 견해와 결합하여, 우리가 존재하는 사람들에게 가는 해악을 감소시키기 위하여 새로운 사람들을 존재케 해도 되는 경우가 있는지, 만일 있다면 언제 그렇게 해도 되는지의 질문에 답하려고 한다면, 우리의 답변은 권리의 강도에 관하여 우리가 어떤 견해를 취하느냐에만 달려 있지는 않을 것이다. 우리의 답변은 존재하게 되는 것의 해악의 크기(the magnitude)에 관하여 우리가 취하는 견해에도 달려 있게 될 것이다. 존재하게 되는 것의 해악이 더 클수록 그 해악을 저지하는 권리는 더 강할 것이다.

나는 일련의 견해와 그 견해가 다음 질문들에 갖는 함의를 검토했다:

1. 우리가 존재하는 삶의 질을 개선하기 위하여 새로운 삶을 창조해도 되는 경우가 있는가?
2. 만일 그런 경우가 있다면, 어떤 조건에서 그렇게 해도 되는가?

이 견해와 그들의 함의는 그림 6.3에서 보이는 바대로 요약할 수 있다.

---

* 역자 주: 그 권리의 제한을 정당화할.

1. 사람에게 미치는 영향의 (좁은) 견해[49]	질문에 답변할 수 없음	
2. 소극적 평균 견해[50]	반출생주의 논증과 양립 불가능	
3. 소극적 총계 견해[51]	새로운 사람들을 창조해서 생기는 해악의 총량이 새로운 사람들이 창조되지 않으면 존재하는 사람들이 겪을 해악의 총량과 동등하거나 그보다 적을 때에는 새로운 사람들을 창조해도 된다.	
4. 권리/의무론적 견해	새로운 사람들을 창조하는 것은 총 해악의 감소만으로는 정당화될 수 없다	4a. 더 엄격한 권리 또는 의무 견해: 새로운 사람들을 창조하는 것은 그 감소되는 해악이 얼마나 크건 간에 총 해악의 어떠한 감소로도 정당화될 수 없다.
		4b. 덜 엄격한 권리 또는 의무 견해: 새로운 사람들을 창조하는 것은 총 해악의 감소가 상당할 때에는 정당화된다. (그러나 감소 그 자체만으로는 정당화되지 않는다.)

그림 6.3

49　나는 '좁은'을 삽입 어구로 두었다. 왜냐하면 비록 내가 진정으로 사람에게 미치는 영향 견해이기도 한, 사람에게 미치는 영향의 넓은 견해를 정식화하는 것이 여전히 가능할 수도 있다고 했지만, 사람에게 미치는 영향의 좁은 견해가 유일한 진정으로 사람에게 미치는 영향 견해일 수 있다는 점을 분명하게 했기 때문이다.

50　나는 이것을 사람에게 미치는 평균 영향의 넓은 소극적 견해라고 하지 않고, 간단히 소극적 평균 견해라고 칭하겠다. 왜냐하면 우리는 '사람에게 미치는 영향' 표제가 오도하는 것임을 이미 알게 되었고, 만일 그렇다면 '넓은'이라는 형용사 역시 불필요하기 때문이다.

51　나는 이것을 사람에게 미치는 총계 영향의 넓은 소극적 견해라고 하지 않고, 간

소극적인 총계 견해와 권리 또는 의무론적 견해만이 출산이 존재하는 사람들에게 가는 추가 해악을 막기 위하여 언제 허용될 수 있는가에 관한 반출생주의 질문에 답할 그럴 법한 후보이다. 비록 소극적 총계 견해와 덜 엄격한 권리 또는 의무론적 견해 양자 모두 새로운 사람들의 어떤 창조는 허용하지만, 둘 다 반출생주의와 양립 가능하다. 이는 그 견해가 인류의 단계적인 멸종의 한 방법이자 과도기적 조치로서만 새로운 사람들의 창조를 허용하기 때문이다. 더 엄격한 권리 또는 의무론적 견해는 명확히 반출생주의와 양립 가능하다.

소극적 총계 견해 또는 덜 엄격한 권리 또는 의무 견해 가운데 어느 견해의 조건이라도 우리의 세계에서 충족될지는 분명하지 않다. 다시 말해서 새로운 사람들을 창조하는 일이 애초에 (총계 견해의 조건을 충족하게끔) 총 해악을 감소시키게 될지 또는 (덜 엄격한 권리 또는 의무 견해의 조건을 충족하게끔) 충분히 해악을 감소시키게 될지 명백하지 않다. 비록 단계적인 멸종이 마지막 사람들의 운명을 겪을 사람들의 수를 감소시킬 가능성이 매우 높지만, 그것은 총 해악을 증가시킬 수도 있고 (왜냐하면 더 많은 사람들이 해를 입으므로) 또는 존재하게 되는 사람들에게 해를 입히는 것을 보증할 정도로 충분히 해악을 감소시키지는 않을 수 있다. 명백히 규범적인 질문에 더해 중요한 경험적인 질문들도 있다.

총계 견해나 덜 엄격한 권리 또는 의무 견해의 조건이 충족되든 안되든 보통의 출산자 또는 잠재적 출산자들은 그들의 생식을 정당화하

단지 소극적 총계 견해라고 칭하겠다. 왜냐하면 우리는 '사람에게 미치는 영향' 표제가 오도하는 것임을 이미 알게 되었고, 만일 그렇다면 '넓은'이라는 형용사는 불필요하기 때문이다.

기 위하여 그러한 견해에 현재 호소할 수 없다. 이는 현재 직면하고 있는 인구와 관련된 삶의 질 문제는 증가하는 인구의 결과이지 감소하는 인구의 결과가 아니기 때문이다. 그리고 인구 증가가 점차 줄어들거나 점진적인 인구 감소로 전환된다고 해도 그러한 감소는 여전히 충분치 않을 것이다. 아주 급속한 인구 감소의 상황이나 인간이 수백만 년 전에 넘어섰던 인구 수준으로 도로 돌아가는 상황에서만이 해악을 감소시키기 위하여 사람들을 창조하는 일에 관한 질문이 겨우 제기될 것이다. 우리는 그런 상황 근처에도 있지 않다.

멸종

이 장과 이전 장에서 나의 논증은 인간들(그리고 다른 종들)이 멸종하게 된다면 더 나을 것이라고 함의한다. 다른 사정이 모두 동일하다면, 또한 나의 논증은 이 멸종이 더 나중보다는 더 일찍 일어나는 것이 더 낫다고 시사한다. 이 결론은 많은 사람들의 마음을 심히 동요케 한다. 나는 이제 인간 멸종이라는 전망이 정말로 유감스러워해야 할 것인지, 그리고 그 멸종이 정말로 더 나중이 아니라 더 일찍 일어나는 것이 더 나은지를 결정하기 위해 그 흔한 반응을 평가해 보도록 하겠다.

　인간 종은 다른 모든 종과 마찬가지로 결국 멸종하게 될 것이다.[52] 많은 사람들은 이 전망에 마음이 상하며 멸종이 발생하기 전까지는

52　제임스 렌먼(James Lenman)이 말하듯이 "다른 사건이 먼저 우리를 종말로 데려다주지 않는다는 공상적일 정도로 일어날 법하지 않은 일이 벌어진다면, 열역학 제2법칙이 우리를 종말로 데려다줄 것이다." *Pacific Philosophical Quarterly*, 83 (2002) p. 254.

아직 아주 긴 시간이 남아 있다는 희망에서만 위안을 찾는다.[53] 다른
이들은 우리의 종이 그렇게나 긴 미래를 갖고 있다고 확신하지 않는
다. 어느 시대에나 '종말이 가까이 있다'고 믿는 극소수의 사람들이
있었다. 흔히 이 견해는 정신질환의 산물은 아니더라도 숙지되지 않
은, 보통 종교적으로 고취된, 종말 신학의 산물이다. 그러나 때때로
어떤 종말론들은 그렇지 않다.[54] 소행성 충돌 같은 영구적인 위협뿐만
아니라 지속 불가능한 소비, 환경 훼손, 새로운 질병과 다시 유행하는
과거의 질병, 그리고 핵무기와 생화학 무기 등 인류의 행위가 인류의
장기적 미래에 심각한 위협을 제기한다고 믿는 이들이 있다. 다른 이
들에게 더 임박한 멸종의 논증은 경험적인 것이 아니라 철학적인 것
이다. 확률적으로 추론하여 그들은 우리가 '곧 파멸할'[55] 운명이라고
논한다.

　나는 인간 멸종이 언제 일어날지에 관한 경쟁하는 견해를 위한 논
증과 증거를 평가하지 않을 것이다. 우리는 멸종이 일어나리라는 것
을 알며, 이 사실은 나의 논증에 흥미로운 효과가 있다. 이상한 방식
으로 그것은 나의 논증을 낙관적인 것으로 만든다. 비록 사태는 그래
야 할 바대로가 아니지만—아무도 없어야 하는데 사람들이 있지
만—언젠가 사태는 되어야 할 바대로 될 것이다—즉 어떤 사람들도

53　우주의 미래에 관한 강의에 참석한 노파에 관한 농담이 있다. 강의가 끝나고 그
녀는 연사에게 질문했다: "실례지만, 교수님, 우주가 언제 끝이 난다고 했죠?" "약 40
억 년 뒤입니다"라고 연사는 답했다. "오, 하느님, 감사합니다" 하고 노파는 말했다.
"전 교수님이 4백 만 년 뒤라고 한 줄 알았어요."
54　Rees, Martin, *Our Final Hour: A Scientist's Warning* (New York: Basic
Books, 2003).
55　Lseslie, John, *The End of the World: The Science and Ethics of Human
Extinction* (London: Routledge, 1996).

없을 것이다. 다시 말해서 비록 사태가 현재 나쁘기는 하지만, 새로운
사람들의 창조로 우선은 더 못해지더라도 결국 더 나아질 것이다. 어
떤 사람들은 이런 종류의 낙관주의를 피하고자 할지도 모르겠다. 그
러나 몇몇 낙관주의자는 이러한 관찰에서 얼마간의 위안을 얻을 수도
있으리라.

멸종의 두 수단

어떤 종이 멸종하게 되는 두 방식을 구분하는 것이 유용할 것이다.
첫째는 대량으로 죽임을 당해 사라지는 것이다. 둘째는 하나씩 죽어서
사라지는 것이다. 우리는 첫째 방식을 '죽임-멸종'(killing-extinction)
이라고 할 수 있고, 둘째를 '죽어 감-멸종' (dying-extinction) 또는
'낳지 않음 멸종' (non-generative extinction)이라고 할 수 있다. 종
이 죽임을 당해 사라질 때, 멸종은 그 종의 구성원을 더 이상 남지 않
을 때까지 죽임으로써 야기된다. 이 죽임은 인간에 의해 이루어질 수
도 있고 자연의 손으로 이루어질 수도 있다(또는 인간에 의해 강제된
자연의 손으로 이루어질 수도 있다). 이와는 대조적으로 종이 하나씩
죽어서 사라질 때에는 멸종은 그 삶이 불가피한 자연적 끝을 보게 되
는 그 종의 구성원들을 대체하지 않아서 발생하는 것이다.

멸종의 두 수단이 중첩될 수 있음은 분명하다. 자주 일어나는 일은
종의 너무 많은 구성원들이 죽임을 당해서, 남아 있는 구성원들이 자
기 자신들과 죽임을 당한 개체들을 효과적으로 대체하지 못하고는 죽
어서 그 종이 멸종하게 되는 것이다. 또 반대로 어떤 종이 적정한 수
준으로 재생산하지 못하면, 그 종의 남아 있는 얼마 안 되는 구성원들
이 죽임을 당해 버리면 멸종하게 된다.

이 중첩에도 불구하고 두 종류의 멸종(또는 그렇게 칭하기를 원한

다면 멸종의 두 특성)의 구분은 유용하다. 둘 사이에는 명확한 차이가 있다. 가장 명백하게는 죽임 멸종은 삶을 갑자기 중단시킨다. 반면 죽어 감 멸종은 그렇게 하지 않는다. 비록 우리 가운데 어느 누구에게라도 죽는 것은 나쁜 일이지만, 그럴 필요가 있는 것보다 더 빨리 죽는 것은 더 나쁜 일이다. 둘째로, 죽임 멸종 사안과 죽어 감 멸종 사안 사이에는 도덕적 차이가 있다. 반출생주의자가 친(親)죽음주의자가 되어 인간을 죽이는 '종멸절' 계획에 착수한다면, 그들의 행동은 죽어 감 멸종은 직면하지 않을 도덕적 문제로 가득 차게 될 것이다. 그들의 종을 죽여 멸종시키는 인간들은 살인이 문제가 많은 모든 이유에서 문제가 많다. 죽임 당함은 (통상) 죽임을 당하는 이들에게 나쁨이며, (자연적 원인에 의한) 죽음과는 달리 (죽음이 발생할 때까지는) 피할 수 있었던 나쁨이다. 비록 수명을 온전히 살고서 자연적 원인으로 끝난 누군가의 죽음을 유감스러워할 수 있지만, 무슨 잘못이 행해졌다고는 말할 수 없다. 반면 우리는 도덕적 행위자가 누군가를 적절한 정당화 없이 죽이는 것은 그르다고 말할 수 있다.

이 두 차이를 모두 지적하면서 나는 죽음이 죽는 사람에게 나쁘다고 가정했다. 죽음이 죽는 사람에게 해악이라는 견해는 비합당한 견해가 아니다. 실제로 그것은 상식적인 견해이며 우리가 내리는 많은 중요한 판단에 깔린 견해이다. 그럼에도 불구하고 그것은 도전을 받아 왔다. 나는 이 철학적 도전을 결론부의 장에서 살펴볼 것인데, 이는 그것을 옹호하거나 거부하기 위해서가 아니라 그 관련성을 보이기 위해서이다.

멸종에 관한 세 가지 우려

멸종이 나쁘다고 생각할 수 있는 세 가지 측면이 있다.

1. 멸종이 죽임에 의해 발생할 때 그것이 삶들을 갑자기 중단시키기 때문에 나쁘다고 생각될 수 있다.

2. 멸종이 어떤 방식으로 발생하건 간에 그것은 멸종 직전을 사는 사람들에게 나쁘다고 생각될 수 있다.

3. 멸종 상태는 그 자체로 나쁘다고 생각할 수 있다. 이 견해에서는 사람들(또는 다른 의식적 존재들)이 아무도 없는 세계는 그 이전의 존재들에게 이 사태가 갖는 중요성과 무관하게 그 자체로 유감스럽다.[56]

우리는 유감의 첫 번째와 두 번째 기초는 가장 잘 이해할 수 있다. 사람들의 삶이 지속할 가치가 없지 않은 한, 그들의 삶을 갑자기 중단시키는 것은 그들의 삶을 더 못하게 만든다. 존재하게 된 것의 다른 모든 해악에다가 때 이른 죽음이라는 해악을 또 더하게 되는 것이다. 그러나 멸종은 이런 방식으로 발생할 필요는 없다. 실제로 추가적인 사람들을 창조하는 것을 억제하는 것이, 미래의 사람들의 삶이 갑자기 중단되지 않도록 하는 최선의 방법이다. 그 삶이 갑자기 중단될 어떠한 사람들도 아예 존재하지 않게 될 것이니 말이다.

---

56 인간 멸종에 관한 인간의 우려가 비인간 종의 멸종에 관한 (그런 것이 있다면) 인간의 우려와는 다른 형태를 취한다는 점이 주목할 가치가 있다. 비인간 종의 멸종에 관하여 우려하는 대부분의 인간들은 멸종으로 가는 길에 갑자기 그 삶이 중단되는 개별 동물들에 관하여 우려하는 것이 아니다. 이것이 (적어도 죽임 형태에서는) 멸종을 우려할 가장 강한 이유 가운데 하나임에도 불구한데도 말이다. 동물 멸종에 관한 대중적인 우려는 보통 인간들에 대한 우려이다. 즉 동물 다양성의 한 측면의 상실로 인해 빈약해진(impoverished) 세계에서 살게 될 것이며, 우리가 더 이상 그 동물 종을 보거나 이용할 수 없게 될 것이라는 우려이다. 다시 말해서 인간 멸종에 관한 전형적 우려 중 어느 것도 비인간 종의 멸종에는 적용되지 않는다.

그러나 이 선택지는 멸종에 관한 두 번째 우려는 피하지 못한다. 죽어 사라지게 되는 마지막 세대는 무거운 부담을 지게 된다. 첫째, 그들을 넘어선 미래를 향한 희망과 욕구가 좌절될 것이다. 비록 끝에서 두 번째의, 그리고 그 이전의 세대들의 그러한 희망과 욕구 역시 좌절될 것이지만, 마지막 세대에게 가는 해악이 가장 가혹할 것이다. 왜냐하면 그들 자신을 넘어선 미래를 향한 희망과 욕구가 가장 근본적으로 좌절될 것이기 때문이다. 그들 자신을 넘어선 아무런 미래도 없을 것이다. 반면 끝에서 두 번째의 세대에는 적어도 얼마간의 미래가 있을 것이며 그 앞의 세대로 갈수록 약간씩 더 미래가 있을 것이다. 마지막 세대에게 가는 두 번째의 더 명백한 부담은 그 세대가 사회구조가 점진적으로 붕괴하는 세계에서 살게 되리라는 점이다. 더 이상 곡식을 기르고, 질서를 유지하고 나이 든 사람을 위한 병원과 집을 운영하고 죽은 자를 묻어 줄 더 젊은 일하는 세대가 없을 것이다.

그 상황은 정말로 절망적이며 우리는 이런 방식으로 마지막 사람들에게 부상하는 멸종이 나쁠 것이라고 확실히 말할 수 있다. 그들의 괴로움이 각 세대 내의 그토록 많은 사람들의 괴로움을 모두 합한 것보다 조금이라도 더 클지를 알기란 어렵다. 나는 그것이 더 크리라고는 전혀 확신하지 않지만, 당분간 더 크다고 상상해 보도록 하자. 임박한 멸종의 이 유감스러운 특성이 모든 것을 고려했을 때 나쁜지를 결정하기 위해 우리는 마지막 사람들의 이익뿐만 아니라 새로운 세대들을 낳지 않음으로써 피하는 해악 역시 고려해야만 한다.

인류가 끝이 나게 될 때가 언제이건 마지막 사람들은 심각한 비용을 치를 것이다. 그들은 죽임을 당하거나 인구가 감소하고 사회 기반 시설이 붕괴되어 고통을 겪을 것이다. 모든 사정이 동일하다면, 이런 일이 더 나중에 벌어진다고 해서 아무것도 얻어지지 않는다. 동일한 괴로움이 발생한다. 그러나 만일 멸종이 더 일찍 일어난다면 치르지 않아도 되는 비용이 있다. 현재 세대와 마지막 세대 사이에 존재하게 되는 중간의 새 세대들이 치르는 비용 말이다. 더 이른 멸종을 찬성하는 논거는 따라서 강하다.

기껏해야 제한된 수의 미래 사람들의 생산은 '단계적 멸종'의 논의에서 보였듯이 단계적 멸종의 계획 일부로 정당화될 수 있을 뿐이다. 단계적 멸종에 의하여 마지막 세대의 운명을 겪을 사람들의 수는 현재의 수십억 명에서 크게 감소될 것이다. 그러나 사람들의 수가 급격한 인구 감소의 비용을 치르지 않고서도 아주 빠르게, 마지막 사람들이 중간에 오는 세대에게 가는 해악을 상쇄할 정도로 충분히 작은 수준까지 감소될 수 있는지는 답하기 어려운 문제다. 그 답이 무엇이건 몇 세대 내의 멸종이 수없이 더 많은 세대 뒤에야 오는 멸종보다 선호되어야 한다. 더 이른 멸종은 일부 사람들에게는 더 못할 수 있지만, 모든 것을 고려했을 때 더 못하다는 결론이 따라 나오지는 않는다.

멸종이 더 일찍 일어나건 더 나중에 일어나건, 세 번째 우려는 언제나 유관하다. 이것은 인간이 없는 세계는 그 자체로 나쁘다는 우려다. 즉 그 세계는 불완전하거나 결함이 있다는 것이다. 이 우려가 널리 퍼진 것이기는 하지만, 대부분의 사람들이 그러듯이 고통과 쾌락의 비대칭성을 받아들이게 되면 그것을 이치에 닿는다고 보기가 매우 어렵다. 아무런 사람들(또는 다른 의식적 존재)도 없는 세계는 멸종이 일어나지 않았더라면 존재했을 사람들에게 나쁠 수 없다. 실제로 내가 논했듯이 그들이 존재하게 되었을 대안적 시나리오는 그들에게 나빴을 것이다. 그러한 존재가 없는 세계는 이런 면에서 더 나은 세계다. 그러한 세계에는 아무런 해악도 없다.

그런데 비록 인간들이 없는 세계가 그렇지 않았더라면 존재했을 인간들에게는 더 나을 수는 있지만, 인간들이 없는 세계는 다른 면에서 못하다는 반론이 있을 수도 있다. 예를 들어 그 세계는 도덕적 행위자와 합리적 숙고자를 결여할 것이며, 다소간 덜 다양할 것이다. 그런 논증에는 몇 가지 문제가 있다. 첫째, 도덕적 행위자와 합리적 숙고자를 담고 있는 세계가 뭐가 그렇게 특별한가? 인간이 그들과 같은 존재들을 담고 있는 세계를 가치 있게 여긴다는 것은 실제로 세계에 관해서 이야기해 주는 것보다는 자기 중요성에 관한 부적절한 그들의 감각에 더 많은 것을 이야기해 준다. 다리가 여섯인 동물을 가진 세계는 내재적으로 더 나은가? 만일 그렇다면 왜 그런가? 다리가 여섯 개인 동물 또한 있다면 그 세계는 한층 더 나을 것인가? 비록 인간들이 도덕적 행위자성과 합리적 숙고를 가치 있게 여길 수는 있겠으나, 우리 세계의 이러한 특성이 영원의 관점에서 가치를 가진다는 것은 전혀 분명하지 않다. 그래서 만일 더 이상 아무런 인간들이 없다면, 그 사태를 유감스러워할 아무도 존재하지 않을 것이다. 왜 덜 다양한 세계가 그 다양성으로 아무도 박탈을 겪지 않는다면, 더 못한지도 분명하지 않다.[57] 마지막으로, 만일 우리가 도덕적 행위자성, 합리성, 그리고 다양성과 같은 요인이 세계를 고양시킨다고 생각한다 해도 그것들의 가치가 인간 삶과 함께 오는 어마어마한 양의 괴로움을 능가한다고 보는 것은 매우 설득력이 없다. 그러므로 나에게는 인간이 미래의 어느 시점에 존재하지 아니할 것이라는 우려는 우리의 존재가 세계를 더 나은 곳으로 만든다는 인간의 오만의 증후이거나 잘못된 감상주의

---

57 비록 멸종 이전의 사람들은 이후의 멸종이라는 사태의 전망을 유감스럽게 생각할 수는 있겠으나, 우리는 지금 멸종의 세 가지 우려 가운데 (두 번째가 아니라) 세 번째 우려를 검토하고 있다. 세 번째 우려에 의하면 멸종 상태는 그 멸종 이전에 존재하는 이들의 이익과는 독립적으로 나쁘다.

의 증후 가운데 하나에 불과한 것으로 보인다.

　많은 사람들은 인간 멸종이라는 전망을 애석해한다. 이 멸종이 임박하기도 하고 또 그렇다고 알려지기도 한다면, 인류의 종말에 관한 고뇌는 훨씬 더 예리하게 될 것이다. 그 고뇌와 슬픔은 그러나 인간 삶의 종말 전에는 있을 수밖에 없는 괴로움의 또 하나의 특성에 지나지 않는다.

7

결론

그러므로 나는 아직까지 살아 있는 이들보다 이미 죽은 이들이
더 복되다 하였으며, 그러나 그들 모두보다 태어난 적이 없는
이, 그리하여 태양 아래 범해진 사악한 일들을 보지 못한 이가
더 복되다 하였노라.

전도서 4:2-3*

케이프 혼에 한 젊은이가 살고 있었네
그는 태어나지 않았기를 바랐다네
그리고 그는 태어나지 않았을 거라네
그의 아버지가 알아차렸더라면
콘돔의 끝이 찢어진 것을.

작자 미상[1]

---

* 역자 주: 원문에는 전도서 1:2-4로 기재되어 있으나 오기로 보인다.
[1] 나는 이 오행희시(五行戲詩)에 관심을 기울이게끔 해준 데 대하여 토니 홀리데이
(Tony Holiday)에게 감사한다. 아서 데엑스(Arthur Deex)는 오행희시의 전문가로
이 시의 역사 가운데 일부를 나에게 친절하게 가르쳐 주었다. 여기에 실린 것은 명백

반직관성 반론을 반박하기

존재하게 되는 것이 항상 해악이라는 견해는 대부분 사람들의 직관에 반한다. 그들은 이 견해가 도저히 옳을 수 없다고 생각한다. 4장에서 6장까지 논의한 그 견해의 함의도 보통의 직관의 법정에서 조금이라도 더 나은 처지가 아니다. 사람들이 아이를 갖지 말아야 하고, (적어도 임신 초기 단계에서는) 낙태에 찬성하는 추정이 있으며, 지구 위에 더 이상 의식 있는 삶(conscious life)이 없으면 가장 좋다는 생각은 터무니없는 것으로 기각되기 쉽다. 실제로 일부 사람들은 이 견해를 심히 불쾌하다고 여길 가능성이 높다.

여러 철학자들은 새로운 사람들을 존재하게 하지 않는 것이 낫다는 결론을 함의한다는 이유로 다른 견해를 거부했다. 이미 전 장에서 사상가 여러 명이 최소 극대화 원리가 더 이상 사람들이 있어서는 안 된다는 것을 함의한다는 이유로 그것을 거부했다는 점을 살펴보았다. 그러나 다른 사례도 있다. 피터 싱어(Peter Singer)는 공리주의의 '도덕적 회계장부'(moral ledger) 견해를 거부한다. 그 견해에 의하면 만

히 다음과 같은 에드워드 리어(Edward Lear)의 원래 작품에 대한 외설적인 패러디이다:

케이프 혼에 한 늙은이가 살고 있었네
그는 태어나지 않았기를 바랐다네
그래서 그는 의자에 앉아 있었다네
그가 절망하여 죽을 때까지
케이프 혼의 그 비통한 사내가

(Jackson, Holbrook, (ed.) *The Complete Nonsense of Edward Lear* (London: Faber & Faber, 1948) p. 51.) 다른 변형본으로는 Legman, G. *The Limerick: 1700 Examples with Notes, Variants and Index* (New York: Bell Publishing Company, 1969) p. 188, p. 425

족 못한 선호는 일종의 '차변'으로 그 선호가 만족될 때에만 지워진다.
싱어는 그 견해는 "매우 행복할 것이고, 그녀의 선호 거의 전부가 만족
될 것이지만 그래도 몇몇 만족 못한 선호를 가지고 있을 아이를 존재케
하는 것"이 그르게 된다는 결론을 수반한다는 이유로 거부되어야만 한
다고 말한다.[2] 닐스 홀텍(Nils Holtug)은 좌절주의(frustrationism)[3]를
거부한다. 좌절주의는 선호의 좌절은 부정적 가치를 가지며, 선호의
만족은 부정적 가치를 단지 피할 뿐이며 아무것도 긍정적으로 기여하
지 않는다는 견해다. 좌절주의는 (모든 사람들이 가지기 마련인) 좌
절된 욕망을 가질 사람들을 존재케 하는 것은 그 사람들에게 해를 입
히는 것이라고 한다. 그래서 홀텍은 좌절주의를 "그럴 법하지 않은,
정말로 심히 반직관적인 것"[4]으로 거부한다. 그렇게 반직관적인 함의
중에 "우리가 아는 어느 누구의 삶보다도 훨씬 더 나은 삶을 살게 될
아이를 갖는 것은 그르다"는 것에 대하여 그는 말한다: "확실히 이런
견해가 옳을 수는 없다."[5]

　나는 이제 나의 결론이 그토록 반직관적이라는 점이 문제 되느냐는
질문을 살펴보겠다. 내 논증은 이성을 너무 밀어붙여서 미친 결론을
낸 사례인가? 나의 결론은 너무 특이하다는 이유 때문에 기각되어야
하는가? 비록 이 질문들의 동인이 되는 것들을 이해는 하지만, 그 각
각에 대한 나의 답변은 힘을 준 '아니오'이다.

2　Singer, Peter, *Practical Ethics*, 2nd edn. (Cambridge: Cambridge University
Press, 1993) p. 129.
3　반좌절주의로도 알려져 있는 이 견해는 2장 마지막에서 두 번째 절('다른 비대칭
성들')에서 논의했다.
4　Holtug, Nils, 'On the value of coming into existence', *The Journal of Ethics*,
5 (2001) p. 383.
5　Ibid.

우선, 어떤 견해의 반직관성은 그 자체로는 그 견해에 반대하는 결정적인 고려 사항이 될 수 없다는 점을 주목할 필요가 있다. 이것은 직관들은 흔히 심히 믿을 수 없는 것―그저 편견의 산물―이기 때문이다. 한 시대와 장소에서 심하게 반직관적으로 여겨지는 견해가 다른 시대와 장소에서는 명백히 참으로 여겨진다. 노예제가 그르다는 견해 또는 '다른 인종간의 출산'에는 아무것도 그른 바가 없다는 견해는 한때 대단히 그럴 법하지 않고 반직관적인 것으로 생각되었다. 그 견해는 지금은 적어도 세계의 많은 곳에서 자명한 것으로 여겨진다. 그러므로 어떤 견해나 그 함의가 반직관적이라고 생각하는 것 또는 심지어 모욕적이라고 생각하는 것만으로는 충분하지 않다. 싫어하는 결론을 뒷받침하는 논증을 검토해야만 한다. 더 많은 사람들을 창조하는 것이 그르다는 견해를 거부한 사람들 대부분은 그 결론을 뒷받침하는 논증을 뜯어보지 않고서 그렇게 했다. 그들은 그냥 간단히 이 견해를 틀린 것으로 가정해 버렸다.

그런 가정을 하면 안 되는 한 가지 이유는 그 결론이 대부분의 사람들이 받아들일 뿐만 아니라 또한 상당히 합당한 견해에서 도출되는 것이라는 점이다. 내가 2장에서 설명했듯이 쾌락과 고통의 비대칭성은 새로운 사람들을 창조하는 일에 관한 중요한 몇 가지 도덕적 판단들에 대한 최선의 설명이다. 나의 모든 논증은 그 비대칭성을 드러내고 그것이 어떤 결론으로 이르는지를 보여준 것뿐이다.

그러나 나의 논증은 비대칭성 지지에 대한 귀류법적 논박(reductio ad absurdum)으로 이해해야 한다는 주장이 있을지도 모르겠다. 다시 말해서 나의 결론을 받아들이는 것은 비대칭성을 거부하는 것보다 더 반직관적이라고 이야기할지도 모르겠다. 그래서 나의 결론을 받아들일지 아니면 비대칭성을 거부할지 선택에 직면하면, 비대칭성을 거부하는 것이 선호할 만하다는 것이다.

이런 노선의 논증에는 몇 가지 문제점이 있다. 첫째, 우리는 우리가 비대칭성을 거부할 경우 지지하게 될 바가 어떤 것인지를 정확히 기억해야 한다. 물론 비대칭성을 거부하는 여러 방법이 있지만, 가장 덜 그럴 법한 방법은 부재하는 쾌락이 '나쁘지 않음'이라는 점을 부인하면서 대신 그것이 '나쁨'이라고 주장하는 것이다. 이는 우리로 하여금 미래의 가능한 행복한 사람들의 이익에 기반하여 그 사람들을 창조할 (강한?) 도덕적 이유, 그리하여 추정적 의무를 갖는다는 견해를 지지하게 한다. 또한 비대칭성의 거부는 우리로 하여금 아이를 위하여 아이를 창조할 수 있으며, 우리가 창조할 수도 있었지만 창조하지 아니한 행복한 사람들을 위하여 후회해야 한다고 말하게끔 한다. 마지막으로, 비대칭성의 거부는 지구의 일부나 우주의 나머지 부분에 아무도 살고 있지 않다는 사실을 유감스러워해야 할 뿐만 아니라 그 장소들에 존재할 수도 있었던 이들에 대한 배려에서 이 점을 유감스러워해야 한다고 견해를 지지하게끔 한다.

우리가 비대칭성을 다른 방식으로—즉 시나리오 B에서 부재하는 고통은 단지 '나쁘지 않음'이라고 주장함으로써—거부하려고 한다면 사태는 더 나빠진다. 그것은 우리로 하여금 가능한 미래의 괴로움을 겪는 사람의 이익에 근거하여 그 사람을 창조하는 것을 피할 아무런 도덕적 이유가 없다고 말하게끔 만들 것이다. 우리는 괴로움을 겪는 아이의 이익에 기반하여 우리가 그 아이를 창조했다는 것을 더 이상 후회할 수 없게 된다. 또한 우리는 세계의 일부 지역에서 괴로움을 겪는 비참한 사람들을 위하여 그들이 창조되었다는 점을 유감스러워할 수도 없게 된다.

나의 논증을 비대칭성에 대한 귀류법적 논박으로 다루는 이들은 비대칭성을 포기하는 함의를 실제로 받아들이는 것보다는 비대칭성을 포기할 준비가 되어 있다고 말하는 것이 훨씬 쉽다는 점을 깨달을 지도 모른다. 비대칭성을 포기하는 것이 낫다고 말해 놓고는 실제 그들의 윤리적 이론화와 실천에서는 여전히 비대칭성이 성립하는 것처럼 진행하는 것으로는 확실히 충분치 않을 것이다. 그렇다면 적어도 나의 논증은 비대칭성을 거부하는 것의 온전한 함의를 두고 씨름하게끔 강제할 수밖에 없다. 그리고 그 함의는 내가 개괄한 것들을 훨씬 넘어서 확장된다. 나는 비대칭성을 차라리 버리겠다고 말하는 사람들 가운데 얼마나 많은 이들이 실제로 그것을 포기할지 매우 의문스럽다.

내 논증을 비대칭성에 대한 귀류법적 논박으로 다루는 것의 두 번째 문제점은 비록 내 결론들이 반직관적일 수 있지만, 이 주제에 관한 지배적인 직관은 철저히 신뢰할 가치가 없어 보인다는 점이다. 이는 두 가지 이유에서 그렇다.

첫째, 우리가 그렇게 함으로써 그 사람에게 어느 것도 박탈하지 않고서도 피할 수 있었던—3장의 논증이 보였듯이 우리가 아이를 창조할 때마다 가하게 되는—큰 해악을 다른 누군가에게 야기하는 것이 수용 가능하다고 왜 생각해야 하는가? 다시 말해서 다른 사람들의 걸려 있는 이익이 없는데도, 해를 입는 사람에게 아무런 비용도 치르게 하지 않고서도 피할 수 있었던 큰 해악을 가하는 것이 허용된다고 보는 직관은 얼마나 신뢰할 만한가? 그러한 직관은 다른 어떠한 맥락에서도 존중할 가치가 없는 것이 되었을 것이다. 그렇다면 왜 출산의 맥락에서만 그 직관이 존중할 가치가 있는 힘을 가진다고 생각해야 하는가?

둘째, 우리는 친출생주의 직관이 (적어도 합리성과 무관한, 그러나 아마도 비합리적인) 심리적 힘의 산물이라고 생각할 매우 좋은 이유

가 있다. 내가 3장에서 보여주었듯이 사람들로 하여금 그들의 삶이
실제 그런 것보다 더 낫다고 생각하게끔 이끄는 인간 심리에 만연해
있는 강력한 특성이 있다. 더군다나 사람들이 자신의 아이들을 존재
케 함으로써 해를 입히지 않는다는 깊이 안착된 신념에 대한 진화론
적인 좋은 설명도 있다. 이 신념을 갖지 않은 사람들은 생식을 할 가
능성이 더 작을 것이다. 생식을 고양하는 신념을 가진 이들은 더 번식
할 가능성이 높고 그래서 그러한 신념에 끌리는 속성을 세대를 걸쳐
전달할 가능성이 더 높다.

　이 이유들 모두에 중요한 것은 반직관적인 것은 나의 극단적인 주
장, 즉 존재하게 되는 것은 삶이 조금의 괴로움만 담고 있어도 해악이
라는 주장―만이 반직관적인 것은 아니라는 점이다. 나의 더 완화된
주장―설사 나쁨을 조금만 담고 있는 삶은 해롭지 않다고 하더라도
모든 실제 삶은 존재하게 되는 것을 해악으로 만들 정도로 충분히 나
쁘다는 주장―도 역시 반직관적이다. 만일 극단적인 주장만이 보통
의 직관에 반한다면, 이 직관은 (다소간) 덜 의심의 대상이 될 것이
다. 그러나 만일 모든 실제의 삶이 대체로 나쁨이 없다면 나의 극단적
인 주장은 사람들의 구미에 더 맞는 것이 되었을 것이라는 점을 이야
기해야 할 것이다. 이는 존재하는 사람들에게 가는 이익이 새로운 사
람들에게 가하는 해악을 능가한다고 더 그럴 법하게 말할 수 있기 때
문에, 그 주장이 주로 이론적인 관심의 대상이 되는 데 그쳤을 것이며
출산에는 거의 적용되지 않았을 것이기 때문이다. 그러나 대부분 사
람들의 직관에 반하는 것은 나의 극단적인 주장만이 아니다. 대부분
사람들은 실제 삶과 같은 정도로 나쁜 삶을 시작하는 것이 해로우며
그르다는 견해도 그럴 법하지 않다고 생각한다. 설상가상으로 내 논
증을 비대칭성에 대한 귀류법적 논박으로 다루는 이들은 그들의 논증

역시 우리 것보다 훨씬 더 못한 삶을 살 운명인 종이 사용할 수 있다
는 점을 주목해야만 한다. 비록 우리는 그들이 인간에게 특징적인 종
류의 낙천주의적 심리적 힘에 영향을 받아 그들도 그들이 존재하게
됨으로써 해를 입는다는 주장을 반직관적인 것으로 논한다고 할지라
도, 그들의 삶을 큰 해악으로 보겠지만 말이다. 우리의 관점에서 반직
관적이지 않은 것이 그들의 관점에서는 반직관적일 것이다. 그럼에도
우리는 그들의 삶과 얼마간 거리를 두고 있는 덕택에, 이 주제에 관한
그들의 직관을 중시하지 않아야 한다는 점을 이해할 수 있다. 이와 마
찬가지로 (대부분의) 인간들을 창조하는 것이 해악이 아니라는 인간
의 흔한 직관도 중시하지 않아야 한다는 점을 이해할 수 있다.[6]

---

6 공교롭게도 출산이 도덕적으로 용인된다고 하는 공통된 직관을 모든 사람들이 공
유하지는 않는다. 반출생주의 견해를 받아들이는 무시 못할 수의 합당한 사람들이 있
다. 드물지 않게 우리는 우리의 세계는 아이들을 데려와야 하는 그런 종류의 세계가
아니라고 말하는 사람들의 이야기를 듣는다. 그에 깔린 발상은 우리가 괴로움의 세계
에 살고 있으며—그것은 내가 3장 마지막 절에서 옹호했던 주장이다—그러한 괴로
움의 새로운 피해자를 한 명이라도 더 창조하는 것을 피하는 것이 최선이라는 것이
다. 나는 이렇게 생각하는 이들이 상대적으로 소수이며 그 생각에 따라 행동할 힘을
가진 사람은 그보다 한층 더 적다는 점을 기꺼이 인정하지만, 그들은 소수 과격파(a
lunatic fringe)가 아니다. 더군다나 다른 사람들도 그것에 동의하거나 그것을 따르지
않는다고 하더라도 그들의 견해와 동기를 알아듣고 이해할 수 있다. 나는 잠재적 사
람들이 겪을 가능성이 높은 괴로움은 그들이 존재하지 않게 되는 것을 선호할 만하기
에 충분하다는 데 의견을 같이한다. 2장에서 나의 논증은 이 폭넓게 받아들여질 수 있
는 지적인 직관을 확장하여 훨씬 더 적은 괴로움도—정말로 여하한 괴로움이라도—
존재케 하는 일을 해악으로 만들기에 충분하다는 것이다. 나는 다시금 비록 내 논증
이 삶에서 조금이라도 나쁨이 있는 한 삶을 시작하지 않는 것이 낫다는 점을 시사하
기는 하지만, 만일 삶의 나쁨의 양이 진정으로 아주 작다면 아이를 갖는 것이 꼭 그른
것은 아니게 된다는 점을 강조하겠다. 이럴 경우에는 그 해악은 다른 사람들에게 가
는 이득으로 능가된다고 더 그럴 법하게 이야기할 수 있기 때문이다. 그러나 내가 3장
에서 논했듯이 모든 삶의 해악은 사소한 것과는 매우 거리가 멀다. 사람들의 삶은 가
장 축복받은 것이라 할지라도 보통 생각되는 것보다 훨씬 더 못하다. 더군다나 누구

그렇다면 내 결론을 비대칭성에 대한 귀류법적 논박으로 다루지 않을 좋은 이유가 있다. 간단히 말해서 대단히 그럴 법한 전제에 기초한 강력한 논증이 있으며, 그 결론을 따르면 괴로움을 겪는 사람에게 아무것도 박탈하지 않고서 괴로움을 감소시킬 수 있는데도, 그 결론이 단지 우리의 판단을 훼손하는 원시적인 심리적 특성 때문에 거부되는 때에는 그 결론의 반직관성은 그것에 반대하는 이유로 고려해서는 안 된다. 의문의 여지없이 일부 사람들은 이것으로 납득하지 못할 것이다. 그들이 나의 논증이 터무니없다(그들의 생각)는 것을 공준으로 여기는 것이 그 이유라면, 내가 그들을 납득시키기 위해 말할 수 있는 것은 없다. 내가 나의 결론을 위해 동원할 수 있는 논증이 무엇이건 간에 그들은 그것이 산출하는 결론에 의해 그 논증이 논박된 것으로 여길 것이다. 그러나 이것은 나의 논증의 결함을 입증하는 것이 아니다. 그것은 내 결론의 부정(否定)이 독단의 지위를 획득했다는 점만을 입증할 뿐이다. 독단적인 사람을 납득시키기 위해 말할 수 있는 것은 아무것도 없다.

존재하게 되는 것이 항상 해악이라는 견해에도 우리가 아이를 갖지 않아야 한다는 견해에도 그럴 법하지 않은 점이 전혀 없다고 생각하는 일부 사람들이 있고 나도 그들 중 하나이다.[7] 인류의 큰 부분이 이 견해를 공유하게 될 가능성은 작다. 그것은 매우 유감스러운 일이다. 그 가능성이 작아서 현재와 인류의 궁극적 종말 사이에 야기될 어마

라도 자신의 잠재적 아이가 그 가장 축복받은 삶을 살게 되리라고 생각할 이유란 거의 없다. 잘못될 수 있는 일은 너무나 많다.
7   철학자들 가운데서 이렇게 생각하는 사람은 2장의 뒤에서 두 번째 절에서 논한 이들인 크리스토퍼 페이지와 시나 시프린만 있는 것이 아니고, Hemann Vetter, 'Utilitarianism and New Generations', *Mind*, 80/318 (1971) pp. 301-2도 있다.

어마한 양의 괴로움 때문에.

낙천주의자에 대한 대응

대부분의 면에서 내가 이 책에서 옹호한 견해는 다소 염세적이다. 염세주의(pessimism)는 낙천주의(optimism)와 마찬가지로 서로 다른 것들을 물론 의미할 수 있다.[8] 한 종류의 염세주의와 낙천주의는 사실에 관한 것이다. 여기서 염세주의자와 낙천주의자는 무엇이 사실인지 또는 사실이 될 것인지에 관하여 의견을 달리한다. 그래서 그들은 임의의 시점에 세계에 쾌락이 더 많은지 고통이 더 많은지, 또는 어떤 사람이 암에서 회복될지 안 될지에 의견을 달리할 수 있다. 두 번째 종류의 염세주의와 낙천주의는 사실에 관한 것이 아니라 사실의 평가에 관한 것이다. 여기서 염세주의자와 낙천주의자는 무엇이 사실이거나 사실이 될지에 관해서가 아니라 사실이거나 사실이 될 무엇이 좋거나 나쁜지에 의견을 달리한다. 이런 종류의 낙천주의자는 예를 들어 쾌락보다는 고통이 더 많다는 점에는 동의하지만, 고통은 쾌락을 얻기 위해 가치 있다고 생각할 수 있다. 또는 염세주의자는 고통보다 쾌락이 더 많다는 점에는 낙천주의자와 의견을 같이하지만, 그런 양의 쾌락이라도 고통을 겪을 가치가 있다는 점은 부인할 수 있다. 사실적 판본과 평가적 판본 모두에 있는 '이거나 일 것이다'('is or will be')는 문구는 세 번째의 구분, 그러나 첫 두 구분을 명백히 가로지르는 또 하나의 구분을 언급한다. 염세주의와 낙천주의가 미래에 관한

---

8 이 문단의 나머지 중 많은 부분은 David Benatar (ed.), *Life, Death and Meaning* (Lanham MD: Rowman & Littlefield, 2004) p. 15에 실린 나의 서문에서 가져온 것이다.

것으로(future-oriented) 이해되는 경우는 매우 흔하다. 즉 사태가 어떻게 될지에 관한 평가를 언급하는 것으로 이해되는 경우가 매우 흔하다. 그러나 두 용어 모두 미래에 관한 것이 아닌 의미나 무시간적인 의미에서도 때때로 쓰인다.

　존재하게 되는 것이 항상 심각한 해악이라는 견해는 사실적인 의미에서도 평가적인 의미에서도 염세적이다. 나는 사실적으로 인간 삶은 고통(과 다른 부정적인 것들)을 사람들이 깨닫는 것보다 더 많이 담는다고 주장했다. 평가적으로 나는 쾌락과 고통의 비대칭성을 지지하였으며 삶의 쾌락이 삶을 시작되게 할 가치가 있게 만들지는 않는 반면 삶의 고통은 삶이 시작될 가치가 없는 것으로 만든다고 주장했다. 미래에 관한 측면에서 나의 견해에는 대부분의 면에서 염세적이지만 한 면에서는 낙천적인 것으로 이해할 수도 있다. 매분 얼마나 많은 괴로움이 발생하고 있는지를 고려해 보면, 유정적 삶이 다 끝이 나기 전에 훨씬 더 많은 괴로움이 있으리라고 생각할 아주 좋은 이유가 있다. 비록 그러한 괴로움이 얼마나 훨씬 더 많이 있을지 여하한 확실성을 가지고 정확하게 예측할 수 없지만 말이다. 모든 사정이 동일하다면, 유정적 삶이 더 오랜 기간 있을수록 더 많은 고통이 있게 될 것이다. 그러나 내가 6장에서 지적했듯이 나의 견해에도 낙천적인 부분이 있다. 인류를 비롯한 유정적 삶은 결국 끝나게 될 것이다. 인간의 종말을 나쁜 것으로 판단하는 이들에게는 종말이 일어날 것이라는 예측은 염세적이다. 이와 반대로 더 이상 사람들이 없다면 더 좋을 것이라는 나의 평가와 더 이상 사람들이 없게 되는 때가 올 것이라는 나의 예측은 낙천적인 평가를 낳는다. 사태는 지금 나쁘지만 언제까지나 나쁘지는 않을 것이다. 반면 다시금 만일 그 더 나은 상태가 오려면 긴 시간이 걸린다고 생각한다면 그 종말이 멀다는 견해를 염세적인 것으로 특징지을 수 있다.

염세주의는 받아들여지지 않는 경향이 있다. 내가 3장에서 논의한 사태가 실제 그런 것보다 더 낫다고 생각하는 심리적 성향 때문에, 사람들은 긍정적인 메시지를 듣기를 원한다. 그들은 사태가 그들이 생각하는 것보다 더 낫다는 말을 듣기를 원하지 더 못하다는 말을 듣기를 원하지 않는다. 실제로 '우울'이라는 표제 하에 염세주의를 놓음으로써 그것을 병리적인 것으로 치부하려고 하지 않는 곳에서조차 염세주의를 참지 못하거나 비난하는 경우가 흔히 있다. 몇몇 사람들은 이 반응을 존재하게 되는 것이 항상 해악이라는 견해에 대하여 보일 것이다. 이 낙천주의자들은 이 견해를 약해빠지고 자기 탐닉적인 것으로 기각해 버릴 것이다. 그들은 우리가 '쏟아 버린 우유를 두고 울' 수는 없다고 말해 줄지도 모른다. 우리는 이미 존재하게 되었으며 침울한 자기 연민 속에서 탄식을 해보았자 아무 소용이 없다는 것이다. 우리는 '우리의 축복을 감사하고' '인생을 최대한 활용하고' '즐기고' '긍정적인 면을 봐야' 한다는 것이다.

낙천주의자의 꾸짖음에 겁을 먹지 않을 좋은 이유들이 있다. 첫째, 낙천주의는 그저 그것이 쾌활하다는 이유만으로 옳을 수는 없다. 이는 염세주의가 음울하다는 이유만으로 옳은 견해일 수 없는 것과 마찬가지다. 우리가 어떤 견해를 채택해야 하는가는 증거에 달려 있어야만 한다. 나는 이 책에서 존재하게 되는 것에 관한 음울한 견해가 옳은 견해라고 논증하였다.

둘째, 우리는 자기 연민을 하지 않으면서도 자신의 존재를 유감스럽게 생각할 수 있다. 그렇다고 해서 약간의 자기 연민에 조금이라도 잘못된 점이 있다고 말하는 것이 아니다. 다른 사람을 연민한다면, 왜 적어도 어느 정도는 자기를 연민해서는 안 된다는 말인가? 어쨌거나 내가 옹호한 견해는 그 유관성을 보자면 자기 관여적인 것이 아니라 타인 관여적인 것이다. 그 견해는 자기 자신의 존재를 유감스러워할 기반뿐만 아니라 아이를 낳지 않을 기반을 제공한다. 다시 말해서 그것은 아직 쏟지 않았으며 쏟아질 필요가 없는 우유와 유관성을 갖는다.

셋째, 우리가 '우리의 축복을 감사해서는' 안 된다고 시사하는 바가 내 견해에는 전혀 없다. 그 문구가 의미하는 바가 자신의 삶이 실제 그런 것보다 더 못하지는 않다는 점에 기뻐해야 한다는 것을 의미한다면 말이다. 우리 중 소수는 다른 종보다는 매우 운이 좋다. 이 사실을 인식하는 것에는 아무런 해악도 없다—그리고 아마도 이득이 있을 것이다. 그러나 자신의 축복을 감사히 여기라는 명령은 자신을 속여서 존재하게 된 것이 실제로 운이 좋다고 생각하는 것을 수반하는 경우에는 훨씬 덜 납득이 가는 것이 된다. 그것은 수장되기를 기다리면서 마치 타이타닉의 1등석에 있다는 점에 감사하는 것과 같다. 최하급 선실에 있는 것보다는 1등 객실에 있는 것이 낫겠지만, 그렇다고 해서 스스로를 매우 운 좋다고 여길 정도로 그렇게 더 낫지는 않다. 내 견해가 우리가 그럴 수 있을 때마다 (도덕의 제약 내에서) 인생을 최대한 활용하고 즐기는 일을 배제하는 것도 아니다. 나는 우리의 삶이 매우 나쁘다고 논했다. 우리가 (존재의 해악을 포함하여) 괴로움을 확산시키지 않는다는 조건을 지키면서 그것을 덜 나쁜 것으로 만들려고 하지 않을 이유가 없다.

마지막으로, 낙천주의자가 염세주의를 참지 못하거나 비난하는 것은 (비록 남성이 그걸 독점하는 것은 아니나) 흔히 의기양양해 하는 마초적인 어조를 가진다. '쓴웃음을 짓고 참아야' 하는데 그렇게 하지 않는 염세주의자의 약한 면을 인식하고는 조롱하는 면이 있는 것이다. 이 견해는 다른 종류의 괴로움에 관한 마초 견해가 결함 있는 것과 동일한 이유로 결함이 있다. 그것은 자신의 것이건 다른 사람들의 것이건 괴로움에 대한 무심함이거나 부적절한 부인이다. '밝은 면을 보라'는 명령은 회의주의와 냉소주의를 듬뿍 담아 대응해 줘야 한다. 밝은 면이 항상 옳은 면이라고 주장하는 것은 증거 앞에 이데올로기를 놓는 것이다. 은유를 바꾸자면 모든 구름이 흰 가장자리를 가지고 있을지는 모르지만, 자기기만에 빠지는 것을 피하려면 초점을 맞춰야 할 것이 가장자리가 아니라 구름인 경우가 매우 자주 있다. 쾌활한 낙천주의자는 우울한 사람보다 자신에 대해 훨씬 덜 현실적인 견해를 갖고 있다.[9]

낙천주의자는 설사 존재하게 되는 것이 항상 해악이라는 점에서 내가 옳다고 하더라도 이 사실을 곱씹지 않는 것이 낫다고 한다. 왜냐하면 그 사실을 곱씹는 것은 스스로를 비참하게 만들어 그 해악을 가중시킬 뿐이기 때문이라고 한다. 여기에는 진실의 일면이 있다. 그러나 우리는 그것을 넓은 관점에서 바라볼 필요가 있다. 자기 자신의 존재에 관하여 유감스럽게 생각하는 예리한 감각은 아마도 다른 사람들에게 동일한 해악을 가하는 것을 피하는 가장 효과적인 방법일 것이다. 만일 사람들이 존재하게 되는 것의 해악을 인식하면서도 새로운 사람들을 만드는 행위로 빠져들지 않고도 쾌활하게 남아 있을 수 있다면, 이 쾌활함을 못마땅하게 여겨서는 안 될 것이다. 그러나 만일 그들의 쾌활함이 자기기만과 그 결과로 생기는 출산을 대가로 온다면, 그들은 넓은 관점을 상실했다는 비판을 받을 수밖에 없다. 그들은 다른 사

---

9   이에 대한 논의로는 Taylor, Shelley E., and Brown, Jonathon D., 'Illusion and Well-Being: A Social Psychological Perspective on Mental Health', *Psychological Bulletin*, 103/2 (1998) pp. 193–210을 보라.

람보다 더 행복할지는 모르나 그렇다고 그 점이 그들을 옳게 해주지는 않는다.

죽음과 자살

많은 사람들은 존재하게 되는 것이 항상 해악이라는 견해가 계속 살기보다는 죽는 것이 선호할 만하다는 함의를 갖는다고 생각한다. 몇몇 사람들은 존재하게 되는 것이 해악이라는 견해는 죽음의 바람직함뿐만 아니라 자살의 바람직함을 함의한다고까지 말한다.

존재하게 되는 것이 해악이라는 견해와 일단 존재하게 되었다고 하더라도 계속 존재하는 것보다는 존재를 중단하는 것이 더 낫다는 견해 사이에는 모순되는 점은 아무것도 없다. 이것은 소포클레스에서 인용한 다음 문구에서 표현된 견해다.

태어나지 않는 것이 가장 좋다.

그러나 태어날 수밖에 없다면, 그다음으로 좋은 것은

우리가 나왔던 곳으로 재빨리 돌아가는 것이다.

젊은이가 그 모든 어리석음과 함께 세상을 떠날 때

누가 악 아래에서 비틀거리지 않는가? 누가 그 악에서 탈출하는가?[10]

그리고 그것은 "사람은 그들의 죽음이 아니라 그들의 출생에 애통해해야 한다"[11]는 몽테스키외의 견해에 암묵적으로 깔린 견해이거나 적

---

10 Sophocles, *Oedipus at Colonus*, lines pp. 1224-31.

11 Montesquieu, 'Letter Forty', *Persian Letters*, trans. John Davidson, 1 (London: Gibblings & Company, 1899) p. 123.

어도 그것과 양립 가능하다.

그럼에도 불구하고 존재하게 되는 것이 항상 해악이라는 견해는 죽음이 계속 존재하는 것보다 낫다는 점을 함의하지는 않으며, 한층 더 강력한 이유로 자살이 (항상) 바람직하다는 점도 함의하지 않는다.[12] 삶은 충분히 나빠 존재하게 되지 않는 것이 더 낫지만, 존재를 중단하는 것이 더 나을 정도로 나쁘지 않을 수 있다. 2장에서 논의한 내용을 상기하자면, 미래 삶 사안과 현재 삶 사안에 대해 상이한 평가를 하는 것이 가능하다. 나는 그 장에서 지속할 가치가 있는 삶의 질 문턱보다 시작될 가치가 있는 삶의 질 문턱을 더 높게 설정할 좋은 이유가 있다고 설명했다. 이는 존재하는 이는 존재를 계속하는 데 이익을 가질 수 있으며, 그래서 삶을 지속할 가치가 없도록 만드는 해악은 이 이익을 무효화할 정도로 충분히 가혹해야 하기 때문이다. 이와는 대조적으로 존재하지 않는 이들은 존재하게 되는 것에 아무런 이익도 갖고 있지 않다. 그러므로 훨씬 덜한 해악을—또는 내 견해에서는 어떤 조그만 해악이라도—피한다는 것은 결정적이다.

---

12   자신의 존재를 유감스럽게 생각하면서도 여전히 삶에 매달리는 일의 외관상 기이함을 논평하면서 우디 앨런(Woody Allen)은 캐츠킬(Catskills)에 있는 레스토랑에서 식사하는 두 유대인 이야기를 한다. 한 사람이 다른 사람에게 말한다: "여기 음식 형편없어." 다른 사람이 답한다: "응, 양이 너무 적군." 한 수준에서 어떤 음식을 싫어하면서도 그 양이 더 많이 없다는 것을 불평하는 데는 아무것도 이상한 점은 없다. 충분한 음식을 먹지 못하는 것—배고프게 되는 것—은 설사 그 대안이 별로 맛이 좋지 않은 음식으로 배를 채워야 하는 것이라 할지라도 나쁘다. 우디 앨런의 이미지가 기이하고 웃긴 이유는 우리는 그 두 사람이 추가로 음식을 필요하지는 않는다고 가정하기 때문이다. 즉 그들의 식사는 오락에 가깝거나 이미 차려진 음식이 충분히 많다고 가정하기 때문이다. 아우슈비츠에 갇힌 두 유대인 사이에 오고 간 동일한 대화는 전혀 웃기지 않을 것이다. 왜냐하면 그 경우에는 음식의 질과 양을 모두 불평하는 것이 기이하지 않을 것이기 때문이다.

그래서 우리가 존재 계속에 이익을 (보통) 갖고 있기 때문에, 설사 존재하게 되는 것 역시 해악이라 할지라도 죽음을 해악으로 생각할 수 있다. 실제로 죽음의 해악은 존재하게 되는 것이 해악인 이유를 부분적으로 설명한다. 존재하게 되는 것은 부분적으로는 그것이 필연적으로 존재를 중단하는 해악에 이르기 때문에 나쁘다. 그것이 "태어났다는 사실은 불멸성에는 매우 나쁜 전조다"[13]라는 조지 산타야나(George Santayana)의 주장 뒤에 놓여 있는 발상일 것이다. 이 견해에서는 우리가 죽을 운명으로 태어났다는 것이 거대한 해악이다.

(삶의 질이 지속할 가치가 있는 삶의 최저 문턱 아래로 떨어지지 않는 한) 삶을 지속할 이익을 갖는다는 견해는 상식적인 견해다. 그러나 그것은 오래된, 그리고 계속해서 제기되는 반대를 받아왔다. 에피쿠로스는 다음과 같은 유명한 논증을 했다. 죽음은 죽는 이에게 나쁘지 않다. 왜냐하면 존재하는 한 그 사람은 죽은 것이 아니며, 일단 죽음이 도달했을 때 그 사람은 더 이상 존재하지 않기 때문에. 그래서 (죽어 가는 것과 대비되는 의미에서) 내가 죽어 있음은 내가 경험할 수 있는 무엇인가가 아니다. 그것은 내가 처할 수 있는 어떤 조건도 아니다. 대신 그것은 내가 처할 수 없는 어떤 조건이다. 따라서 나의 죽음은 나에게 나쁠 수 있는 무엇인가가 아니다. 에피쿠로스 제자이자 에피쿠로스주의자인 루크레티우스(Lucretius)는 죽음이 해악이라는 견해에 반대하는 더 나아간 논증을 했다. 그는 우리가 존재하게 되기 전의 비존재 기간을 유감스럽게 생각하지 않기 때문에, 우리의 삶에 뒤이은 비존재도 유감스럽게 생각하지 않아야 한다고 논증했다.

---

13   Santayana, George, *Reason in Religion* (vol. iii of *The Life of Reasons*) (New York: Charles Scribner's Sons, 1922) p. 240.

에피쿠로스적 논증은 죽음이 존재의 되돌이킬 수 없는 중단이라고 가정한다. 죽음 이후에 삶이 있다고 생각하는 이들은 이 가정을 거부한다. 죽음이 이 대안적 견해에서 나쁜지 아닌지는 죽음 이후의 삶이 얼마나 좋은가에 달려 있을 것이다. 죽음 이후의 삶이 많은 사변이 있는 주제이기는 하지만, 희미하게라도 테스트할 수 있는 그 어떤 것도 그것에 관하여 이야기할 수 없다. 나의 논증이 죽음이 지속된 삶보다 선호할 만하다는 결론을 수반하는지 여부를 살펴봄에 있어, 나는 죽음이 존재의 돌이킬 수 없는 중단이라는 에피쿠로스의 가정을 참으로 놓겠다.

죽음이 죽는 사람에게 나쁘지 않다는 견해는 깊이 견지되는 몇 가지 견해와 조화를 이루지 못한다. 이러한 견해 가운데는 살인이 피해자에게 해를 입힌다는 견해도 있다. 또한 그것은 모든 사정이 동일하다면, 더 긴 삶이 더 짧은 삶보다 낫다는 견해와도 양립 불가능하다. 우리가 지금은 죽은 사람의 소망을 (그렇게 존중하는 것이 아직 살아 있는 사람들에게 미치는 영향과는 상당히 독립적으로) 존중해야 한다는 견해와도 충돌한다. 이는 만일 죽음이 해악이 아니라면, 죽음 이후에 벌어진 어떠한 일도 해악이 될 수 없기 때문이다.

내가 논했듯이 반직관성은 그 자체로는 어떤 견해가 틀렸다는 점을 보이기에는 충분치 않다. 그러나 에피쿠로스적 논증의 반직관성과 나의 반출생주의 논증의 반직관성 사이에는 어떤 중요한 차이가 있다. 첫째, 에피쿠로스적 결론은 내 결론보다 훨씬 더 근본적으로 반직관적이다. 더 많은 사람들이 존재하게 되는 것이 해악이 아니라고 생각하는 것보다는 살인이 피해자에게 해를 입힌다고 생각하며 더 강하게 그렇게 느끼리라 본다. 실제로 존재하게 되는 것이 해악인 경우가 자주 있다고 생각하는 이들은 아주 많이 있으며 그것이 해악도 아니라고 하더라도 결코 이득은 아니라고 생각하는 이들은 더욱 많다. 반면 살인이 피해자에게 해를 입히지 않는다고 진정으로 믿는 사람들은 아주 극소수에 불과하다. 설사 피해자의 삶이 나쁜 질의 삶이었다고 하더라도 (동의가 얻어질 수 있는 경우에) 동의를 받지 않고 그 사람을 죽이는 것은 그에게 그릇된 일을 하는 것이라고 널리 생각한다. 둘째, 조심성의 원리(a precautionary principle)는 이 두 견해에 비대칭적으로 적용된다. 만일 에피쿠로스가 틀렸다면 (다른 사람들이나 자기 자신을 죽임으로써) 에피쿠로스의 논증을 따르는 사람들은 죽임을 당하는 사람들에게 심각한 해악을 가하게 될 것이다. 이와는 대조적으로 내 견해가 틀렸다고 해도 내 견해에 따라 행동하는 사람들은 (재생산을 하지 않음으로써) 존재하게 되지 않은 사람들에게 해를 입히지 못한다. 그러나 에피쿠로스적 견해와 반출생주의 견해의 반직관성의 이 차이는 에피쿠로스적 논증을 곧바로 기각하기에는 충분하지 않다. 그러므로 나는 비록 간략하게나마 두 가지 에피쿠로스적 논증에 대한 대응을 살펴보도록 하겠다.

루크레티우스 논증부터 살펴보겠다. 이 논증에 대응하는 가장 좋은 방법은 출생 전의 비존재와 죽음 후의 비존재 사이에 대칭성이 있다는 점을 부인하는 것이다.[14] 우리 중 어느 누구라도 더 오래 살 수 있음에 반해, 우리 중 어느 누구도 더 일찍 존재하게 되었을 수 없다. 이 논증은 우리가 가치 있게 여기는 종류의 존재를 인식하게 되면 매우 강력해진다. 우리가 가치 있게 여기는 종류의 존재는 어떤 '형이상학

---

14 '출생 전의 비존재'(pre-vital non-existence)는 프레데릭 코프먼(Frederik Kaufman)의 것이다. 그의 'Pre-Vital and Post-Mortem Non-Existence', *American Philosophical Quarterly*, 36/1 (1999) pp. 1-19를 보라.

적 본질'이 아니라 훨씬 더 두껍고 풍부한 관념의 자아이다.[15] 이 자아는 그 사람의 구체적인 추억, 신념, 헌신, 욕구, 열망 등을 구현한다. 이 더 두꺼운 의미의 정체성은 그 사람의 구체적인 역사에서 구성된다. 그러나 설사 어떤 사람의 형이상학적인 본질이 더 일찍 존재하게 될 수 있었다고 하더라도, 그 존재의 역사는 너무나 달라서 현재 그런 것과 같은 사람이 아닐 것이다. 이에 반해 삶의 다른 끝에서는 사정이 많이 다르다. 개인적 역사─전기─는 더 일찍 죽지 않음으로써 길어진다. 일단 존재하게 되면 더 오래 존재할 수 있게 된다. 그러나 더 일찍 존재하게 되는 것은 다른 사람─거의 아무런 공통점을 갖지 않은 사람─으로 존재하게 되는 것이다.

에피쿠로스 논증을 논박하는 가장 흔한 대응은 죽음이 죽는 사람에게 미래의 삶과 그 미래 삶의 긍정적인 특성을 박탈하기 때문에 나쁘다는 것이다. 죽음의 나쁨에 관한 그 박탈 해명(the deprivation account of death's badness)은 죽음이 죽는 사람에게 항상 나쁘다는 결론을 수반하지는 않는다. 실제로 박탈되는 추가적인 삶이 충분히 나쁜 질인 경우에는 죽음은 그 사람에게 나쁘지 않다. 대신 그것은 좋다. 그러나 에피쿠로스적 논증은 죽음이 죽는 사람에게 결코 나쁠 수 없다고 한다. 박탈 해명은 이 주장에 대한 대응이며, 죽음이 죽는 사람에게 때때로 나쁠 수 있다고 주장한다. 박탈 해명에 의하면 어떤 사람이 죽음 이후에 더 이상 존재하지 않는다고 하더라도 그의 죽음이 '죽기 전'(ante-mortem)[16]의 사람인 그에게 그가 향유할 수 있었던

---

15 내가 여기서 개관하는 논증은 프레데리크 코프먼의 것이다. 그의 'Pre-Vital and Post-Mortem Non-Existence'을 보라.

16 '죽기 전'(ante-mortem) 사람이라는 용어는 조지 피처(George Pitcher)의 것이다. 그의 'The Misfortunes of the Dead', *American Philsophical Quarterly*, 21/2

추가 삶을 박탈하는 것은 여전히 참이다.

에피쿠로스의 옹호자들은 박탈 해명에 이의를 제기한다. 하나의 반론은 박탈 해명의 옹호자들은 죽음의 해악이 언제 발생하는지를 말할 수 없다고 하는 것이다. 즉 해악의 시점을 특정할 수 없다는 것이다. 해악의 시점은 죽음이 발생할 때가 될 수 없다고 한다. 왜냐하면 그 시점에 비에피쿠로스주의자가 해를 입는다고 말하는 그 사람은 더 이상 존재하지 않기 때문이다. 그리고 만일 해를 입는 사람이 죽기 전의 사람이라면, 그가 해를 입은 시점이 그가 죽은 시점이라고 말할 수 없다고 한다. 왜냐하면 그것은 거꾸로 된 인과관계를 포함하게 된다고, 즉 이후에 일어난 사건이 그보다 앞선 해악을 야기하였다고 말하는 식이 된다고 하기 때문이다. 이 도전에 대한 하나의 대응은 죽음이 해악을 가하는 시점은 '항상' 그리고 '영원히'[17]라고 말하는 것이다. 조지 피처(George Pitcher)는 유용한 유비를 제시한다. 그는 "만일 세계가 다음 대통령의 임기 중에 폭발하여 산산조각이 난다면 … 이것은 (그 사실 때문에) 지금에서도 [현재 대통령의] 임기 중에 …, 그가 끝에서 두 번째 미국 대통령이라는 것을 참으로 만들 것이다"[18]고 말하였다. 마찬가지로 어떤 사람의 나중의 죽음은 지금에서도 그가 살게 될 수명보다는 더 살지 못하도록 운명지어져 있다는 것을 참으로 만든다. 끝에서 두 번째 대통령의 사안에서 아무런 거꾸로 된 인과관계가 없듯이 주체에 해를 입히는 죽음에도 시종일관 아무런 거꾸로 된

(1984) pp. 183-8을 보라.

[17] '영원히'(eternally)라는 용어는 프레드 펠드먼(Fred Feldman)의 것이다. 그의 'Some Puzzles About the Evil of Death', *Philosophical Review*, 100/2 (1991) pp. 205-27을 보라.

[18] Pitcher, George, 'The Misfortunes of the Dead', p. 188.

인과관계가 없다.

박탈 해명에 대한 더 근본적인 (그러나 더 강력하다는 점은 분명하지 않은) 반론이 있다. 에피쿠로스의 옹호자들은 존재하기를 중단한 사람들이 무엇이라도 박탈당할 수 있다는 점을 간단히 부인한다. 예를 들어 데이비드 수츠(david Suits)는 죽음 이전의 사람은 더 오래 살았더라면 처했을 바보다 더 못하게 될 수는 있으나, 이 '순수 관계적인'(purely relational) 방식으로 더 못하게 되는 것은 그가 해를 입었다는 점을 보이기에는 충분치 않다고 한다.[19] 그는 더 나아가 만일 그가 더 못하게 되었다고 하더라도, 박탈을 당할 누군가가 남아 있지 않다면 진정한 박탈은 있을 수 없다고 논한다. 존재해야만 박탈을 겪을 수 있다는 것이다.

그러나 여기서 우리는 교착상태에 이른 것으로 보인다. 박탈 해명의 옹호자들은 죽음은 다르며 존재하기 없이도 누군가가 박탈당할 수 있는 종류의 한 사안이라고 한다. 이와는 반대로 에피쿠로스주의자들은 죽음은 다를 수 없으며 우리는 박탈을 다른 모든 사안들에서 그러는 것과 같은 방식으로 다루어야만 한다고 주장한다. 다른 어떤 사안에서도 사람은 존재하지 않고서는 박탈당할 수 없으니, 죽음이 그의 존재를 끝낸다는 점을 고려하면 그 사람은 죽음에 의해 박탈당할 수 없다고 하는 것이다.

아마도 이 교착상태를 뚫고 나갈 방법이 있을지도 모르겠지만, 여기서 그걸 찾지는 않겠다. 나는 존재하게 되는 것이 해악이라는 견해가 존재 계속보다 존재 중단이 더 낫다는 견해를 수반하지는 않는다는

19 Suits, David B., 'Why death is not bad for the one who died', *American Philosophical Quarterly*, 38/1 (2001) pp. 69-84.

점을 보여주었다. 존재하게 되는 것과 존재를 중단하는 것 모두 해악
이라고 주장할 수 있다. 에피쿠로스주의자들은 존재를 중단하는 것이
해악이 될 수 있다는 점을 부인한다. 또한 그들은 그 사람의 삶이 얼
마나 나빠졌건 간에 죽음은 죽는 사람에게 결코 좋음이 될 수는 없다
고 말하는 것을 지지할 수도 있다. 에피쿠로스적 추론을 따르면 그가
존재하는 한 죽음은 없고, 죽음이 그에게 도달하면 그는 더 이상 존재
하지 않기 때문에, 죽음은 결코 이득이 될 수 없다. 죽음은 누구에게
라도 어떤 것도 박탈하지 못하는 것과 꼭 마찬가지로 누구에게도 어떤
것도 줄 수 없다.

　에피쿠로스적 견해를 거부하는 이들은 다음 몇 가지 입장 중 하나
를 견지할 수 있다.

　a) 죽음은 항상 해악이다.
　b) 죽음은 항상 이득이다.
　c) 죽음은 때로는 해악이고 때로는 이득이다.

첫 번째 선택지는 타당성이 없어 보인다. 삶이 너무나 나빠서 죽는 것
이 나은 경우도 있다. 존재하게 되는 것이 항상 해악이라는 점을 부인
하는 이들은 명백히 두 번째 선택지를 거부한다. 이 견해에 의하면 존
재하게 되는 것은 나쁘지 않으며 심지어 좋을 수도 있으며, 존재를 계
속하는 것은 그 사람의 삶의 질이 충분히 높은 수준인 한 좋다. 나는
앞서 존재하게 되는 것이 항상 해악이라는 견해를 취하는 사람이 또
한 두 번째 선택지도 거부할 수 있다고 말했다. 그들은 우리는 존재하
게 되는 데는 아무런 이익도 갖고 있지 않은 반면, 일단 존재하게 되
면 존재를 계속하는 데 이익을 가진다고 이야기할 수 있다. 이 이익이

삶의 나쁜 질에 의해 항상 무효화되지 않는다는 가정하에서 죽음이 항상 이득이 되는 것은 아니다. 그러나 존재하게 되는 것이 아주 심각한 해악이라고 말한 것을 고려할 때 이것은 합당한 가정인가? 나는 그렇다고 생각한다. 그러나 그것이 합당한 가정이라고 말한다고 해서 매우 강한 주장을 하는 것은 아니다. 그것은 단지 삶의 질은 존재를 중단하는 것이 곧 이득이 될 정도로 그렇게 항상 나쁜 것은 아니라고 말하는 것뿐이다.

　이것은 내가 답해야 할 질문이 아니다. 자율성의 원리에 따라 우리는 개인의 삶의 질에 관한 결정을 내릴 권위를 그 삶을 사는 사람들에게 귀속시킨다. 출산에 관한 자율적인 결정과는 달리 삶을 지속할지 죽을지에 관한 자율적인 결정은 문제의 삶을 사는 사람들에 의해 내려진다. (내가 3장에서 논했듯이) 사람들의 삶이 그들이 생각하는 것보다 더 못하다는 것이 참이라면, 그들의 삶이 지속할 가치가 있는지에 관한 그들의 평가는 잘못되었을 수 있다. 그럼에도 불구하고 그것은 우리가 사람들에게 범하도록 허용해야만 하는 종류의 잘못된 판단이다. 그 잘못된 판단의 결과는 그들이 오롯이 감수한다. 이는 자신의 후손이 생각하는 것보다 자신의 후손의 삶이 더 나을 것이라고 잘못 생각하는 실수와는 다르다. 마찬가지로 계속 살고자 하는 욕구는 비합리적일 수도 있고 아닐 수도 있지만, 설사 비합리적이라 해도 이런 종류의 비합리성은 존재하게 되는 것을 선호하는 것과는 달리 (이론상으로는 아닐지라도 적어도 실제에서는) 결정적이어야만 한다.

　삶을 끝내고자 하는 결정이 자율적인 존재 스스로 내린 것이 아니라 스스로 판단을 내릴 능력이 없는 (그리고 미리 지시를 남기지도 또는 대리인을 선임할 능력도 지속되지 않은) 존재를 대신하여 내린 경우에는 사태가 조금 다르다. 이런 경우가 가장 어려운 사안이다. 새로운 삶을 창조하지 않는 쪽으로 안전하게 가는 편을 택할 수 있는 새로운 삶을 창조할지 말지의 결정과는 달리 삶을 끝내는 문제에서는 택할 안전하게 가는 편이 없다.

그래서 나는 앞에서 열거한 세 번째 선택지의 한 판본을 공유한다. 즉 죽음은 때로는 해악이고 때로는 이득이라는 선택지 말이다. 이 세 번째 선택지는 상식적인 견해지만, 나의 판본은 그것에 대한 보통 해석과는 다르다. 즉 나의 판본은 보통 견해보다는 죽음이 이득이 되는 것을 더 자주 허용한다. 예를 들어 나의 견해는 보통 견해보다는 합리적인 자살에 더 넓은 범위의 사안을 넣을 것이다. 실제로 나는 보통 견해가 생각하는 것보다는 더 많은 자살이 합리적이라고 주장할 것이다. (대부분의 서구 문화를 포함하여) 대부분의 문화에서는 자살을 반대하는 어마어마한 편견이 있다. 자살은 정신 질환의 결과로 곧바로 배척되지 않는다고 하더라도 흔히 겁쟁이 같은 짓[20]으로 여긴다. 나의 견해는 자살이 합리적으로 되는 경우가 더 흔할 수 있으며, 계속 존재하는 것보다 더 합리적인 경우도 있을 수 있다고 본다. 이는 그들의 삶이 실제로 너무 나빠져 존재를 중단하는 것이 더 나은데도 삶에 대한 비합리적인 애착이 많은 사람들을 계속 살아 있게 할 수 있기 때문이다. 이는 볼테르(Voltaire)의 **캉디드**에서 노파가 표현한 견해이기도 하다.

나는 수백 번 자살하기를 바랐다오. 그렇지만 삶에 대한 애착이 집요하게 계속되었다오. 이 바보 같은 약점이 아마도 우리의 결함 중 가장

---

20   다른 문화에서는 흥미롭게도 어떤 상황에서는 자살을 결행하지 못하는 것을 겁쟁이 짓으로 여긴다.

치명적인 것 중 하나일 것이오. 왜냐하면 우리가 내려놓기를 늘 갈망하
는 짐을 계속 지고 가는 것보다 더 멍청한 짓이 또 어디 있을 수 있단 말
이겠소? 존재하기를 역겨워하면서도 거기에 매달리는 것보다? 간단히
말해 우리의 심장을 먹어치울 때까지 우리를 집어삼키는 뱀을 소중히
여기는 것보다?[21]

그렇다고 자살을 일반적으로 권고하고자 하는 것이 아니다. 자살은
다른 원인에 의한 죽음과 마찬가지로 사별당한 사람들의 삶을 훨씬
못한 것으로 만든다. 서둘러 자살하는 것은 그 사람에게 가까운 사람
들의 삶에 심대한 부정적인 충격을 줄 수 있다. 에피쿠로스주의자들
이 그의 사후에 벌어지는 일에 신경 쓰지 않는 견해를 지지하기는 했
지만, 고인이 해악을 겪지 않는다고 해도 사별당한 사람들이 해악을
겪는 것은 여전히 참이다. 자살이 그로 인해 사별당한 사람들에게 해
를 입힌다는 것은 존재하게 되는 일의 비극 중 일부이다. 우리는 일종
의 함정에 빠져 있다는 것을 알게 된다. 우리는 이미 존재하게 되었
다. 우리의 존재를 끝내는 것은 우리가 사랑하고 우리가 배려하는 사
람들에게 엄청난 고통을 야기한다. 잠재적인 출산자들은 후손들을 낳
을 때 그들이 놓는 이 덫을 고려하는 것이 온당하다. 그들이 존재하게
된 것에 기뻐하지 않는다면 간단히 자살할 수 있다는 가정하에서 새
로운 사람들을 창조할 수 있다는 것은 참이 아니다. 일단 누군가가 존
재하게 되고 그 사람과의 애착이 형성되면 자살은 원래부터 자식이
없는 고통은 상대적으로 약한 것으로 만들 정도의 고통을 야기할 수
있다. 자살을 고민하는 이들은 이 사실을 안다(또는 알아야 한다). 이

---

21   Voltaire, *Candide* (London: Penguin Books, 1997) pp. 32-3.

것은 자살의 길에 중대한 장애물을 놓는다. 어떤 이의 삶은 나쁠 수 있지만, 그 삶을 끝내는 것이 자신의 가족과 친구들에게 어떤 영향을 미칠지를 고려해야만 한다. 삶이 너무나 나빠져서 계속 살아 있으면 사랑하는 사람들에게 가는 이익이 그 사람의 존재를 중단하는 이익을 능가하기에는 비합당하게 되는 경우가 있을 것이다. 언제가 그런 경우인가는 지속된 삶이 짐이 되는 그 사람의 구체적인 특성에 부분적으로 달려 있게 될 것이다. 상이한 사람들은 상이한 무게의 짐을 견뎌낼 수 있다. 그 사람에게 계속 살라고 가족들이 기대하는 것이 부당한 경우조차도 있을 수 있다. 다른 경우에는 그 사람의 삶은 나쁠 수 있지만 자살하여 자신의 가족과 친구들의 삶을 이미 그러한 것보다 한층 더 못하게 만들 정도로 나쁘지는 않을 수 있다.

종교적 견해

일부 사람들은 종교적 근거에서 존재하게 되는 것이 항상 해악이며 우리는 아이를 낳지 않아야 한다는 견해를 거부할 것이다. 몇몇 그런 사람들에게는 "생육하고 번성하여 땅에 충만하라"[22]는 성경의 명령이 나의 견해에 대한 논박에 해당할 것이다. 그러한 반응은 물론 신이 존재한다는 것을 가정한다. 이 글에서는 신의 존재를 논하지 않는다. (유일신) 유신론이 옳든 그르든 신은 존재하게 된 적이 없다. 만일 유신론자들이 옳다면 신은 항상 존재해 왔다. 그리고 만일 그들이 그르다면 신은 존재한 적이 없다. 더군다나 인간(과 동물)의 삶의 질에 관하여 내가 말했던 것은 신의 삶의 질에 관하여는 아무것도 함의하지

---

22 Genesis 1:28.

않는다. 그래서 나는 신의 존재 질문은 제쳐두고자 한다.

또한 종교적 반응은 성경의 명령이 신이 우리에게 명하는 바의 표현이라고 가정한다. 이것은 성경이 신의 말씀이라는 점을 받아들이는 이들에게는 논란의 여지가 없어 보일 수 있다. 그러나 아주 많은 성경의 계명은 심지어 종교적인 사람들도 구속력이 있는 것으로 생각하지 않는다. 예를 들어 내가 아는 어떠한 종교도 현재 반항하는 아들을 실제로 사형에 처는 것을 지지하지 않는다. 비록 성경의 계명은 그렇게 하라고 명하고 있지만 말이다.[23] 생육하고 번성하라는 계명조차도 절대적인 것으로 여기지 않는다. 예를 들어 신부직과 수녀직을 맡는 사람들은 출산에 이르는 성교를 하는 것이 금지되고 또 성교 이외의 방식에 의한 출산이 금지되는 것을 고려하면 가톨릭은 신부와 수녀들을 출산에서 면제할 수밖에 없다. 가톨릭 교도들은 (결혼의 맥락에서는) 그 외의 사람들에게는 출산을 허용하지만, 셰이커교도들은 기혼 커플을 포함하여 모든 사람들에게 금욕을 주장한다.

종교적 논증에 대한 세 번째의 더 흥미로운 반응은 종교적 논증이 종교에 관하여 지나치게 획일적인 견해를 가정한다는 것이다. 어떠한 하나의 종교도 임의의 주제에 관하여 하나의 목소리로 말한다고 생각되고 이야기되기는 하지만, 실제로는 단일한 종교 내에서도 그리고 단일한 종교의 단일한 교파 내에서도 서로 나뉘는 일련의 견해들이 있다. 존재하게 되는 것과 관련해서도 이런 사정을 간략히 보일 수가 있다.

5장 서두의 인용문은 예레미야와 욥 둘 다 그들의 출생을 후회하는 모습을 보여준다. 욥은 그가 임신되었고 자궁 안에서 또는 출산될 때

---

23 Deuteronomy 21:18-21.

죽지 않았다는 점을 유감스럽게 생각한다. 예레미야는 더 나아가 그를 낙태하지 않은 사람을 지주한다. 그러한 견해는 정도(正道)에 대한 세련되지 못한 획일화된 견해를 가진 쾌활한 근본주의자들의 것과 놀랍도록 현저히 다르다. 예레미야와 욥은 자유롭게 사고하고 말했는데도—그리고 신에게도 도전했는데도—너무나 적은 수의 신자들만이 그 뒤를 따른다. 그들에게는 경건함이란 그런 비판적인 사고와 발언을 배제하는 것이다.

예레미야와 욥은 그들 삶의 내용에 특수한 이유로 자신의 존재를 유감스럽게 생각했다고 주장할 수 있을지도 모르겠다. 즉 이런저런 이유로 삶의 질이 나빴기 때문에 그랬다는 것이다. 이 견해에 의하면 시작되지 않았더라면 더 나았다는 말이 참이 되는 일부 삶이 있기는 하지만, 그것이 모든 삶에 진실은 아니라고 한다. 그 견해는 이 장의 서두에서 인용한 전도서와 조화되지 못하는 것 같다. 그 운문들은 성경의 저자가 존재한 적이 없는 모든 이들을 부러워하고 있음을 보여준다.

존재하게 되는 것의 비가치에 관한 대안적인 종교적 견해를 발견할 수 있는 종교적 텍스트가 성경만 있는 것도 아니다. 예를 들어 탈무드[24]는 두 유명한 초기 랍비 학파—힐렐과 샴마이 학파—사이의 대단히 흥미로운 논쟁을 간략하게 기록한다. 힐렐 학파는 일반적으로 관대하고 더 인간적인 견해로 알려져 있는데, 인간이 창조되어서 정말로 더 낫다고 주장했다. 샴마이 학파는 이와는 대조적으로 인간이 창조되지 않았다면 더 나았을 것이라고 주장했다. 탈무드는 이 두 학파가 2년 반 동안 이 주제로 논쟁을 했으며 그 쟁점은 결국 샴마이 학

---

24 Tractate Eruvin 13b.

파 쪽 의견으로 합의를 보았다고 한다. 이는 특별히 주목할 가치가 있다. 왜냐하면 이 두 학파가 의견이 다른 경우에 법은 거의 항상 힐렐학파를 따르기 때문이다. 그런데도 여기서 우리는 샴마이 학파를 찬성하는 결정, 즉 인간이 창조되지 않았더라면 더 나았을 것이라는 의견이 지지된 것을 본다. 신의 마음을 이런 식으로 추측하는 일은 스스로 경건하다고 의식하는 이들의 마음에는 떠오르지 않을 것이다. 그러나 피상적인 종교 사상가들이 독실함에 상반된다고 여기는 견해를 종교적 전통이 구현할 수 있다는 사실은 남는다. 이 사실을 인식하면 내 견해를 종교적 근거에서 성급하게 기각해 버리지 못하게 된다.

염인주의와 인류애주의

내가 도달한 결론은 많은 사람들에게 심하게 염인적인(misanthropic) 것으로 여겨질 것이다. 나는 삶이 불쾌함과 괴로움으로 가득 차 있다고, 아이를 갖는 것을 피해야 한다고, 더 나중이 아니라 더 일찍 인류가 끝나는 것이 최선이라고 논증했다. 그것은 염인주의(厭人主義)처럼 들릴지도 모른다. 그러나 나의 논증의 압도적인 취지는 인간에게 적용된다면, 염인적인 것이 아니라 인류애적인(philanthropic) 것이다. 나의 논증이 인간에게뿐만 아니라 다른 유정적 동물들에게도 적용되기 때문에, 또한 나의 논증은 (그 용어의 성(性)과 무관한 의미에서) 동물애적인 것이기도 하다. 유정적 삶을 존재하게 하는 것은 그 삶을 갖게 되는 존재에게 해악이다. 나의 논증은 그 해악을 가하는 것이 그르다고 시사한다. 해악을 가하는 것에 반대하여 논증하는 일은 해악을 입는 사람을 싫어해서가 아니라 그 사람을 배려하기 때문에 이루어진다. 그것은 이상한 종류의 인류애주의처럼 보일지는 모르겠다. 그것에 근거하여 행위를 하면 모든 인간(anthropos)의 종말에 이르게 되니 말이다. 그러나 그것은 괴로움을 막는 가장 효과적인 방법이다. 사람을 창조하지 않는 것은 잠재적인 사람이 괴로움을 겪지 않도록 절대적으로 보장하는 방법이다. 왜냐하면 그 사람은 존재하지 않을 터이니 말이다.

비록 내가 개진한 논증이 염인적이지는 않았지만, 아이를 갖는 것에 반대하여 인간 멸종을 찬성하는 대단히 훌륭한 염인주의적 논증이 있기는 하다. 이 논증은 인간이—인간에게도 그리고 인간이 아닌 동물에게도—엄청난 괴로움을 야기한다는 논박할 수 없는 전제에 기댄다. 3장에서 나는 인간들이 서로에게 가하는 종류의 괴로움을 간략히 요약했다. 이에 더하여 다른 종에게 가하는 말하지 않은 괴로움의 원인이 있다. 해마다 인간들은 음식과 다른 상품으로 쓰고 과학적 연구에서 사용하기 위하여 기르고 죽이는 수십억 마리의 동물들에게 괴로움을 가한다. 그리고 그 주거지가 침범하는 인간들에 의해 파괴되는 동물들에게 가하는 괴로움, 오염과 다른 환경 파괴로 야기되는 동물들의 괴로움, 그리고 순전히 악의에서 가해지는 불필요한 괴로움이 있다.

비록 많은 괴로움을 야기하는 많은 비인간 종들—특히 육식동물들—이 있기는 하지만, 인간은 지구상에서 가장 파괴적이고 해로운 종이라는 불운하게 독특한 지위를 갖고 있다. 세계의 괴로움 양은 인간이 더 이상 없다면 엄청나게 줄어들 것이다. 설사 염인주의 논증이 이렇게까지 극단적으로 수용되지 않는다고 하더라도 그것은 인간 인구의 근본적인 감소를 옹호하는 데는 적어도 사용할 수 있다.

인류의 종말이 해악의 양을 많이 감소시키기는 하지만, 그런 해악을 다 끝내지는 않을 것이다. 남아 있는 유정적 존재는 계속해서 괴로움을 겪을 것이며 그들이 존재하게 되는 일은 여전히 해악이다. 이것이 염인주의적 논증이 내가 이 책에서 개진한 논증―인간 종에 대한 동정뿐만 아니라 모든 유정적 존재에게 가는 해악에 대한 우려에서 나오는 논증―만큼 멀리 가지 않는 이유 가운데 하나이다. 더군다나 인류애적인 논증에도 사람들은 저항감을 보이는데, 염인주의적 논증에는 더 저항감을 보일 것이다. 그러나 염인주의적 논증은 인류애주의적인 논증과 조금도 양립 불가능하지는 않다.

이 책은 데이비드 베너타의 *Better Never to Have Been: The Harm of Coming into Existence*을 번역한 것이다. 책의 저자인 데이비드 베너타는 남아프리카 공화국 케이프타운대학의 철학자로, 1966년 출생했다. 그는 주로 출산 윤리 및 의료 윤리, 그리고 인간 조건에 관하여 논문과 책을 써 왔다. 이러한 그의 관심사는 그의 아버지에게서 영향받은 것 같다. 그의 아버지 솔로몬 베너타(Solomon Benatar)는 케이프타운 대학 생물의료 윤리센터를 설립한 국제의료전문가였다. 그러나 베너타는 이 책 『태어나지 않는 것이 낫다』를 냄으로써 학계에서 가끔 볼 수 있는 명석한 윤리학자 이상의 존재가 되었다.

아이를 갖는 것이 좋다는 권유나 그와 반대로 아이를 갖지 않는 것이 낫다는 조언은 물론 그리 듣기 드문 것은 아니다. 그러나 거의 대부분의 경우 출산에 관한 권유와 조언은 아이를 갖거나 갖지 않기로 결정하는 사람들이나 그 주위 사람들, 더 나아가 그 사회에 사는 다른 사람들에게 어느 쪽으로 선택하는 것이 더 좋을지에 관한 이야기이다. 그 결정으로 세상에 오게 되는 바로 그 아이의 이익을 위하여 어떤 결정이 좋은지는 이야기되지 않는다. 왜냐하면 그 결정은 언제나 그 아이를 위해 좋다는 점이 그저 독단적으로 전제되고 있기 때문이다. 그런 면에서 이 책은 특별하다. 이 책은 출산 윤리에 관하여 전문적인 훈련을 받은 철학자가 엄밀하고 분석적인 논증을 통해 인간이 새로운 존재를 이 세상에 존재하게 하는 것이 도덕적 잘못임을 밝힌 것이기 때문이다.

새로운 존재를 출생하게 하는 것이 바로 그 존재에게 해를 가하는 것이기 때문에 도덕적으로 그르다는 생각은 아마 역사상 많은 사람들이 이미 떠올렸을 법한 생각이기는 하다. 성경의 욥기에도 같은 생각을 담은 구절이 나온다. 불교는 인생을 고(苦)로 보고 그 고에 어떻게 하면 휘둘리지 않는 평정을 찾을지를 고민하며, 대부분의 종파에서는 출산을 하지 않으므로 반출생주의와 가까운 면모가 있다. 그러나 그런 생각들은 체계적 논증으로 뒷받침된 적이 없어, 특이한 사람이 어쩌다 가질 수 있는 발상으로 취급되기 일쑤였다. 인류의 생활방식은 출산을 전제로 거의 모든 것이 짜여 있기에, 이것이 별난 이의 한낱 발상으로 치부될 경우, 그 누구의 행위도 인도할 만한 힘을 전혀 발휘하지 못하게 되는 것도 놀랄 일이 아니다.

추측하건대 아마도 많은 사람들은 실제로 이 책의 제목만 듣고서는 터무니없다고 확신할 것이다. 그리고 그러한 확신을 이 책에 제시된 논증이 올바르지 못하다는 귀류법적 증거로 여길 것이다. 그래서 아마 수고를 들여 엄밀한 철학적 논증을 검토할 가치조차 느끼지 못할 것이다. 그러나 자신이 반성 없이 획득한 도덕적 확신이 그 사회에서 지배적으로 수용되고 있다는 이유만으로 자명한 것으로 보고 그 결함을 검토하지 않는 것은 전형적인 일이었다. 예를 들어 시민이라면 거의 누구나 노예를 소유했던 노예제 사회에서는 노예제가 그르다는 이야기를 누군가 하더라도 진지하게 들을 생각조차 하지 않는 일이 보통이었다. 터무니없는 소리라고 즉석에서 치부하고 오히려 그런 이야기를 하는 시민은 뭔가 별나게 잘못된 점이 있다고 비난하기 마련이었다.[1] 그러나 만일 자신이 이미 보유하고 있는 확신이 오류라면, 그 오류에 기대어 검토를 거부한다고 해서, 그 확신이 조금이라도 덜 부당해지는 것은 아니다.

　실제로 친출생주의를 떠받치고 있는 사고는 심각한 난점을 발생시킨다. 그 사고 중 하나는 존재하게 된 것 자체가 존재한 적이 없는 것보다 비교할 수 없을 만큼 큰 이득이라는 사고다. 가상적인 사례로 그 사고의 문제점을 살펴보자. 부모가 되려고 하는 부부가 병원에서 검사를 해보니 지금 아이를 가지면 아이는 심각한 장애를 지니고 태어날 것이라고 한다. 삶을 지속할 가치가 없을 정도는 아니지만, 그래도 대단히 힘든 시기를 보내고 평생 상당한 고통을 겪을 것이라고 한다. 반면 부부가 3년 정도 치료를 받고 난 후에 아이를 가지면 아무 장애 없이 태어날 것이라고 의사에게서 듣는다. 그런데 부부가 3년 뒤 가질 아이는 지금 가질 아이와 전혀 다른 존재다. 둘 사이에 동일성이 성립하지 않는다. 따라서 존재를 전제로 한 해악 기준을 그대로 적용하면, 지금 아이를 낳는 것은 아무런 도덕적 잘못을 범한 것이 아니다. 왜냐하면 치료한 후 임신을 했으면 자신은 존재하지도 않았을 것이기 때문이다. 그러나 이런 결론은 매우 부당하게 보인다. 그렇다면

1　Solomon Norhup, *Twelve Years A Slave*. 박우정 옮김, 『노예 12년』, 글항아리, 2014, 238-42면에서는 노예제가 그르다고 주장하는 베스를 말도 안 되는 소리를 하는 사람으로 치부하고 노예제 폐지론을 조금도 진지하게 들으려고 하지 않는 미국 남부의 노예 소유주 엡스의 반응이 잘 드러나 있다. 그 중 하나가 "뉴잉글랜드에서 양키들과 함께 살았다더니, 배스 씨도 헌법을 무시하고 노예들에게 도망을 부추기는 그 저주받은 미치광이들 중 하나가 되어 버린 건 아닌지 모르겠군요."(같은 책, 240면)이다.

친출생주의 사고에 무엇인가 문제점이 있음이 틀림없다. 그리고 그 문제점이 무엇인지 파악하고 싶은 사람은 베너타의 논의를 읽어 볼 마음이 생길 것이다.

또 어떤 사람들은 이 책이 삶의 가치를 아예 부인하는 허무주의에 기반하고 있으므로 아무런 실질적 의미를 가지지 않는다고 오해하기도 할 것이다. 그러나 삶에서의 실질적 의미를 가지는 논의란, 삶의 선택을 달리하는 근거에 관한 논의라는 뜻으로 보통 새긴다. 그런 뜻에서 보자면 이 문제는 삶의 선택, 즉 '출산을 할 것이냐 말 것이냐'라는 중대한 선택에 관하여 도덕적인 근거를 검토해 보는 것은 당연히 실질적 의미가 있다. 왜냐하면 베너타의 논증이 건전(sound)하다면 출산을 하지 않는 결정이 도덕적으로 옳을 것이기 때문이다.

물론 '실질적인 의미'를 '대다수 사람들의 행위를 실제로 인과적으로 즉각 바꿀 수 있는 힘을 확실하게 갖는다'라는 뜻으로 새기면, 이 책의 논의는 아마도 그런 뜻에서는 실질적인 의미를 갖지 않을 것이다. 그러나 그 뜻에서는 그 어떠한 도덕철학의 논의도 실질적인 의미를 거의 갖지 못하는 셈이 된다. 사람들의 행위를 결정하는 원인은 다양하며, 도덕적 논증은 도덕적으로 타당한 것을 자신의 행위의 우선적 이유로 삼기로 한 사람들에게만 영향을 미치고 그것도 단번에 영향을 미치지는 않기 때문이다. 그렇다면 당위에 관한 모든 숙고를 무의미한 것으로 치부하지 않는 한, 출산을 해야 하는가에 관한 숙고도 무의미하지 않다.

한편 허무주의란 가치와 규범이란 허구와 환상에 불과하며 좋고 나쁘고 옳고 그른 것은 없다는 이념이다. 허무주의에서 도출되는 단 하나의 행위 지침은 '어떻게 해도 상관없다'다. 그런데 베너타의 논의는 오히려 '어떻게 해도 상관없다'는 견해가 지배적이던 사안에서

'출산을 하지 않아야 한다'는 특정한 결론을 주장한다. 그리고 그러한 결론을 뒷받침하는 가치와 규범의 논거를 제시한다. 그리고 그 논거는 우리가 이미 받아들이고 있어서 부인하기가 몹시 힘든 원리를 기초로 하고 있다.

그 원리 중 하나는 존재를 개시할 가치가 있다는 것과 존재를 중지하지 않고 지속할 가치가 있다는 것을 구분하는 원리이다. 어떤 부부가 의학적 검사를 받아 보니, 만일 임신해서 아이를 낳으면 그 아이는 5년 동안은 보통 아이처럼 살다가 그 뒤 5년 동안은 몹시 심한 병고에 시달리다가 죽게 될 것이라는 검사 결과가 나왔다. 이때 허무주의자라면 '어떻게 해도 상관없다'라고 생각할 것이다. 그러나 가치와 규범의 세계를 인정하는 사람들은 이런 사안에서 부부가 고려해야 할 것(considerations)이 있고, 그 고려 사항들을 제대로 검토하지 않는다면, 부부는 새로운 존재를 세상에 오게 하는 결정과 관련하여 무책임하게 행동했다고 생각할 것이다. 다시 말해 자신이 어떤 결론에 도달할지 모르지만 진지하고 성실하게 도덕적 숙고를 통해 결정하려면, 안이하게 마음 내키는 대로 선택해서는 안 되는 것이다. 그리고 존재를 새로이 이 세상에 초청하는 문제를 도덕적으로 숙고하려면, 좋음과 나쁨, 해악과 박탈, 하기와 내버려두기, 권리를 침해하지 않기와 침해하면서 좋은 것을 누리기, 이해관심 내지는 이익(interest) 등 이 책에서 등장하는 중심 개념과 관념, 그리고 그러한 것들이 등장하는 원리를 이해할 수 있어야 한다. 따라서 이러한 이해 없이 결정을 하는 것이 오히려 허무주의에 가까운 견해를 택하고 있는 셈이 된다. 검토되지 않은 삶을 살고 싶지 않은 사람에게 이 책의 모든 논의는 중대한 의미가 있다. 그리고 출산에 관한 결정은 보통 사람들이 생각하는 것보다 대단히 중대한 도덕적 함의를 갖는 결정이다.

많은 사람들은 적어도 바로 앞에서 제시한 사례에서는 인생의 반에 해당하는 5년 동안 몹시 심한 병고를 겪다가 사망할 아이를 낳지 않는 것이 그 중대한 문제에 관하여 책임 있게 행동하는 것이라고 여길 것이다. 설사 그 아이가 그 마지막 5년 동안에도 최소한의 의미 있는 삶을 살 수 있다고 하더라도 말이다. 왜냐하면 목숨이 다할 때까지 계속 살 가치가 있다는 것은 그 삶이 지속할 가치가 있다는 점을 긍정하는 것에 불과하고, 그 삶이 시작되게 할 가치가 있다는 점을 꼭 긍정하는 것은 아니기 때문이다.

다시 말해서 사람들은 이미 자신의 숙고에서, 이미 이 책에서 논의하고 있는 중심 원리를 은연중에서 받아들이고 있다. 다만 그것을 앞 사례와 같은 특수한 경우에만 적용시킬 뿐 정작 자신의 상황에도 일관되게 적용하게끔 하는 체계적 검토를 하지 않을 뿐이다. 그러나 보통의 삶 또한 많은 불편, 고통, 박탈, 억압, 좌절, 사고, 모욕, 굴종, 수치, 그리고 그 누구도 피할 수 없는 노화와 질병과 죽음을 담고 있다. 그렇다면 앞에서 했던 판단의 근거가 되었던 원리가 모든 삶에 대해서도 적용되지 않을까 생각해 보는 것은 충분히 의미 있는 일이다.

그렇지만 아마도 많은 사람들은 삶에서 누리는 편리함, 쾌락, 향유, 연대, 성취, 일정 기간의 무탈함, 그리고 젊고 건강한 시절이 이 모두를 보상하고도 남음이 있다고 생각할 것이며, 그래서 전체적으로 삶을 살게 되는 것이 손해가 아니라고 여길 것이다. 그러나 여기서 손해와 이득의 검토는 이미 존재한 것을 전제로 삶을 지속할 것인가에 답하는 과정이다. 그것은 그런 삶을 시작되게 할 것인가에 답하는 과정이 아니다.

가정상 앞 사례에 등장하는 심각한 장애를 가진 아이의 삶도 일단 존재하게 된 이상 지속할 가치 있는 삶을 가지고 있다. 그리고 그 점을 인정하더라도 아이가 그런 삶을 살게 될 것을 알면서 그 삶을 시작되게 하는 것은 무엇인가 심각하게 잘못된 점이 있다고 생각하였다. 삶을 지속하여야 하는가와 삶을 시작되게 해야 하는가의 질문이 구분된다고 보았기 때문에, 그렇게 생각한 것이다. 그렇다면 보통의 삶에 이런 구분을 적용하지 않는 것은 일관되게 사고하지 않는 것이다.

　사실 구분을 일관되게 적용하지 않는 바로 이 임의적인 변덕에 물들어 있으면, 베너타의 논의를 오해하게 된다. 그의 논의를 삶에 대한 가치와 비가치를 합산해서 비가치가 더 많다는 주장으로 잘못 이해하게 되는 것이다. 베너타는 존재가 이미 시작된 경우에, 그 존재가 누리는 좋음을 양(+)으로 놓고 그 존재가 겪는 나쁨을 음(-)으로 놓은 다음, 그 좋음과 나쁨을 합산하여 보면 음(-)이 된다고 주장하는 것이 아니다. 그런 논의는 삶을 지속할 가치의 문제에 속한다. 그리고 베너타는 특별한 경우를 제외하고는 삶은 지속할 가치가 있다는 견해를 분명히 채택하고 있다.[2] 이 책은 일단 존재하게 된 삶을 지속할 가치가 있는 경우와 그렇지 않은 경우를 따져, 존재를 지속하는 것이 이미 시작된 존재를 중지하는 것보다 나은 경우와 못한 경우를 가리는 논의를 담고 있지 않다. 그것은 전혀 다른 주제다.

　따라서 이 책의 논의는 이미 시작된 삶에 있는 좋음과 나쁨을 어떤 공통 척도로 측정해서 전자에서 후자를 빼보니 음(-)이 나온다고 하

---

[2]　이는 죽음이 나쁜 이유가 죽지 않았더라면 누렸을 순 좋음(net good)이 박탈되기 때문만은 아니고, 자의식 있는 존재의 소멸 자체가 거대한 악(evil)이기 때문이기도 하다는 견해를 베너타가 타당하게 취하고 있기 때문이다. 그러니까 대부분의 경우 삶을 지속할 가치가 있게 되는 이유는 삶이 그토록 찬란하고 멋지기 때문이 아니라, 자의식적인 존재의 소멸이 너무나 거대한 악이기 때문이다. 삶을 지속할 가치 자체에 관하여는 인간 조건(human condition)에 관한 더 포괄적인 논의를 담은 David Benatar, *The Human Predicament*, Oxford University Press, 2017을 보라.

는 것이 전혀 아니다. 그것은 이미 존재하게 되었다는 선택지를 택한
이후에 그 삶을 지속해야 하는가 아닌가에만 유관한 논의다. 그런 방
법은 존재하게 되는 것과 존재한 적이 없기를 비교하는 방법으로는 완
전히 틀린 것이다. 이 점을 분명히 유념하고 2장을 읽을 때 오해를 피
할 수 있다. 그러면 출산 결정에서 유관한 것은 삶의 나쁨이 어느 수준
이상으로 크다는 것뿐이다. 왜냐하면 실제로 존재한 적도 없다면, 존
재했을 때 누렸을 수도 있는 좋음을 누리지 못한다는 것은 아무에게도
박탈이 되지 않기 때문이다.

　출산율에 관한 현재의 논의는 일정 수준 이상의 출산율이 유지되지
않으면 현재 이미 존재하는 사람들의 복리에 부정적인 영향을 준다는
점을 출생을 지지하는 충분하고 결정적인 근거로 본다. 출산율이 낮아
지면 연금제도를 유지할 수 있게 연금보험료를 납부하는 사람이 충분
히 없을 것이고, 주택과 주식 가격을 유지할 수 있게 주택과 주식을 사
주는 충분한 수의 사람이 없을 것이며, 더 나아가 세금을 납부할 충분
한 수의 사람이 없을 것이기 때문에, 출산율을 올려야 한다는 것이다.
이러한 논의는 출산에 관한 도덕적 쟁점을 깡그리 무시하는 전제에 선
다. 이미 존재하는 사람들에게 이득이 되는 한 얼마든지 사람들을 존
재하게 하는 일이 도덕적으로 허용된다는 생각을 이미 전제하고 있기
때문이다. 그러나 베너타의 논의가 타당하다면, 단계적인 자발적 멸종
에 관한 장에서 이야기했듯이, 이미 존재하는 사람들의 이익은 그들의
처지가 후속 세대가 아예 없다면 재앙적일 경우에만 고려되어야 한다.
이미 있는 사람들에게 더 이득이 된다는 것만으로 친출생주의의 근거
가 확보된다고 믿는 사람은 인간을 한낱 수단으로 대우하는 셈이다.
왜냐하면 베너타의 결론은 도덕적 결론이기 때문이다. 실천적 이유 중
에서 도덕적 이유는 다른 모든 이유에 우선한다. 친구의 돈을 훔쳐서는

안 된다는 도덕적 이유와 돈이란 더 많이 가질수록 이득이 된다는 실천적 이유를 동일 평면에 놓고 무게를 가늠하는 사람은 이유를 잘못 검토하고 있는 것이다. 누군가를 존재케 하는 것이 그 누군가에게 도덕적 잘못이 된다면, 그 행위를 통해 이미 존재하는 사람이 통상적인 이득을 더 본다는 것은 결론에 영향을 미치는 근거로 제시될 수 없다.

이 책은 단지 철학적 흥밋거리가 아니라 실천과 직결되는 함의를 갖는다. 우선 베너타의 논증은 무엇보다도 출산의 문제를 도덕적으로 숙고하는 개인에게 중요한 도전을 제기한다. 만일 베너타의 논증이 타당하다고 생각한다면 자신이 잘못이라고 여기는 일을 할 수는 없을 것이다. 이러한 도전은 출산을 한 번도 하지 않은 이들뿐만 아니라, 이미 출산을 한 번 이상 했다 하더라도 추가로 출산을 할 것인가를 고민하는 이들, 그리고 다른 이들에게 개인적으로 출산을 독려하거나 사회적으로 출산을 하지 않으면 불리하게 대우하는 정책을 지지하는 것의 도덕적 타당성을 검토하고자 하는 이들에게도 제기된다. 더 나아가 사회가 취할 수 있는 정책에도 도전을 제기한다. 이 책의 논증이 적어도 유력하다면 출산에 관련된 기본권이 단지 행복을 추구할 권리와 신체의 자유만이 아니게 된다. 양심의 자유 역시 관련된다. 도덕적으로 큰 잘못을 범하지 않겠다는 개인의 판단을, 다른 사람의 권리가 침해되지 않음에도 불구하고 국가가 조종하여 각종 제재와 불이익을 부과하여 다른 판단으로 대체하는 것은 양심의 자유 침해라고 볼 수밖에 없기 때문이다. 어떤 사람들은 아무런 숙고조차 하지 않을 것이므로 겉보기에는 도전을 전혀 마주하지 않는 것처럼 보일 것이다. 그러나 도덕의 문제는 도덕을 무시한다고 해서 거기 없는 것이 아니다. 인생에서 대단히 중요한 문제를 이성적 숙고를 통해 결정하기를 바라는 이들에게 이 책의 논의는 간과해서는 안 될 중요한 정거장을 제공할 것이다.

참고문헌

Andrews, Frank M., and Withey, Stephen B., *Social Indicators of Well-Bing: American's Perspectives of Life Quality* (New York: Plenum Press, 1976).

Bayles, Michael, *Morality and Population Policy* (University of Alabama Press, 1980).

Benatar, David, 'Why it is Better Never to Come into Existence', *American Philosophical Quarterly*, 34/3 (1997) 345-55.

_____, 'Cloning and Ethics', *QJMed*, 91 (1998) 165-6.

_____, 'The Wrong of Wrongful Life', *American Philosophical Quarterly*, 37/2 (2000) 175-83.

_____, 'To Be or Not to Have Been?: Defective Counterfactual Reasoning About One's Own Existence', *International Journal of Applied Philosophy*, 15/2 (2001) 255-66.

_____, (ed.) *Life, Death and Meaning* (Lanham MD: Rowman & Littlefield, 2004).

_____, 'Sexist Language: Alternatives to the Alternatives', *Public Affairs*

Quarterly, 19/1 (2005) 1-9.

_____, and Benatar, Michael, 'A Pain in the Fetus: Ending Confusion about Fetal Pain', *Bioethics*, 15/1 (2001) 57-76.

Beyer, Lisa, 'Be Fruitful and Multiply: Criticism of the ultra-Orthodox fashion for large families is coming from inside the community', *Time*, 25 October 1999, 34.

Blackstone, William T., (ed.) *Philosophy and Environmental Crisis* (Athens: University of Georgia Press, 1974) 43-68.

Boonin, David, 'Against the Golden Rule Argument Against Abortion', *Journal of Applied Philosophy*, 14/2 (1997) 187-97.

_____, *A Defense of Abortion* (Cambridge: Cambridge University Press, 2003).

Boorse, Christopher, 'On the Distinction between Disease and Illness', *Philosophy and Public Affairs*, 5/1 (1975) 49-68.

Bowring, Philip, 'For Love of Country', *Time*, 11 September 2000, 58.

Breetvelt, I.S., and van Dam, F.S.A.M., 'Underreporting by Cancer Patients: the Case of Response Shift', *Social Science and Medicine*, 32/9 (1991) 981-7.

Brickman, Philip, Coates, Dan, and Janoff-Bulman, Ronnie, 'Lottery Winners and Accident Victims: Is Happiness Relative?', *Journal of Personality and Social Psychology*, 36.8 (1978) 917-27.

Brown, Jonathon D., and Dutton, Keith A., 'Truth and Consequences: the Costs and Benefits of Accurate Self-Knowledge', *Personality and Social Psychology Bulletin*, 21/12 (1995) 1288-96.

Buchanan, Allen, Brock, Dan, Daniels, Norman, and Wikler, Daniel, *From*

Chance to Choice (New York: Cambridge University Press, 2000).

Burkett, Elinor, *The Baby Boon: How Family-Friendly America Cheats the Childless* (New York: The Free Press, 2000)

Cameron, Paul, Titus, Donna G., Kostin, John, and Kostin, Marilyn, 'The Life Satisfaction of Nonnormal Persons', *Journal of Consulting and Clinical Psychology*, 41 (1973) 207-14.

Campbell, Angus, Converse, Philip E., and Rodgers, Willard L., *The Quality of American Life* (New York: Russell Sage Foundation, 1976).

Craig, K. D., Whitfield, M. F., Grunau, R. V., Linton, J., and Hadjistavropoulos, H. D., 'Pain in the Preterm Neonate: Behavioural and Physiological Indices', *Pain*, 52/3 (1993) 287-99.

Diener, Ed., and Diener, Carol, 'Most People are Happy', *Psychological Science*, 7/3 (1996) 181-5.

_____, Suh, Eunkook M., Lucas, Richard E., and Smith, Heidi L., 'Subjective Well-Being: Three Decades of Progress', *Psychological Bulletin*, 125/2 (1999) 276-302.

Easterlin, Richard A., 'Explaining Happiness', *Proceedings of the National Academy of Sciences*, 100/19 (2003) 11176-83.

_____, 'The Economics of Happiness', *Daedalus*, Spring 2004, 26-33.

Economist, The, 'The incredible shrinking country', *The Economist*, 13 November 2004, 45-6.

Elliot, Robert, 'Regan on the Sorts of Beings that Can Have Rights', *Southern Journal of Philosophy*, 16 (1978) 701-5.

Fehige, Christoph, 'A Pareto Principle for Possible People', in Fehige, Christoph, and Wessels, Ulla, (eds.) *Preferences* (Berlin: Walter de

Gruyter, 1998) 508-43.

Feinberg, Joel, 'The Rights of Animals and Unborn Generations', *Rights, Justice and the Bounds of Liberty* (Princeton: Princeton University Press, 1980) 159-84.

_____, 'Wrongful Life and the Counterfacutal Element in Harming', in *Freedom and Fulfilment* (Princeton: Princeton University Press, 1992) 3-36.

Feldman, Fred, 'Some Puzzles About the Evil of Death', *Philosophical Review*, 100/2 (1991) 205-27.

Flaubert, Gustave, *The Letters of Gustave Flaubert 1830-1857*, trans. Francis Steegmuller (London: Faber & Faber, 1979).

Food and Agriculture Organization of the United Nations, 'Undernourishment Around the World', <http://www.fao/org/DOCREP/005/y7352E/y7352e03.htm> (accessed 14 November 2003).

Freud, Sigmund, *The Standard Edition of the Complete Psychological Works of Sigmund Freud*, vii, trans. James Strachey (London: The Hogarth Press, 1960).

Frey, R. G., 'Rights, Interests, Desires and Beliefs', *American Philosophical Quarterly*, 16/3 (1979) 233-9.

Greenwald, Anthony G., 'The Totalitarian Ego: Fabrication and Revision of Personal History', *American Psychologist*, 35/7 (1980) 603-18.

Griffin, James, *Well-Being* (Oxford: Clarendon Press, 1986).

Hacker, Andrew, "The Case Against Kids', *The New York Review of Books*, 47/19 (2000) 12-18.

Hare, R. M., 'Abortion and the Golden Rule', *Philosophy and Public*

Affairs, 4/3 (1975) 201-22.

_____, 'A Kantian Approach to Abortion', *Essays on Bioethics* (Oxford: Clarendon Press, 1993) 168-84.

Haub, Carl, 'How Many People Have Ever Lived on Earth?', <http://www.prb.org/Content/ContentGroups/PTarticle/Oct-Dec02/How_Many_People_Have_Ever_Lived_on_Earth_.htm>(accessed 5 October 2004).

Headey, Bruce, and Wearing, Alexander, 'Personality, Life Events, and Subjective Well-Being: Toward a Dynamic Equilibrium Model', *Journal of Personality and Social Psychology*, 57/4 (1989) 731-9.

Heine, Heinrich, *Morphine*, lines 15-16.

Holtug, Nils, 'On the value of coming into existence', *The Journal of Ethics*, 5 (2001) 361-84.

Hunger Project, The, <http://www.thp.org>(accessed November 2003).

Inglehart, Ronald, *Culture Shift in Advanced Industrial Society* (Princeton: Princeton University Press, 1990).

Jackson, Holbrook, (ed.) *The Complete Nonsense of Edward Lear* (London: Faber & Faber, 1948) 51.

Kagan, Shelly, *The Limits of Morality* (Oxford: Clarendon Press, 1989).

Kates, Carol A., 'Reproductive Liberty and Overpopulation', *Environmental Values*, 13 (2004) 51-79.

Kaufman, Frederik, 'Pre-Vital and Post-Mortem Non-Existence', *American Philosophical Quarterly*, 36/1 (1999) 1-19.

Kavka, Gregory S., 'The Paradox of Future Individuals', *Philosophy and Public Affairs*, 11/2 (1982) 93-112.

Krug, Etienne G., Dahlbeg, Linda L., Mercy, James A., Zwi, Anthony B., and Lozano, Rafael, (eds.) *The World Health Report 2002* (Geneva: WHO, 2002).

Legman, G., *The Limerick: 1700 Examples with Notes, Variants and Index* (New York: Bell Publishing Company, 1969).

Lenman, James, 'On Becoming Extinct', *Pacific Philosophical Quarterly*, 83 (2002) 253-69.

Leslie, John, *The End of the World: The Science and Ethics of Human Extinction* (London: Routledge, 1996).

McGuire, Bill, *A Guide to the End of the World* (New York: Oxford University Press, 2002).

McMahan, Jeff, *The Ethics of Killing: Problems at the Margins of Life* (New York: Oxford University Press, 2002).

McMichael, Anthony, *Human Frontiers, Environments and Disease* (Cambridge: Cambridge University Press, 2001).

Marquis, Don, 'Why Abortion is Immoral', *The Journal of Philosophy*, 86/4 (1989) 183-202.

_____, 'Justifying the Rights of Pregnancy: The Interest View', *Criminal Justice Ethics*, 13/1 (1994) 67-81.

Maslow, Abraham, *Motivation and Personality*, 2nd edn. (New York: Harper & Row Publishers, 1970).

Matlin, Margaret W., and Stang, David J., *The Pollyanna Principle: Selectivity in Language, Memory and Thought* (Cambridge MA: Schenkman Publishing Company, 1978).

May, Elaine Tyler, 'Nonmothers as Bad Mothers: Infertility and the Maternal Instinct', in Molly Ladd-Taylor and Lauri Umansky, 'Bad' Mothers: The Politics of Blame in Twentieth-Century America (New York: NYU Press, 1998) 198-219.

Mehnert, Thomas., Krauss, Herbert H., Nadler, Rosemary., Boyd, Mary., 'Correlates of Life Satisfaction in Those with Disabling Conditions', Rehabilitative Psychology, 35/1 (1990) 3-17.

Mill, John Stuart, Principles of Political Economy (London: Longmans, Green & Co., 1904).

Missner, Marshall, 'Why Have Children?', The International Journal of Applied Philosophy, 3/4 (1987) 1-13.

Montesquieu, Persian Letters, trans. John Davidson, 1 (London: Gibbings & Company, 1899).

Multi-Society Task Force on PVS, 'Medical Aspects of the Persistent Vegetative State', New England Journal of Medicine, 330/21 (1994) 1499-508.

Myers, David G., and Diener, Ed, 'The Pursuit of Happiness', Scientific American, 274/5 (1996) 70-2.

Nash, Ogden, Family Reunion (London: J. M. Dent & Sons Ltd, 1951).

Nozick, Robert, Anarchy, State and Utopia (Oxford: Blackwell, 1974).

Parfit, Derek, Reasons and Persons (Oxford: Clarendon Press, 1984).

Pence, Gregory E., Classic Cases in Medical Ethics, 2nd edn. (New York, McGraw-Hill, 1995).

PeopleandPlanet, <http://www.peopleandplanet.net>(accessed 5 October 2004).

Pitcher, George, 'The Misfortunes of the Dead', American Philosophical

Quarterly, 21/2 (1984) 183-8.

Porter, Eleanor H., *Pollyanna* (London: George G. Harrap & Co. 1927).

Rawls, John, 'Justice as Fairness: Political not Metaphysical', *Philosophy and Public Affairs*, 14/3 (1985) 223-51.

Rees, Martin, *Our Final Hour: A Scientist's Warning* (New York: Basic Books, 2003).

Regan, Tom, 'Feinberg on What Sorts of Beings Can Have Rights?', *Southern Journal of Philosophy*, 14 (1976) 485-98.

Reuters, 'Brace yerself Sheila, it's your patriotic duty to breed', *Cape Times*, Thursday 13 May 2004, 1.

Richards, Norvin, 'Is Humility a Virtue?', *American Philosophical Quarterly*, 25/3 (1988) 253-9.

Robertson, John, *Children of Choice* (Princeton: Princeton University Press, 1994).

Rummel, R. J., *Death by Government* (New Brunswick, Transaction Publishers, 1994).

Santayana, George, *Reason in Religion* (vol. iii of *The Life of Reason*) (New York: Charles Scribner's Sons, 1922).

Schopenhauer, Arthur, 'On the Sufferings of the World', *in Complete Essays of Schopenhauer*, trans. T. Bailey Saunders (New York: Willey Book Company, 1942).

＿＿＿, *The World as Will and Representation*, trans. E. F. J. Payne (New York: Dover Publications, 1966).

Schwartz, Pedro, *The New Political Economy of J. S. Mill* (London: Weidenfeld & Nicolson, 1972).

Shiffrin, Seana Valentine, 'Wrongful Life, Procreative Responsibility, and the Significance of Harm', *Legal Theory*, 5 (1999) 117-48.

Singer, Peter, Kuhse, Helga, Buckle, Stephen, Dawson, Karen, and Kasimba, Pascal, (eds.) *Embryo Experimentation* (Cambridge: Cambridge University Press, 1990).

Singer, Peter, *Practical Ethics* 2nd edn. (Cambridge: Cambridge University Press, 1993).

Smilansky, Saul, 'Is There a Moral Obligation to Have Children?', *Journal of Applied Philosophy*, 12/1 (1995) 41-53.

Sophocles, 'Oedipus at Colonus'.

Steinbock, Bonnie, *Life Before Birth* (New York: Oxford University Press, 1992) 14-24.

Suh, Eunkook., Diener, Ed, and Fujita, Frank, 'Events and Subjective Well-Being: Only Recent Events Matter', *Journal of Personality and Social Psychology*, 70/5 (1996) 1091-102.

Suits, David B., 'Why death is not bad for the one who died', *American Philosophical Quarterly*, 38/1 (2001) 69-84.

Tännsjö, Torbjörn, *Hedonistic Utilitarianism* (Edinburgh: Edinburgh University Press, 1998).

_____, 'Doom Soon?', *Inquiry*, 40/2 (1997) 250-1.

Taylor, Paul W., *Respect for Nature* (Princeton: Princeton University Press, 1986).

Taylor, Shelley E., *Positive Illusions: Creative Self-Deception and the Healthy Mind* (New York: Basic Books, 1989).

_____, and Brown, Jonathon D., 'Illusion and Well-Being: A Social Psychological Perspective on Mental Health', *Psychological Bulletin*, 103/2 (1998) 193-210.

Tennyson, Alfred Lord, 'In Memoriam'.

Thompson, Janna, 'A Refutation of Environmental Ethics', *Environmental Ethics*, 12/2 (1990) 147-60.

Tiger, Lionel, *Optimism: The Biology of Hope* (New York: Simon & Schuster, 1979).

Tooley, Michael, 'Abortion and Infanticide', *Philosophy and Public Affairs*, 2/1 (1972) 37-65.

Toubia, Nahid, 'Female Circumcision as a Public Health Issue', *New England Journal of Medicine*, 331/11 (1994) 712-16.

Vetter, Hermann, 'Utilitarianism and New Generations', *Mind*, 80/318 (1971) 301-2.

Voltaire, *Candide*, (London: Penguin Books, 1997).

Waller, Bruce N., 'The Sad Truth: Optimism, Pessimism and Pragmatism', *Ratio*, new series, 16 (2003) 189-97.

Wasserman, David, 'Is Every Birth Wrongful? Is Any Birth Morally Required?', DeCamp Bioethics Lecture, Princeton, 25 February 2004, unpublished manuscript.

Watts, Jonathan, 'Japan opens dating agency to improve birth rate', *The Lancet*, 360 (2002) 1755.

Weinberg, Rivka, 'Procreative Justice: A Contractualist Account', *Public Affairs Quarterly*, 16/4 (2002) 405-25.

Weinstein, Neil D., 'Unrealistic Optimism about Future Life Events', *Journal of Personality and Social Psychology*, 39/5 (1980) 806-20.

_____, 'Why it Won't Happen to Me: Perceptions of Risk Factors and Susceptibility', *Health Psychology*, 3/5 (1984) 431 57.

Williams, Bernard, 'The Makropulos Case: Reflections on the Tedium of Immortality' *in Problems of the Self* (Cambridge: Cambridge University Press, 1973).

_____, 'Resenting one's own existence' in *Making Sense of Humanity* (Cambridge: Cambridge University Press, 1995).

Wood, Joanne V., 'What is Social Comparison and How Should We Study it?', *Personality and Social Psychology Bulletin*, 22/5 (1996) 520-37.

World Health Organization, *World Report on Violence and Health* (Geneva: WHO, 2002).

Yerxa, Elizabeth J., and Baum, Susan, 'Engagement in Daily Occupations and Life-Satisfaction Among People with Spinal Cord Injuries', *The Occupational Therapy Journal of Research*, 6/5 (1986) 271-83.

찾아보기